ACCESO GRATIS *a la Lectura en la Nube*

Para visualizar el libro electrónico en la nube de lectura envíe junto a su nombre y apellidos una fotografía del código de barras situado en la contraportada del libro y otra del ticket de compra a la dirección:

ebooktirant@tirant.com

En un máximo de 72 horas laborables le enviaremos el código de acceso con sus instrucciones.

LOS DERECHOS Y LAS POLÍTICAS PÚBLICAS EN TIEMPOS REVISIONISTAS

LOS DERECHOS Y LAS POLÍTICAS PÚBLICAS EN TIEMPOS REVISIONISTAS

Mª José González Ordovás
Coordinadora

tirant lo blanch
Valencia, 2026

En caso de erratas y actualizaciones, la Editorial Tirant lo Blanch publicará la pertinente corrección en la página web www.tirant.com.

© TIRANT LO BLANCH
EDITA: TIRANT LO BLANCH
C/ Artes Gráficas, 14 - 46010 - Valencia
TELFS.: 96/361 00 48 - 50
FAX: 96/369 41 51
Email: tlb@tirant.com
www.tirant.com
Librería virtual: www.tirant.es
DEPÓSITO LEGAL: V-320-2026
ISBN: 979-13-7021-160-8

Si tiene alguna queja o sugerencia, envíenos un mail a: *atencioncliente@tirant.com*. En caso de no ser atendida su sugerencia, por favor, lea en *www.tirant.net/index.php/empresa/politicas-de-empresa* nuestro procedimiento de quejas.

Responsabilidad Social Corporativa: http://www.tirant.net/Docs/RSCTirant.pdf

Autores

Mª José González Ordovás

Fernando Arlettaz

Alejandro J. Gomis de Francia

Mª Ángeles Rueda Martín

Alicia Brox Sáenz de la Calzada

Glòria Casas Vila

María José Bernuz

Jenneke Christiaens

Jorge Gracia Ibáñez

Índice

Introducción[1]

Mª JOSÉ GONZÁLEZ ORDOVÁS
Catedrática de Filosofía del Derecho
Directora del Laboratorio de Sociología Jurídica de la Universidad de Zaragoza

El interés de este libro reside en la variedad y complementariedad de los puntos de vista desde los que se observan y analizan diversos temas jurídicos, todos ellos de especial trascendencia en los momentos revisionistas que vivimos. Con la vista puesta en el complejo contexto socio-jurídico y político actual se reflexiona sobre el presente y futuro de ciertos derechos, libertades y políticas públicas. Por ello, junto a la idoneidad de incorporar trabajos eminentemente teóricos, pertenezcan al ámbito de la Filosofía del Derecho o del Derecho Penal, era preciso dar cabida a aportaciones de índole socio-jurídica. Los populismos observados desde tres diferentes enfoques; el papel del Derecho penal en defensa de la vida privada y la violencia recíproca; el arduo cometido de los operadores sociales en la justicia de menores y la llegada de la narrativa victimológica a las políticas públicas constituyen los objetos de interés y preocupación de la obra.

Desde el Laboratorio de Sociología Jurídica de la Universidad de Zaragoza, entendemos que la proximidad a la realidad que caracteriza a la mirada de la sociología jurídica aporta un plus de información y conocimiento especialmente importan-

---

1 Esta publicación se ha realizado en el marco del Proyecto del Laboratorio de Sociología Jurídica de la Universidad de Zaragoza S09_23R financiado por el Gobierno de Aragón.

tes en un trabajo colectivo como éste, cuyo principal afán es el de contribuir a dar claves que permitan comprender las causas de los acontecimientos y dificultades que conocen buena parte de los sistemas jurídicos contemporáneos. Una obra coral que no sólo trata de reflejar la realidad de nuestro país, sino que incorpora análisis de la situación de otros que, por diferentes motivos, resultan especialmente significativos para comprender la complejidad jurídica del presente. Por ello, el libro aspira a ser de utilidad a todos aquéllos que ven cómo el Derecho atraviesa por momentos extraordinarios, una etapa en la que se requiere que los juristas colaboren y den respuestas rigurosas, coherentes, igual teóricas que prácticas y siempre eficaces, que ayuden a reforzar los valores de nuestra cultura jurídica democrática.

En el primero de los artículos "Dignidad humana y populismos: ¿compatibilidad, contraste o contradicción?" se aborda la naturaleza de la relación existente entre la idea de dignidad y los populismos. Se parte de la premisa de la existencia de diferentes tipos de populismos, si bien el trabajo no se enfoca al análisis exhaustivo de su tipología. Tras un breve excurso sobre la creación y evolución del concepto de dignidad, el capítulo aúna la perspectiva iusfilosófica y la iuspositivista al incorporar lo más destacado de la normativa nacional e internacional junto con algunos de los más destacados pronunciamientos judiciales en torno al papel de la dignidad en el Derecho. ¿Es indiferente, dilemático, excluyente o de otra índole el vínculo entre dignidad y populismos? ésa es la cuestión clave sobre la que gira la aportación. Sin embargo, no es posible concluir nada al respecto si no se tienen en consideración, si quiera de manera sucinta, ciertos factores determinantes de orden sociológico que, por supuesto, influyen en la conformación social e individual contemporánea. El papel de las emociones, los ideales, la nostalgia de las certitudes y, en consecuencia, la búsqueda de interpretaciones carentes de discrepancias o escisiones ayudarían a explicar las causas del auge de los populismos y, por tanto, su efecto sobre la dignidad.

El texto sobre "Cosmopolitismo, nacionalismo y auge de los populismos autoritarios" sostiene que el populismo, entendido como praxis política maniquea que enfrenta a un pueblo virtuoso con una élite corrupta, no se asocia necesariamente al nacionalismo, aunque en la práctica ambos suelen coincidir. El populismo nacionalista identifica al pueblo como nación en un sentido étnico y traduce esa visión en reformas legales sobre la nacionalidad que restringen el acceso por *ius soli*, endurecen los requisitos de naturalización o amplían el *ius sanguinis* para favorecer a ciertos colectivos. Estos populismos, si bien autoritarios, mantienen una legitimación democrática mínima, lo que genera democracias iliberales o autoritarias que erosionan los equilibrios constitucionales. En contraste, el pensamiento cosmopolita defiende una ciudadanía global sustentada en la igualdad de derechos más allá de las fronteras estatales. Frente a ello, el populismo nacionalista reivindica una comunidad orgánica y homogénea, opuesta a inmigrantes, élites globales o instituciones supranacionales. Mientras el cosmopolitismo enfatiza la universalidad de los derechos y la apertura a la movilidad y pertenencia flexible, el populismo nacionalista se apoya en narrativas nativistas, emocionales y nostálgicas que fortalecen la cohesión identitaria y justifican la exclusión. El autor concluye que este choque entre cosmopolitismo y nacionalismo populista refleja tensiones profundas entre liberalismo, democracia y nuevas formas de autoritarismo en el mundo contemporáneo.

El tercer capítulo titulado "La pobreza en los regímenes populistas: una aproximación jurídico-económica a los gobiernos de Viktor Orban y Javier Milei" examina el populismo desde una perspectiva distinta a la habitual, alejándose de las discusiones meramente teóricas para centrarse en sus efectos económicos y sociales, con énfasis en la pobreza. A través de un recorrido que combina reflexiones conceptuales y un análisis aplicado, se destacan los elementos comunes que caracterizan a los regímenes populistas, en especial la oposición entre un pueblo idealizado y una élite considerada corrupta. También se subraya la diversidad de expresiones que puede adoptar el populismo, ya sea en clave soberanista o neoliberal, según el contexto político y económico de cada país. La elección de la pobreza como variable de estudio responde a su relevancia como indicador fundamental del impacto de las políticas públicas, aunque se reconoce la dificultad de definirla y medirla de forma unívoca. En este marco, se muestra que la pobreza no es la única causa del auge populista, pero sí un factor decisivo que, combinado con otros elementos sociales y culturales, favorece su consolidación. El trabajo, en suma, propone un análisis empírico e imparcial del vínculo entre populismo y pobreza, preparando el terreno para evaluar cómo estas dinámicas se expresan en casos concretos como Hungría y Argentina.

El siguiente trabajo "La protección penal de la vida privada. Una valoración político-criminal de su evolución", revisa el desarrollo legislativo de la protección penal de la vida privada en España. Por un lado, analiza los principales desafíos derivados de las reformas del Código Penal en este ámbito y evalúa las tendencias político-criminales ante el impacto de las tecnologías de la información y la comunicación (TIC). Por otro lado, fundamenta la necesidad de ampliar y adaptar el objeto de protección penal frente a las amenazas emergentes de las TIC y justifica la intervención penal. La investigación también advierte sobre algunas deficiencias de la regulación actual y subraya la conveniencia de establecer criterios de ordenación sistemáticos más sólidos y una política criminal coherente para afrontar los retos digitales.

Como aportaciones concretas, la obra presenta un concepto de vida privada con una doble vertiente —ámbito personal reservado y poder de control sobre la publicidad de los datos—. Asimismo, identifica y argumenta a favor de un bien jurídico colectivo, específico y distinto de la intimidad —la confidencialidad, integridad y disponibilidad de los sistemas de información—, que actúa como una barrera de contención de riesgos respecto de determinados bienes jurídicos individuales y, además, establece las condiciones necesarias y vinculantes para un correcto funcionamiento del sistema social en el marco de las TIC. También propone sustituir la inadecuada rúbrica que utiliza el Código penal para agrupar estas conductas delictivas, «delitos de descubrimiento y revelación de secretos», porque se penalizan comportamientos que van más allá del simple descubrimiento y revelación de secretos. Por último, se plantea la creación de un nuevo título en el Código penal dedicado a la delincuencia informática , con una rúbrica relacionada con los "Delitos contra los sistemas de información", en el que se contemple la protección penal de los sistemas de información y comunicación y que aglutinaría aquellas conductas que lesionan el bien jurídico relativo a la confidencialidad, integridad y disponibilidad de los sistemas informáticos.

El quinto de los capítulos se ocupa "De la "violencia recíproca" a la autodefensa "desproporcionada": discursos y experiencias sobre la participación de las mujeres en los cursos para agresores conyugales en Francia". En la mayoría de los países que han tipificado como delito la violencia hacia las mujeres, la cuestión de las llamadas "agresiones recíprocas" plantea grandes debates. Denunciadas por especialistas feministas, estas situaciones corresponden con frecuencia a gestos reactivos de autodefensa por parte de las mujeres. Sin embargo, calificar penalmente la legítima defensa en los citados supuestos sigue siendo una tarea compleja. En Francia, a las mujeres condenadas por violencia conyugal se les puede derivar a cursillos de responsabilización para agresores (RAVC, *Responsabilisation des Auteurs de Violences Conjugales*, por sus siglas en francés), a menudo como medida alternativa al proceso penal. Este artículo presenta los resultados de una investigación sociológica cualitativa exploratoria basada en 23 entrevistas, con profesionales sociojurídicos (n = 18) vinculados a estos cursillos, así como con mujeres víctimas (n = 5) condenadas a participar como agresoras. Los relatos de ellas revelan los efectos de la victimización secundaria, que consideramos un ejemplo paradigmático de la violencia institucional de género. En cuanto a los y las profesionales, la presencia simultánea de mujeres y hombres en dichos cursos RAVC parece generar un cierto "malestar profesional" que, sin embargo, coexiste con un discurso sobre la necesaria neutralidad de la ley frente a la violencia conyugal.

El artículo "How do you care? Operadores sociales en la justicia de menores, entre el cuidado y los derechos" investiga la tensión histórica y estructural entre las funciones de "educar" y "castigar" en los sistemas de justicia juvenil europeos. Esta dualidad condiciona la implementación efectiva de los derechos de la infancia y el principio del interés superior del menor, pero también el propio trabajo de los operadores judiciales y, especialmente, los sociales. A partir de una revisión de la bibliografía especializada y con base en algunas entrevistas exploratorias con trabajadores sociales en Bélgica, se analiza el papel central de los operadores sociales —trabajadores sociales, educadores, psicólogos y terapeutas— en la construcción cotidiana de la justicia juvenil. El texto se centra en cómo estos profesionales enfrentan dilemas éticos, tensiones estructurales y limitaciones normativas que, en ocasiones, obstaculizan su función educativa. Asimismo, se discuten fenómenos como el desgaste profesional y la angustia moral derivados de las contradicciones entre la lógica punitiva del sistema y la ética del cuidado. En este marco, se plantea la necesidad de repensar el funcionamiento de la justicia juvenil desde una perspectiva más atenta a las prácticas reales, a las condiciones laborales y a los planteamientos éticos de quienes la definen diariamente.

La séptima y última de las contribuciones es "Una aproximación a la Victimología narrativa y a sus usos en la atención a las víctimas y las políticas públicas victimales". En ella se destaca cómo en las últimas décadas, el giro narrativo en las ciencias sociales ha consolidado la narración como una herramienta legítima de conocimiento y análisis. Este enfoque ha influido significativamente en la criminología, dando lugar a una criminología narrativa centrada en las motivaciones de los sujetos desviados a través de sus relatos. A partir de esta base, ha emergido una victimología narrativa que se enfoca en las experiencias personales de las víctimas, explorando los procesos de victimización, revictimización y desvictimización desde sus propias voces. Este capítulo traza una genealogía de la victimología narrativa en relación con la criminología narrativa, destacando sus especificidades epistemológicas, metodológicas y algunas cuestiones éticas conectadas. Se analizan los usos de la narrativa en el ámbito victimológico como herramienta de afrontamiento, fuente de conocimiento cualitativo y elemento constitutivo de la construcción social de la victimidad. Asimismo, se abordan los desafíos éticos y políticos que implica la utilización de narrativas victimales para la investigación y en la configuración de las políticas públicas de atención a las víctimas.

Dignidad humana y populismos: ¿compatibilidad, contraste o contradicción?

Mª JOSÉ GONZÁLEZ ORDOVÁS
Catedrática de Filosofía del Derecho
Universidad de Zaragoza

1. SOBRE LA PERTINENCIA DEL INTERROGANTE

Ni en el caso de la dignidad humana, ni en el de los populismos nos hallamos ante conceptos claros o exentos de debate, bien al contrario, en ambos casos sus contornos son difusos, ambiguos y variables y, en ambos también, su uso abusivo ha contribuido a desdibujar -más aún- unos rasgos de por sí discutidos y discutibles. Esa falta de precisión en sus respectivos contenidos, así como la diversidad de teorías iusfilosóficas al respecto nos sitúan más ante ideas que ante conceptos[1] lo cual, al tiempo que enriquece, hace inevitable el diálogo entre todas ellas provenientes de diferentes escuelas y postulados jurídico-políticos.

Tal ausencia de precisión conceptual podría ser tenida como razón suficiente para obviar o soslayar un análisis en torno a la relación entre ambos, sin embargo, existen argumentos jurídicos y éticos de mayor alcance que instan a abordar la cuestión de la compatibilidad entre uno y otro. Ciertamente el interrogante de partida apunta a una duda al respecto cuya respuesta nos acerca al terreno de la fundamentación de los derechos humanos y, en última instancia, al de las teorías de la democracia.

Pues bien, por lo que a la dignidad respecta, como indica el profesor Atienza "el 'uso 'beligerante' del concepto de dignidad ha llevado (...) a muchos de quienes defienden una postura ('liberal', 'laica', 'racionalista', etc) a pensar que el concepto de dignidad es realmente inservible para poder discutir racionalmente acerca de (ciertos) problemas y que, en consecuencia, lo mejor que puede hacerse es prescindir del mismo y sustituirlo, acaso, por algún otro más adecuado" (Atienza, 2022, 18). Es el caso, por ejemplo, de Norbert Hoerster (1992) quien, crítico con la que sigue siendo la referencia teórica más relevante, la kantiana, a la que tilda de vaga, problemática y vacía, un tópico plagado de normatividad, sin contenido descriptivo alguno por lo que sugiere evitar como fuente de explicaciones y/o justificaciones precisas o de Franz Josef Wetz, para quien la dignidad

---

1 Hacemos nuestras las palabras del profesor Gustavo Bueno cuando afirma que "los Conceptos estarían definidos dentro de campos más o menos definidos, finitos, limitados, sectoriales. Campos que podrían ser tecnológicos o que podrían ser científicos, geométricos (...) Y las Ideas desbordan estos campos, y coordinan o establecen relaciones entre esos Conceptos, y son, por tanto, podríamos decir, de segundo orden. Son, de algún modo, reflexivos con respecto a los primeros (con reflexión objetiva, es decir, Ideas que resultan de establecer conexiones entre Conceptos). https://www.fgbueno.es/med/tes/t009.htm/.

humana no es sino una ilusión (*Die Würde des Menschen ist antasbar*, Sttutgart, Klett-Cotta, (1998,147 y 159).

Con todo, la pertinencia de volver los ojos de nuevo a Kant parece fuera de duda pues, censurada o aplaudida, su contribución al utilizar la palabra dignidad (*Würde*) como un término técnico para distinguir entre lo que tiene un precio de mercado de lo que, por el contrario, tiene un precio de afecto, persiste en el tiempo como núcleo del contenido de la dignidad. Así, imbuido de la tradición estoica dice:

> "En el reino de los fines todo tiene o un *precio* o una *dignidad*. Aquello que tiene precio puede ser sustituido por algo *equivalente*, en cambio, lo que se halla por encima de todo precio y, por tanto, no admite nada equivalente, eso tiene una dignidad.
>
> Lo que se refiere a las inclinaciones y necesidades del hombre tiene un *precio comercial*, lo que, sin suponer una necesidad, se conforma a cierto gusto, es decir, a una satisfacción producida por el simple juego, sin fin alguno, de nuestras facultades, tiene un *precio de afecto*; pero aquello que constituye la condición para que algo sea fin en sí mismo, eso no tiene meramente valor relativo o precio, sino un valor interno, esto es, *dignidad*.
>
> La moralidad es la condición bajo la cual un ser racional puede ser fin en sí mismo; porque sólo por ella es posible ser miembro legislador en el reino de los fines. Así, pues, la moralidad y la humanidad, en cuanto que ésta es capaz de moralidad, es lo único que posee dignidad (...) La *autonomía* es, pues, el fundamento de la dignidad de la naturaleza humana y de toda naturaleza racional" (Kant, 2007, 47-49).

Incluso con las idas y venidas que, a lo largo del tiempo, han acompañado a la concepción kantiana de dignidad humana, algo cambió a partir de ese momento pues "la dignidad humana dejó de estar fundada sobre la idea de que el hombre, en tanto que criatura de Dios, comparte, al menos en parte, sus cualidades. Después, debía estar fundada sobre la idea de que el hombre representaba en el plano moral un fin en sí mismo, por el solo hecho de que todos los otros humanos debían considerarle como una persona autónoma capaz de justificar racionalmente sus actos" (Honneth, 2015, 158).

2. BREVE EXCURSO SOBRE LA CREACIÓN Y EVOLUCIÓN DEL CONCEPTO DE DIGNIDAD

No cabe duda de que, para el iuspositivismo, la idea de dignidad, polisémica, -como se mostrará- con un perfil sombreado y vinculada a la moralidad supone una complicación teórica de la que conviene no depender. No obstante, ello no parece posible en tanto en cuanto forma parte del Derecho positivo internacional, europeo y nacional, al más alto nivel. El interrogante que aquí se plantea surge de la duda sobre la posible o imposible cohabitación de doctrinas cuya razón de ser y fines no se revelan como complementarios a primera vista. Ello exige detener la mirada y afanarse en averiguar la conformidad o disconformidad entre ambos, habida cuenta de que nuestra premisa mayor es que éste es un tiempo dado a los populismos.

En lo que concierne al origen de la idea de dignidad encontramos dos teorías diferentes que, de forma muy concisa, podrían presentarse así: la que considera que hunde sus raíces en el cristianismo y la que, por el contrario, las sitúa en el pensamiento filosófico. Para la primera, al ser el hombre una creación a imagen y semejanza de Dios, recibiría de éste, al participar de su 'naturaleza', el rasgo de la dignidad. Los que, en cambio, consideran que se debe a la Filosofía la creación y desarrollo de la noción de dignidad atribuyen tal rasgo al ser humano por el sólo hecho de ser humano. El origen divino o racional de la dignidad, seguiría estando en discusión y, a grandes rasgos, dividendo a iusnaturalistas y iuspositivistas, aunque lo cierto es que éstos no se detienen a analizarla porque su origen o componente moral la dejaría al margen de las ideas, nociones o conceptos estrictamente jurídicos o puros.

Si bien no es ése el objeto principal de esta reflexión, y en consecuencia, no se le dedica un lugar central, conviene tener en cuenta que, si ni siquiera en lo que concierne a su origen existe acuerdo, difícilmente lo podrá haber en lo que a su contenido y categoría jurídica respecta. En ese sentido, se referencian, a modo únicamente de ejemplo, sin ningún ánimo de exhaustividad, algunos pareceres que muestran tal discrepancia.

Como recoge Spaermann, los autores que suscriben la primera de las teorías, defienden que "el concepto de dignidad significa algo sagrado. En última instancia, se trata de una idea metafísico-religiosa (...) Sólo así entra el hombre en la vida y hace valer su propio derecho 'por naturaleza'" (Spaermann,1988, 9 y 17). Entre los filósofos del Derecho españoles que secundan este enfoque destaca el profesor Hervada ya que, a su juicio, la "dignidad ontológica sólo es propia de la persona (...) La persona (...) participa en las más altas perfecciones ontológicas (...) es lo que llamamos dignidad, tradicionalmente expresada como *imago Dei* (...) La índole absoluta de la dignidad de la persona humana tal como la entendemos, es algo bien distinto de lo que el término absoluto significa en el contexto de una concepción moral inmanentista al estilo de la kantiana (...) la dignidad comporta en Dios el acto puro y el deber-ser en la persona creada". (Hervada, 1994, 6, 8 y 11).

O, más recientemente, "La dignidad del hombre no se basa en cualidades transitorias o en consensos arbitrarios, sino en su fundamento ontológico y teológico que se hace asequible a la razón. La dignidad de los hombres es fuente última de la justicia, que se fundamenta en la intocable dignidad de la persona humana, creada a imagen y semejanza de Dios y destinada a una felicidad eterna". (2012, 252).

Alejados de ese enfoque iusnaturalista, otros filósofos en la senda racionalista atribuyen a Cicerón el inicio de la andadura de la idea 'dignidad del hombre'. Es más, la *dignitas* resulta central en buena parte de las obras del orador romano, es el caso *De Oficiis, De Oratore* o las *Catilinarias* y, si bien la concibe como cualidad a alcanzar o mantener a través de la virtud y, por tanto, carece del sentido que alcanzará después y que se mantiene en nuestros días, se la asocia desde entonces con la libertad de tomar decisiones morales.

Si la 'polémica' al respecto ha perdurado hasta nuestros días, se debe, en parte a que, como señala González Garcete, "a lo largo de la Edad Media, la dignidad humana estuvo entrelazada con la religión; en la civilización occidental, las tradiciones éticas y religiosas tradicionalmente se han superpuesto" (2016, 5) El asunto no ha sido nunca pacífico como revela el hecho de que las tesis del conocido discurso de Pico de la Mirándola *Oratio de Hominis Dignitate,* de 1486, con el que se da paso al humanismo renacentista al situar al hombre y su razón en el centro del pensamiento, fueran declaradas heréticas por el papa Inocencio VIII y, por tanto, prohibidas por la inquisición.

Mucho debe también la consistencia de la idea moderna de dignidad y su encaje con la libertad moral a juristas como Francisco de Vitoria o a filósofos como Samuel Pufendorf y, si bien no debe desdeñarse la aportación teórica de los contractualistas, habrá que esperar a Kant y a la Ilustración para que la 'dignidad' se asiente de forma consistente tanto en los textos normativos como en los filosóficos. Con todo, su camino no había hecho sino empezar pues la de la dignidad es una conquista por capítulos, pues sólo a través de distintos hitos históricos y jurídicos se ha ido abriendo paso en la maraña de los acontecimientos y las normas. Así, como nos recuerda Häberle haciendo referencia a un tipo de dignidad, la económica[2], "a mediados del siglo XIX, la dignidad de la persona humana será un 'ideal para la lucha política del movimiento obrero' (Lasalle y Proudhon) (...) Se pasa desde el dominio de la 'pura teoría' a lo práctico, a la actuación jurídica" (2008, 201).

No obstante, sería un error inferir que el camino de la 'dignidad' fue lineal, fácil o exento de complicaciones, bien al contrario, de hecho, "el concepto de dignidad humana fue apenas desarrollado por los filósofos alemanes clásicos que siguieron a Kant, como Fichte, Hegel y Schelling. Y cuando sucedió, no lo fue en el sentido de la autodeterminación o autolegislación del hombre. Resulta evidente así que quienes sucedieron a Kant

---

2 Sobre la dignidad 'económica' y otros tipos de dignidad, véase la clasificación de Dietmar von de Pfordten, referida con más detalle en el apartado 3.

no atribuyeron una especial relevancia al empleo kantiano del concepto. Se observa, más bien, en no pocos casos, una vuelta hacia interpretaciones mucho más religiosas (...) Esto puede tal vez esclarecer el porqué de la casi nula influencia del entendimiento kantiano de la dignidad humana sobre el movimiento secular por los derechos humanos en el siglo XIX" (Pfordten, 2020, 55). Habrá que esperar hasta después de la II Guerra Mundial, para que, sobrecogidos por la crueldad de la acción humana, la idea de dignidad pase a formar parte de la cultura jurídica y ética internacional como última frontera a la barbarie.

En todo caso, aun sin perder de vista las dolorosas lecciones históricas, sirvan los diálogos entre Habermas y Ratzinger, razón y fe, como prueba de que el debate sobre la procedencia, creación o 'madurez' de la idea de dignidad, y de todo cuanto ella implica, se mantiene vivo. Así, mientras que, para Ratzinger, como para el resto de los iusnaturalistas[3], la dignidad sería prepositiva, esto es, una categoría previa o preexistente al derecho positivo o positivizado en los derechos humanos (Hervada,

---

3 Clara y actualizada muestra de dicha concepción es la respaldada por el profesor García Cuadrado a cuyo parecer, "es ya un lugar común afirmar que la atribución de la dignidad a todo hombre es obra del cristianismo (...) hay razones pues para suponer que el concepto de dignidad humana que fue utilizado a partir de la segunda mitad de los años cuarenta del siglo pasado por las declaraciones de derechos y Constituciones es el concepto que venía utilizando la Iglesia y los autores católicos (el ser humano es digno por tener un alma espiritual e inmortal, al haber sido creado a imagen y semejanza de Dios y en su grado máximo por estar llamado a ser hijo de Dios), no el puramente formal y secular defendido por Kant y sus seguidores (...) el concepto de dignidad de la persona es un concepto originaria y esencialmente religioso, cuya secularización solo ha sido (y sólo podrá ser) parcial, incompleta, ya que prescindiendo de su significado sacro el concepto de dignidad pierde casi toda su fuerza y deja de ser un instrumento válido de interpretación jurídica y de configuración del Derecho y de la sociedad" (2012, 465, 474 y 513 respectivamente).

1991, 347 y 374), y nuclear de "las bases morales y prepolíticas el Estado" (Ratzinger, 2006, 41), Habermas discrepa de tal autoreferencialidad cristiana. Para él, esa autoatribución de la noción de dignidad por parte del cristianismo (o catolicismo) estaría fuera de cuestión. Sin negar ni restar importancia a sus sustanciales aportes al pensamiento ético afirma:

> "En una mirada retrospectiva sobre la historia es cierto que fue útil un trasfondo religioso común, un mismo lenguaje y sobre todo una renovada conciencia nacional para el nacimiento de una solidaridad ciudadana altamente abstracta. Pero entretanto las conciencias republicanas se han separado en gran medida de estas andaduras prepolíticas (...) Entre los miembros de una sociedad política solamente puede darse una solidaridad -por abstracta y jurídica que ésta sea- cuando los principios de justicia han penetrado previamente en el denso entramado de los diferentes conceptos culturales (...) La naturaleza laica del Estado democrático constitucional no presenta ningún punto débil interno (...) Es sabido que la mutua compenetración de cristianismo y metafísica griega no sólo ha quedado reflejada en la forma espiritual de una dogmática religiosa y en una helenización del cristianismo que no en todos los aspectos ha supuesto una bendición; ésta también ha propiciado la apropiación por parte de la filosofía de contenidos genuinamente cristianos. Este trabajo de apropiación ha quedado plasmado en entramados conceptuales normativos de mucho peso como sucede en los conceptos de responsabilidad, autonomía y justificación, historia y memoria, reinicio, innovación y retorno, emancipación y cumplimiento, desprendimiento, interiorización y materialización, individualismo y comunidad. Es cierto que ha transformado el sentido originalmente religioso, pero no lo ha vaciado devaluándolo ni consumiéndolo. Un ejemplo de esta apropiación que salva el contenido original sería la traducción del hecho de que el hombre está hecho a imagen y semejanza de Dios al concepto de igual y absoluta dignidad de todas las personas" (2006, 33, 35, 40 y 41).

En realidad, lo que está en el trasfondo del desacuerdo es la defensa de la autonomía y suficiencia de la razón como brújula y guía de la vida pública jurídica y política. Así, Habermas propugna:

> "El liberalismo político (que defiendo en la figura especial de un republicanismo kantiano) se entiende como una justificación no

> religiosa y postmetafísica de los principios normativos del Estado constitucional democrático. Esta teoría se sitúa en la tradición de un derecho racional que ha renunciado a las enseñanzas del derecho natural clásico y religioso (...) No existe en el Estado constitucional ningún sujeto de dominio que se alimente por algún tipo de sustancia prejurídica. Frente a la concepción del Estado constitucional proveniente del hegelianismo de derechas, la concepción procedimental inspirada en Kant, insiste en una justificación autónoma de los principios constitucionales, con la pretensión de ser aceptable racionalmente para todos los ciudadanos" (2006, 27, 29 y 30).

o la convicción de que razón y fe no pueden ir separadas, siendo incluso mayor el potencial daño que la razón, dejada a su suerte, puede causar, principal inquietud de Ratzinger:

> "Hemos visto que en la religión hay patologías altamente peligrosas que hacen necesario considerar la luz divina de la razón como una especie de órgano de control por el que la religión debe dejarse purificar y regular una y otra vez (...) Pero (...) también hay patologías de la razón, una arrogancia de la razón que no es menos peligrosa; más aún, considerando su efecto potencial, es todavía más amenazadora" (2006, 66).

La trascendencia de todo ello es evidente pues, a nadie se escapa que, si la razón queda 'atada' a la fe, una determinada fe, las posibilidades de alcanzar un consenso universal sobre la idea de dignidad o, lo que es igual, una ética mínima, con el correspondiente aval y respaldo jurídico, decrecen o, directamente, desaparecen.

Pero, ni siquiera, la pugna entre un positivismo tan atemperado -o dulcificado- como el de Habermas (como ya ha sido mencionado para el iuspositivismo más acendrado no sería viable llevar a cabo un estudio analítico de la dignidad al no tratarse de una categoría propia o estrictamente jurídica) y el iusnaturalismo agota el espinoso asunto de la naturaleza de la idea de dignidad. A la razón y la fe como fuentes solitarias o solidarias de la misma aún se suma una tercera variante, la moral. Pero no cualquier moral, sino la moral racional, que por no ser esquiva sino 'inherente' a la razón posibilitaría el codiciado universalismo.

Ésa, sin ir más lejos, sería la línea en que habría seguido el pensamiento de Habermas, de cuya influencia en la Filosofía del Derecho contemporánea no cabe la menor duda:

> "La dignidad humana (...) constituye la 'fuente' moral de la que todos los derechos fundamentales derivan su sustento (...) tiene una función catalizadora (...) en la construcción de los derechos humanos, en términos de una historia conceptual y a partir de la moral racional (...) La dignidad humana configura el portal a través del cual el sustrato igualitario y universalista de la moral se traslada al ámbito del derecho. La idea de la dignidad humana es el eje conceptual que conecta la moral del respeto igualitario de toda persona con el derecho positivo".
>
> Pero será desde un paso más allá, el representado por el postpositivismo, desde donde con mayor rotundidad se vinculen dignidad y moral como si de dos componentes inseparables de una única realidad se tratase. El profesor Atienza expresa a la perfección ese punto de vista:
>
> "Negar el carácter moral a la noción de dignidad humana se asemeja bastante a una imposibilidad lógica (...) Se trata, (...) de un claro prejuicio intelectual, que ha contribuido mucho a empobrecer nuestra cultura jurídica y a dificultar también que la teoría –y la práctica- del Derecho pueda jugar un papel destacado en la transformación social. El concepto de dignidad, de alguna manera, puede considerarse la clave de bóveda de todo el edificio postpositivista. La idea fundamental de esa (...) concepción (...) es que el Derecho no puede considerarse *únicamente* un conjunto –un sistema- de normas; es, fundamentalmente, una actividad, una práctica social dirigida al logro de ciertos fines y valores. Y la dignidad humana viene a ser, precisamente, el valor que de alguna manera contiene a todos los otros.
>
> La dignidad dista de ser una noción simple; es una categoría compleja y por razones, digamos, no únicamente teóricas, sino también prácticas, por no decir ideológicas. Muchas de las discusiones que despiertan los mayores desacuerdos en el mundo contemporáneo tienen que ver con ello: con distintas maneras de entender la dignidad humana, o bien con la contraposición que algunos creen ver entre ese y otros valores fundamentales, como el de la autonomía" (Atienza, 2022, 11 y 12).

Que venga de mano de la razón o de una razón no descarnada sino vivificada por la moral, de la moral misma o de la fe, sola o, a su vez, apoyada en la razón, son alternativas que contribuyen a problematizar la compleja labor de despejar su valor jurídico. Para ello a continuación se hará referencia a las diferentes clases de dignidad en un intento de reducir al máximo el ámbito de imprecisión.

3. ALGUNAS DISTINCIONES RELEVANTES

Decidirse a tener en cuenta las numerosas y heterogéneas clasificaciones habidas sobre la dignidad resulta, como mínimo, arriesgado dada la imposibilidad de completar la tarea, sin embargo, también resulta necesario tanto para dejar constancia de la polisemia, como para tratar circunscribir los términos de la cuestión.

Quizás el de Dietmar von de Pfordten sea uno de los catálogos más convenientes al respecto. A su juicio,

> "se está obligado a distinguir entre 4 'subconceptos' de dignidad humana: uno 'grande'; uno 'pequeño; uno 'intermedio' y uno 'económico. Por gran dignidad humana se designa aquel *atributo humano incorpóreo, interno, necesario, universal* e *inmutable en su núcleo,* como apareció, aunque todavía de forma imperfecta, ya en Cicerón y, sobre todo, desarrollado durante el cristianismo, y que después, tras varios ensayos durante el Renacimiento en Italia, sería concretado en Kant como *autolegislación o autodeterminación*. Esta gran dignidad humana se entiende mejor –así en la propuesta que aquí se somete- *como autodeterminación sobre los intereses propios.*
>
> Por pequeña dignidad humana- se entiende, por el contrario, el atributo *incorpóreo, externo y mutable de la relevante posición social y el mérito*, de una persona tal y como, circunscritos a una determinada posición social, eran ya designados con la expresión latina *dignitas*.
>
> Se conoce desde Pufendorf, además, una dignidad *intermedia*. También ella se refiere al atributo externo de la relevante posición social de las personas. Acentúa, sin embargo, la natural y, por ello, en principio, inmutable igualdad de la posición social de toda persona.
>
> Por último, en el siglo XX, especialmente los representantes del movimiento socialista, exigieron una 'existencia digna'. Con ello se de-

> mandaba la realización de las condiciones económicas o materiales de la dignidad humana. En este sentido se puede hablar, de forma resumida, de una dignidad 'económica', más exactamente, de una 'condición económica de la dignidad'. Estos 4 'subconceptos' de la dignidad humana comparten un rasgo común: se trata en cada caso, de una referencia a un atributo humano incorpóreo" (2020, 25 y 26).

A nuestro juicio, las dos modalidades a las que se alude en la actualidad cuando se discute sobre el alcance y valor jurídico de la dignidad serían la primera, *la grande*, y la última, la *económica,* una y otra estarían presentes en las declaraciones bien universales, bien internacionales además de en las constituciones o leyes fundamentales de numerosos estados occidentales. Pero con ello únicamente se habría comenzado a despejar la incógnita, pues ambas se distinguirían por su carácter descriptivo, tal y como lo señalara el profesor Garzón Valdés:

> "Sostendré como punto de partida, que la 'dignidad' no es una característica accidental sino una propiedad distintiva atribuida exclusivamente a todo ser humano viviente. El concepto de dignidad humana no es un concepto descriptivo. Decir que *todo* ser humano posee dignidad no es, desde luego, lo mismo que decir, por ejemplo, que *todo* ser humano posee un determinado número de cromosomas. El concepto de dignidad humana tiene un carácter adscriptivo. Expresa una evaluación positiva, en este caso, moral (...) Adscribirle dignidad a un ser humano viviente es algo así como colocarle una etiqueta de valor no negociable, irrenunciable, ineliminable e inviolable, que veda todo intento de auto o heterodeshumanización. En este sentido, impone deberes y confiere derechos (...) Cualesquiera que sean las desigualdades que una sociedad acepte y cualesquiera que sean los argumentos que pretendan justificarlas, desde el punto de vista moral, la única desigualdad que, por razones conceptuales, no es admisible es la desigualdad de dignidad" (2006, 260 y 261).

Y aun respecto a ésas o a cualesquiera otras formas de entender la dignidad es conviene distinguir para evitar confusiones entre "dignidad; conciencia de la dignidad (propia y ajena) y expresión de la dignidad" y es que "tener conciencia de la propia dignidad equivale a tener conciencia de ser un agente moral". (Garzón

Valdés, 2006, 262). Por supuesto ello no implica que aquéllas personas que, por edad, incapacidad, enfermedad, inmadurez carezcan de conciencia o les sea imposible expresarla queden excluidas. Como sostiene dicho autor la dignidad, entendiendo aquí tanto la *gran dignidad* de Pfordten es "adscrita (debería serlo) a todo ser que pertenezca a la especie humana" (*Ibídem*), con independencia de sus competencias, cualidades o habilidades.

O, dicho de otro modo, disponer de autonomía suficiente para actuar como agentes morales (Kant) no sería *conditio sine qua non* para ser titulares de (la *gran*) dignidad, ser persona y por tanto tener capacidad jurídica sería suficiente se goce o no de capacidad de obrar sería suficiente.

No obstante, y a pesar de lo anteriormente expuesto, aún permanece sin resolver una de las preguntas que, a día de hoy, concita una controversia inesperada y contra pronóstico: cuando se habla de dignidad, (y nos referimos ahora a *la grande*) ¿estamos ante un *ser* o un *deber ser*?, ¿un hecho o un ideal?, ¿un ideal indiscutible o sujeto a discusión? He ahí el motivo que impulsa esta reflexión y la de otros muchos.

4. LO QUE DICE EL DERECHO SOBRE LA DIGNIDAD

Hasta ahora no hemos hecho sino constatar, de forma casi telegráfica, las idas y venidas de la razón a la moral, de ésta a aquélla y de la fe a ambas en los muy numerosos y diversos intentos de conceptualizar la dignidad. Y, aunque, habremos de volver a ello, es preciso hacer antes una parada en el Derecho para dar cuenta, también someramente, del tratamiento que desde el Derecho se ha dado a la dignidad.

Sin embargo, enseguida se tendrá ocasión de advertir que el asunto tampoco acaba de clarificarse en el terreno jurídico. Para empezar, tal como destaca Waldron, "Las convenciones de derechos humanos nos dicen que la dignidad es inherente a la personalidad; pero al mismo tiempo exigen de nosotros esfuerzos heroicos para proteger la dignidad. ¿Hay un error aquí?" (2019, 47). Dicho de otro modo, a su acreditado juicio, persistiría la duda entre lo fáctico y lo normativo como sustrato de la dignidad. Así, "si se echa un vistazo rápido al modo en que la "dignidad" aparece utilizada en el derecho, probablemente se concluirá que hay una confusión seria en su uso. Aparece definida de distintas maneras en distintos documentos jurídicos. Como concepto, desempeña un tipo de función jurídica; luego el derecho le exige desempeñar una función completamente diferente y específica, al considerarla un concepto con una naturaleza distinta a la reseñada en un primer momento" (Waldron, 2019, 46).

Por insólito que hoy pueda resultar, el reconocimiento de la dignidad humana no entró ni en la letra ni en el espíritu del primer constitucionalismo. Habrá que esperar hasta 1919 cuando la Constitución de Weimar comience, "tímidamente" (García Cuadrado, 2012, 451) a incluir la dignidad en su articulado y lo hace, en coherencia con su conocido carácter social, en su artículo 151:

> "La organización de la vida económica debe responder a principios de justicia, con la aspiración de asegurar a todos una existencia digna del hombre. Dentro de estos límites, se reconoce al individuo la libertad económica..."

para referirse a la denominada por Pfordten *dignidad económica*, lejos aún de la *gran dignidad* o de su consideración como fundamento de los derechos humanos.

4.1. Normas internacionales y europeas

Los "crímenes y horrores que la Segunda Guerra Mundial" (Häberle, 2008,176)[4] dejó tras de sí provocaron un despertar de

4 Muy similares son las palabras con las que se pronuncia al respecto otro autor alemán "Ciertamente, los documentos fundacionales de

las conciencias que, sobrecogidas por lo que la razón y la sinrazón es capaz de generar, optaron por incluir la protección y defensa de la dignidad humana en diversos tratados internacionales. La referencia a la dignidad fue el medio elegido para que el Derecho impidiese que se volvieran a producir atrocidades semejantes, a partir de entonces, nunca más amparables ni en la pasividad de la letra de la ley ni en la permisividad o indiferencia de su espíritu.

En lo que al Derecho concierne, los espantos de la guerra y sus secuelas acarrearon importantísimas consecuencias que se dejan sentir hasta hoy, tan es así que "el positivismo entrará en crisis a partir de la Segunda Guerra Mundial a mediados del Siglo XX, básicamente con tres hitos fundamentales que dan origen a lo que conocemos como neoconstitucionalismo, en dónde comienza verdaderamente a reflexionarse sobre los derechos humanos: Los juicios de Núremberg (1947), la Declaración Universal de los Derechos Humanos de (1948) y la Ley de Bonn que da origen a la nueva Constitución Alemana (1949). En esta última podemos mirar como Alemania, tras la caída del Tercer Reich, inicia una nueva y profunda mirada del ser humano, plasmada en el contenido del artículo 1 de la Ley Fundamental de la República Federal de Alemania"[5] (Jaramillo, 2024, 128) al que enseguida se hará referencia.

---

las Naciones Unidas que establecieron una conexión explícita entre los derechos humanos y la dignidad humana fueron una respuesta clara a los crímenes masivos cometidos bajo el régimen nazi y las masacres de la Segunda Guerra Mundial", (Habermas, 2010, 5).

5 Ley Fundamental de Bonn de 23 de mayo de 1949. En sentido formal o estricto, el primer antecedente constitucional sería el del artículo 3 de la Constitución italiana de 27 de diciembre de 1947: "Todos los ciudadanos tienen la misma dignidad social y son iguales ante la ley sin distinción de sexo, raza, lengua, religión, opiniones políticas o condiciones personales y sociales. Es misión de la República suprimir los obstáculos de orden económico y social que, limitando de hecho la libertad y la igualdad de los ciudadanos, impiden el pleno

Por lo que a las normas internacionales respecta, será en los Preámbulos o en los primeros artículos de las Declaraciones y Tratados, manifestación de una firme voluntad de que la idea de dignidad vertebre *ab inicio* todos los contenidos, donde encontremos la mayoría de las alusiones a la misma. Basta con verse, por ejemplo, la Carta de las Naciones Unidas, de 26 de junio de 1945, los Estatutos de la UNESCO, de 16 de noviembre de 1945, la Declaración Universal de los Derechos Humanos de 10 de diciembre de 1948 o el artículo 1 del Pacto Internacional de Derechos Civiles y Políticos de 19 de diciembre de 1966.

Superado el umbral de los prolegómenos de las declaraciones, los artículos 22 y 23 de la Declaración Universal aluden, además, a la ya mencionada 'dignidad económica', ahondando así en la determinación de extender la idea de dignidad a todos los ámbitos siguiendo la estela de la Declaración de Filadelfia de 1944, de 10 de mayo, actual Carta de la Organización Internacional del Trabajo (OIT) donde se establecen los fines y objetivos de la misma.

La progresiva incorporación de ambas concepciones de la dignidad, -la 'gran dignidad' y la 'dignidad económica'-, en los textos internacionales le confieren una relevante "función heurística" (Habermas, 2020, 8). De hecho, gracias a ambas el pensar en los derechos en clave de generaciones nos permite tener una perspectiva dialéctica y dinámica de los mismos imprescindible para poder hablar de Derecho y derechos vivos. En cualquier caso, como señala Pfordten podría decirse que la dignidad es pues, desde entonces, "un bien común de toda la humanidad". No obstante, y si bien admite que otras culturas desarrollaron nociones con cierto parecido, "la toma de conciencia de la dig-

---

desarrollo de la personalidad humana y la efectiva participación de todos los trabajadores en la organización política, económica y social del país". Sin embargo, su vinculación de la 'dignidad social' con la igualdad restringe la idea de una 'gran dignidad' por lo que no suele ser tenida en cuenta como el primer ejemplo constitucional.

nidad tiene histórica y culturalmente sus puntos decisivos en el pensamiento greco-latino, judeo-cristiano y europeo" (2020, 74).

Hecha abstracción de su peso en los orígenes y conformación de la idea, que la dignidad constituye una de las piezas fundamentales de la arquitectura jurídica europea está fuera de duda. Tan es así que no sería exagerado afirmar que es en el marco de la Unión Europea donde mayor reconocimiento y garantía se le ha conferido. El Preámbulo y los artículos 1, 4, 25 y 31 de la Carta de Derechos Fundamentales de la Unión son fiel reflejo de ello en la medida en que, tal como establece § 1 del artículo 6 del Tratado de la UE, la Carta es de aplicación directa.

No obstante, no conviene caer en la autocomplacencia jurídica pues, además de los eventuales efectos que para la idea de dignidad pueda acarrear la emergencia y profusión de los populismos, -cuestión sobre la que nos detendremos más adelante- ni siquiera en el corazón de Europa existe un acuerdo unánime al respecto de la dignidad. El hecho de que Gran Bretaña y Polonia, por ejemplo, hicieran constar en "un protocolo adicional que, a través de las facultades del Tribunal de Justicia de la UE, no se crearían respecto de ellos nuevos o más extensos derechos exigibles" impide que pueda hablarse de una tarea acabada (Pfordten, 2020, 73)

4.2. La dignidad en la Constitución: principales líneas de interpretación doctrinal y jurisprudencial

Como es bien sabido, es en el artículo 10.1 donde nuestra Constitución se refiere a la dignidad y lo hace en los siguientes términos:

"La dignidad de la persona, los derechos inviolables que le son inherentes, el libre desarrollo de la personalidad, el respeto a la ley y a los derechos de los demás son fundamento del orden político y de la paz social".

No puede decirse que haya sido pacífica, ni desde luego unánime, la lectura que la doctrina ha venido haciendo a lo largo de los años de dicho artículo. El asunto puede platearse en términos disyuntivos: ¿contiene al artículo 10.1 una bella pero retórica declaración de intenciones o se trata de una norma en sentido estricto?

Parece prudente atender al parecer del profesor Peces-Barba tanto por haber sido uno de los autores intelectuales de la Constitución como por su condición de filósofo del Derecho:

> "En el tema de los derechos es fácil incurrir en el error de usar términos emotivos que susciten sentimientos y que no sean auténticamente relevantes para expresar mandatos, permisos o prohibiciones si se trata de normas primarias, o para organizar poderes, establecer competencias o fijar procedimientos si trata de normas secundarias. El título primero contiene un precepto de esa naturaleza impregnado de retórica iusnaturalista, que es el artículo 10.1 (...). Son palabras válidas para el preámbulo, pero que no añaden nada al carácter normativo de la Constitución (...). Incluso pueden crear confusión al contrapesar el sentido muy claro del artículo 1.1 donde se señalan los valores superiores, fundamento de los derechos humanos y de la organización de los poderes, como expresión de la dignidad de la persona humana, cuya promoción es finalidad del poder político. Es un fundamentalismo sin mayor alcance" (1993, 193).

En cambio, el criterio de Pérez Luño, también desde la Filosofía del Derecho, es otro. A su juicio, la dignidad, sea considerada como valor o como principio es indiscutiblemente una norma jurídica y para sustentar tal tesis aduce dos razones. La primera, "su protección reforzada en relación con los requisitos para la reforma constitucional, al considerarse como elementos esenciales del sistema jurídico y político consagrado por la Ley superior (artículo 168)". A ésta se sumaría una segunda, la viabilidad del recurso de inconstitucionalidad en caso de infracción en virtud de lo dispuesto en el artículo 161.1*a* de la CE en relación con el 39.2. de la LOTC según la cual tal recurso cabe no sólo contra "contra leyes y disposiciones normativas con fuerza de ley" sino que también puede fundarse ante la vulneración de cualquier precepto constitucional y, en consecuencia, también de sus principios y valores. Lo cierto es que en ambos casos la fundamentación es sólida por lo que la cuestión sigue abierta, falta por ver cuál o cuáles han sido los criterios jurisprudenciales al respecto.

De entre las sentencias que el TC ha dedicado a la dignidad, destaca especialmente la STC 53/1985, en cuyo fundamento jurídico 8 afirma: "la dignidad es un valor espiritual y moral inherente a la persona, que se manifiesta singularmente en la autodeterminación consciente y responsable de la propia vida y lleva consigo la pretensión del respeto por parte de los demás". Para más adelante, en el 10 confirmar que la dignidad "está sustancialmente relacionada con la dimensión moral de la vida humana".

Ésa es, en lo fundamental, la concepción de la dignidad mantenida y sostenida por el Tribunal desde sus inicios y hasta la actualidad, excepción hecha de algunos votos particulares discrepantes particulares. Tal forma de entender la dignidad dista mucho de resultar inocua pues, bien al contrario, sus consecuencias jurídicas serán relevantes. La profesora Pascual Lagunas, de la misma opinión, sostiene que, el atribuirle un "carácter estrictamente espiritual, es precisamente, lo que ha dificultado su configuración como institución jurídica (...) Incluso en la actualidad, la atribución a la dignidad de caracteres jurídicos que llevan aparejadas potestades y libertades específicas, resulta dificultoso" (Pascual Lagunas, 2009, 32).

La protección a la dignidad en nuestro ordenamiento jurídico dependerá y será la misma que la ofrecida y garantizada a los derechos fundamentales en que se concrete- En consecuencia, no siempre ni necesariamente a través de la vía del recurso de amparo, como se desprende del artículo 53.2 de la C.E. y la STC 120/1990, explicitó: "sólo en la medida en que tales derechos sean tutelables en amparo, y únicamente con el fin de comprobar si se han respetado las exigencias que, no en abstracto, sino en el concreto ámbito de cada uno de aquéllos, deriven de la dignidad de la persona, habrá de ser ésta tomada en consideración por este Tribunal como referente". Doctrina que, otros pronunciamientos del alto tribunal, antes y después, se han encargado de revalidar.

Véase, por ejemplo, la STC 57/1994, fundamento jurídico 3, "lo dispuesto en el art. 10.1 (...) no puede servir de base para una pretensión autónoma de amparo (...) por impedirlo los arts. 53.2 CE y 41.1 LOTC que ha configurado el recurso de amparo para la protección de los derechos y libertades reconocidos en los arts. 14 a 29 CE (...) pero no para la reservación de otros principios o normas constitucionales" y, en el mismo sentido, el Auto 651/1985, fundamento jurídico 6 y las SSTC 64/1986, fundamento jurídico 4 y 242/1992, fundamento 2.

No obstante, el hecho de que en el ordenamiento jurídico español la dignidad no haya sido sancionada como derecho constitucional no impide que su relevancia jurídica sea notable. Así, el TC le confiere en ocasiones el tratamiento como bien[6], otras como valor (superior o fundamental)[7] o también como principio, habiéndose dado el caso de hacerlo forma indistinta en la misma sentencia[8]. Tal falta de homogeneidad interpretativa si, por un lado, deja bien a las claras su importancia normativa, por otro, difícilmente contribuye a clarificar su naturaleza normativa, de por sí difusa.

En ese incierto contexto, asumimos la conclusión de la profesora Pascual Lagunas, para quien las funciones desempeñadas por la dignidad en el sistema jurídico español, vendría a ser cinco[9]: fundamento del orden político y social; elemento de garan-

---

6 SSTC 214/1991, f.j. 1 y 8; 332/1994, f.j. 6 y 115/2000, f.j. 4.

7 SSTC STC 53/1985, f.j. 3 y 8; 214/1991, f.j. 8; 337/1994, f.j. 1 y 4; STC 102/1995, f.j.7; 12/2008, f.j. 2; 81/2001, f.j. 2; 139/2001, f.j. 5; 14/2003, f.j. 5; 196/2006, f.j. 4; 224/2007, f.j. 3; 34/2008, f.j. 6; 107/2008, f.j. 2; 123/2008, f.j. 2; 167/2009, f.j. 2 y 3 y 63/2010, f.j. 2.

8 Del f.j. 5 de la STC 63/2004 se infiere que el tribunal trata como sinónimos a los bienes y valores, con mención expresa a la dignidad y, en la STC 337/1994, f.j.1, se refiere a la dignidad como valor y como principio.

9 Véanse respectivamente, únicamente a modo de ejemplo, las SSTC STC 116/1999, f. j. 4, "la dignidad de la persona que, además, es reconocida en nuestra Constitución como fundamento del orden público y la paz social"; STC 126/1997, f. j. 12, "tanto en el Estado

tía del sistema democrático de derechos; elemento inspirador y de cohesión; elemento de configuración y de interpretación del sistema jurídico y elemento legitimador (2009, 49-62).

Pero, si en nuestro ordenamiento jurídico, a diferencia de lo que ocurre en el alemán[10], la dignidad no alcanza la categoría jurídica de derecho y, como se ha mostrado, el TC ha ido va-

---

liberal como en el Estado social y democrático de Derecho que configura nuestra Constitución basado en la igual dignidad de todas las personas"; STC 53/1985, f. j. 3, "dentro del sistema constitucional son consideradas (la dignidad y la vida humana) como el punto de arranque, como prius lógico y ontológico para la existencia y especificación de los demás derechos"; STC 105/1994, f. j. 1, "principios o valores jurídicos como la seguridad jurídica, la legalidad o la dignidad humana... (son) denominador común de tantas categorías jurídicas, contribuyendo a perfilarlas e incluso a entenderlas" y STC 113/1995, f. j. 6, "especial posición que los derechos y libertades fundamentales ocupan en nuestro ordenamiento, en cuanto traducción normativa de la dignidad humana y elemento legitimador de todo poder político".

10 Artículo 1 de la Ley Federal Alemana "La dignidad humana es intangible. Respetarla y protegerla es obligación de todo poder público. El pueblo alemán, por ello, reconoce los derechos humanos inviolables e inalienables como fundamento de toda comunidad humana, de la paz y de la justicia en el mundo". A ese respecto y, como señala el profesor Häberle, conviene tener en cuenta que "La protección de la dignidad en dos direcciones significa: que la dignidad del hombre es un derecho público subjetivo, derecho fundamental del individuo frente al Estado (y la comunidad), y que constituye, al mismo tiempo, como mandato constitucional dirigido al Estado para que preserve al individuo en su dignidad ante la sociedad (o sus grupos) (Häberle, 2008, 223). Y, en idéntico sentido el profesor von der Pfordten, señala que "El T.C. Federal y la gran mayoría de la literatura jurídico-constitucional afirman este carácter fundamental de la dignidad humana en relación al resto de los derechos fundamentales (BVerfGE 93, 266 (293)" y, además, "El T.C. Federal ha afirmado el carácter de la dignidad humana como derecho subjetivo (BVerfGE 1, 322 (343); 12, 113 (123); 15, 283 (286); 28, 243 (263); 61, 126 (137); 72, 105 (115); 109, 133 (149 y ss.)" (2020, 134 y 136).

riando su tratamiento ¿de dónde proviene su fuerza normativa? ¿Por qué garantizar la dignidad humana es una prescripción? Basta con acudir a los artículos 9.1 de la CE:

> "Los ciudadanos y los poderes públicos están sujetos a la Constitución y al resto del ordenamiento jurídico"

y

5.1. de la LOPJ:

> "La Constitución es la norma suprema del ordenamiento jurídico, y vincula a todos los Jueces y Tribunales, quienes interpretarán y aplicarán las leyes y los reglamentos según los preceptos y principios constitucionales, conforme a la interpretación de los mismos que resulte de las resoluciones dictadas por el Tribunal Constitucional en todo tipo de procesos"

para disipar cualquier duda al respecto. El hecho de que se trate de una norma general y abstracta no le resta vinculatoriedad como no ocurre, por ejemplo, con otros valores del ordenamiento como la libertad, la justicia, la igualdad y el pluralismo político.

5. ¿Y LA DIGNIDAD EN TIEMPO DE POPULISMOS?

Si partimos de la hipótesis de que el Derecho es un proceso vivo, en permanente cambio, sujeto a condiciones extrajurídicas de muy diversa índole, no debería sorprendernos ni escandalizarnos el que existan grietas o "hiatos" (Fleury, 2023, 125) entre derechos positiva y formalmente reconocidos. Dicho de otro modo, que la eficacia sea más una aspiración que un hecho consumado. ¿Cuánto más no afectara ello a los conceptos jurídicos indeterminados que son los principios, a los valores y a las normas generales y abstractas, por citar las formas en que la jurisprudencia constitucional se refiere a la dignidad?

Ésa es, qué duda cabe, más que una eventualidad es una realidad a tener en cuenta en este asunto. Pero, ¿es la única? Al decir de la profesora Fleury no lo sería por la concurrencia de dos motivos. Uno, hoy "el concepto de universalidad es juzgado como ilegítimo" (2023, 20) y dos, existe "una tendencia a querer extraer de toda actuación intersubjetiva, social e incluso jurídica, el concepto de dignidad" (2023, 21). Tal vez, como ella apunta, existan diferentes "edades" (2023, 17) de la dignidad y estemos entrando en otra.

Si de la dignidad decíamos que se trata de una idea tan difusa y confusa que ha tenido ocupada a la doctrina durante siglos otro tanto, si no más puede y debe predicarse del populismo. Llevar a cabo un estudio aceptablemente riguroso sobre la naturaleza jurídico-política del populismo o, por mejor decir de los populismos, o tal vez neopopulismos, exige una reflexión independiente y exclusiva. Por el momento nos conformaremos con dejar constancia de que la prolífica y divergente doctrina que se ha ocupado de ello no se pone de acuerdo sobre si con dicho término se designa una teoría, una o varias ideologías o si, tan sólo debe acudirse a él para aludir a ciertas formas o estilos de hacer política y, por tanto, Derecho. Así lo considera Laclau, -y como él la práctica totalidad de los autores-: "el populismo se vuelve borroso (...) es, simplemente, un modo de construir lo político (...) a mitad de camino entre lo descriptivo y lo normativo (...) Por populismo no entendemos un tipo de movimiento identificable con una base social especial o con una determinada orientación ideológica, sino una *lógica política*". (2016, 11, 15 y 150).

La ausencia de una definición 'unánime' del populismo (populismos, neopopulismos) obedece a lo heterogéneo del fenómeno y a la pluralidad de perspectivas desde la que es observado por la doctrina. Sin embargo, la existencia y reconocimiento de ciertos elementos comunes permiten describir un denominador común que posibilita conocer su contenido esencial que, a su vez, nos conduce a demandarnos cuál es su impacto sobre la idea de dignidad. Adoptamos como punto de partida la tesis de Cas Mudde para quien el populismo sería "una ideología que considera que la sociedad está separada en dos grupos homogéneos y antagonistas, el pueblo puro y la élite corrupta, y que sostiene que la política debería ser una expresión de la voluntad general el pueblo" (Mudde, 2004, 543).

Así, el pueblo, al que se le conferiría el monopolio de la representación (Müller, 2025, 42 y 61); la élite, convertida en chivo expiatorio de todas las dificultades y debilidades de la democracia y la voluntad general, desprovista de su complejidad, entendida en términos plebiscitarios, serían las categorías con presencia constante. Y ello cualquiera que sea de la definición adoptada e independientemente de que se trate de un populismo derechas o de izquierdas, autoerigidos ambos en la exclusiva encarnación del bien[11]. ¿Hay entonces? y, en su caso, ¿cuáles son las razones que justifican que nos demandemos sobre la compatibilidad, contraste o contradicción populismo y dignidad?

La consecución de un horizonte de unanimidad (Rosanvallon, 2020, 222) con la consiguiente impugnación y rechazo a la idea de pluralidad estarían detrás de todo populismo. La hostilidad hacia el pluralismo constituye, de por sí, una clara amenaza para la democracia y, en consecuencia, para uno de sus fundamentos, la protección y salvaguarda de la dignidad. Y es así como llegamos a algunos cuestionamientos de fondo: ¿qué o quién es el pueblo para ?, ¿cabe democracia sin pluralismo?[12]

Sostenemos que la del populismo es una retórica tautológica pues, previa instrumentalización y adulteración de la categoría 'pueblo', le atribuye la exclusividad de la representación legítima del Estado, como cortafuegos a la corrupción y corruptelas propias de una élite cuya composición variará según la determine

---

[11] Sobre la existencia de movimientos populistas tanto de derechas como de izquierdas cfr. Rosanvallon, 2020, (90, 91 y 266) y Müller, 2025, (62 y 64).

[12] Piénsese, a modo de ejemplo, de lo establecido en el artículo 1 de la CE "España se constituye en un Estado social y democrático de Derecho, que propugna como valores superiores de su ordenamiento jurídico la libertad, la justicia, la igualdad y el pluralismo político".

un populismo u otro, pero será siempre afín con sus respectivos intereses ideológicos. La circularidad del discurso proviene de que, como afirman Habermas, "el pueblo sólo se manifiesta en plural" (Habermas, 1992, 607) o, con mayor detalle, Häberle:

"El pueblo es (…) una magnitud pluralista en constante renovación de sus vínculos culturales (…) El pueblo no es algo místico, sino una unión de una 'multitud de hombres', cada uno con su dignidad propia, es una unión determinada en el espacio, constituida temporalmente, con capacidad de perfeccionamiento, vivida pública y responsablemente bajo leyes jurídicas (en sentido kantiano) creadas democráticamente (…) Tal comprensión camina también por entre peligros, ya que la acentuación excesiva de la idea de comunidad ha dado lugar a veces a totalitarismos. Toda autoridad se puede, por naturaleza, descarriar" (2008, 217 y 218).

Que cada tipo de populismo "produzca 'su' pueblo, como mito fundador que conviene a su espacio político: el pueblo-nación, proletariado, 'la gente de abajo' los 'franceses de verdad', el pueblo de izquierda (Perrineau, 2021, 19) evidencia un desprecio por la democracia que se hace patente al cuestionar la igual dignidad de quienes queden fuera de ese pueblo. Esa limitante autorreferencialidad refleja su tendencia antidemocrática pues, aunque en apariencia se muestre y proclame como un "correctivo útil" (Müller, 2025, 27) frente a los 'errores' del liberalismo, en realidad es una manifestación más de su desprecio por las instituciones democráticas. A través de la simplificación (Dahrendorf, 2003, 157) falseadora de la realidad contemporánea y del descrédito de la democracia como forma de vida, el populismo se articula y promociona como la única salida posible del callejón sin salida al que ha conducido la globalización. Una globalización a cuyos efectos achacan todos los males por los que atraviesan las sociedades contemporáneas y cuya autoría atribuye, en exclusiva, a la élite liberal. Y ello, por muy distintas que sean entre sí las situaciones y realidades de tales sociedades.

Nuestra tesis es que los populismos, confesos enemigos de la fragmentación y la diversidad distintivas de las democracias, llevados por la tentación de una "identidad sustancial" (Laclau, 2009, 129) se autoerigen en únicos representantes posibles de la "totalidad" (Müller, 2025, 82) gracias a su identificación con el 'auténtico pueblo'. Y, sea cual sea la modalidad de populismo, observamos que, tras sus formas aparente y superficialmente democráticas, a duras penas ocultan su flirteo, cuando no fascinación, por las más variadas formas de totalitarismos. Todos ellos teatralizan una ficción democrática en la que, sirviéndose de emociones nacionales, de raza, religión, clase o grupo, antepuestas a la racionalidad y las razones comunes, se contribuye a debilitar o desbaratar la idea de dignidad por cuanto de universal tiene.

Para tratar de ver cómo y en qué medida partiremos de la concepción dworkiniana de "dignidad indivisible" aunque, en la práctica, se articule en torno a dos principios: el de "respeto", en su doble manifestación de respeto hacia uno mismo (auto-respeto) y de respeto hacia todos los demás, incluidos los "extraños", y el "autenticidad" Al decir del filósofo norteamericano nuestras obligaciones para con los demás llegan hasta los propios extraños, aunque no sean en tal caso idénticas. De más a menos, de la obligación –positiva- de ayuda a la-negativa- de no dañar, ni intencionadamente ni sin intención, ha de dar cuenta el Derecho y ha de hacerlo, y lo hace, a través del respeto a la dignidad cuya concreción llega, indefectiblemente, de la mano de la garantía eficaz de los derechos humanos. Para ello y, como el mismo autor apunta, es imprescindible establecer las bases morales y jurídicas de una responsabilidad para la dignidad. (Dworkin, 2014, 245, 254, 355 y 511).

¿Están los populismos en disposición de establecer las bases de la responsabilidad necesaria para hacer efectiva una "dignidad indivisible" a través de los derechos humanos? El abandono por parte de los populismos de la aspiración de universalidad esencial en la teoría de los derechos humanos complica, en unos supuestos, y hace totalmente inviable, en otros, tal posibilidad. Y es que, también en éste como en otros casos ha de ser tenido en cuenta el grado, pues ni todas las democracias tienen igual calidad, ni todos los populismos tienen el mismo grado de intensidad.

Al decir del profesor Alegre, "los populismos, como mínimo, implican una noción débil acerca del alcance del sistema internacional de protección de los derechos humanos" Alegre (2016, 1). Varios elementos sustentarían dicha afirmación:

- la adopción del maniqueísmo en sustitución de la universalidad orienta su discurso en términos de antagonismos y exclusiones
- su visión acusatoria de la globalización propicia que las dinámicas globales sean entendidas y gestionadas como responsables de todas las crisis y, en consecuencia, merecedoras de rectificación
- refutadas la pluralidad, la diversidad y la fragmentación, no pueden darse las condiciones necesarias para mantener diálogos racionales con otras culturas, otras formas de gobierno, religiones… otros tipos de sociedad en suma lo cual supone un impedimento *ab origen* para desarrollar o sostener la democracia y los derechos humanos en el imprescindible marco de una sociedad abierta

¿Hay lugar para la dignidad indivisible y universal en tan estrecha y cerrada concepción de lo jurídico y lo político? Su confesada actitud de desprecio por la dignidad del oponente, del discrepante, del disidente, del diferente nos llevan a negar tal posibilidad. ¿Cabe la opción de que de los populismos (sea cual sea la modalidad de populismo en cuestión) resulte un gobierno justo? De seguir la argumentación al respecto de Dworkin, de nuevo no, pues, a su parecer,

> "la justicia comienza (…) en lo que parece una proposición incuestionable: que el gobierno debe tratar a quienes están bajo su autoridad con igual consideración y respeto. Esa justicia no amenaza nuestra libertad: la expande. No trueca la libertad por la igualdad o a la inversa. No malogra la empresa en beneficio

> de la trampa. No está a favor ni de un gobierno grande ni de un gobierno pequeño: sólo de un gobierno justo. Surge de la dignidad y aspira a la dignidad" (2014, 512).

Y, si ello es así, ¿cuánto de lógico tendría, desde un punto de vista jurídico, favorecer o apoyar un gobierno injusto?

6. DEL MUNDO DE LOS HECHOS AL DE LOS IDEALES Y VICEVERSA

En otro apartado de este trabajo[13] surgía el interrogante de si la dignidad había de ser tenida por un hecho o un ideal. Y, en caso de pertenecer a la categoría de los ideales, de qué tipo: ¿un ideal indiscutible o sujeto a discusión?, Por otro lado, en el caso del primer supuesto, la categoría de 'ideal indiscutible', ¿habría de ser contemplada como un oxímoron, como la prescripción común de ciertas éticas universalistas o como exigencia de mínimos contra la barbarie?

A instancias de Voltaire, afirmaba el profesor Peces-Barba:

> "Parece que la dignidad humana es un horizonte, un deber ser que se puede realizar en el dinamismo de la vida humana, siempre limitadamente, siempre condicionado históricamente y temporalmente en el pazo de nuestra existencia. En ese sentido es un punto de llegada. Pero al mismo tiempo es una descripción de las dimensiones de nuestra condición, el fundamento de nuestra ética pública, porque acota el ámbito de su acción, para realizar el proyecto en que consiste el ser humano. En ese sentido es un punto de partida, un modelo a realzar. Entre la dignidad como punto de partida y como punto de llegada, se extiende la ética pública, política y jurídica, que modela la morada temporal de los hombres, la sociedad que es la casa donde se realiza el recorrido de la dignidad (...) En su origen dignidad humana no es un concepto jurídico como puede serlo el derecho subjetivo, el deber jurídico o el delito, ni tampoco político como

[13] Véase el final del apartado 3: Algunas distinciones relevantes.

> Democracia o Parlamento, sino más bien una construcción de la filosofía para expresar el valor intrínseco de la persona derivado de una serie de rasgos de identificación que la hacen única e irrepetible, que es el centro del mundo y que está centrada en el mundo (...) Estamos ante un deber ser fundante que explica los fines de la ética pública política y jurídica, al servicio de ese deber ser. Por eso, la dignidad no es un rasgo o una cualidad de la persona que genera principios y derechos, sino un proyecto que debe realizarse y conquistarse" (2003, 50 y 68).

Por su parte, Pfordten, alude a una

> "doble naturaleza de la dignidad humana como atributo humano fáctico, por un lado, y como valor ético, por el otro. Mientras se hable de la dignidad humana como atributo humano fáctico, es posible una distinción conceptual entre la vida corporal y la autodeterminación sobre los propios intereses. Por el contrario, cuando se hable de la dignidad humana como valor y su respeto como deber ético, moral y jurídico, ambos fenómenos no podrían ser valorados o subordinados a obligaciones de forma aislada uno de otro. Esto se halla prohibido por el carácter de la vida corporal como condición fáctica de la dignidad" (Pfordten, 2020, 87).

En lo que ambos y la mayoría de los autores coinciden es en resaltar el camino de ida que la dignidad sigue desde la moralidad al Derecho. Únicamente Waldron y quienes le suscriben son de la opinión contraria, esto es, que sólo desde el sentido opuesto, si el camino recorrido por la idea de dignidad va del Derecho a la moral podrá avanzarse en la operatividad del mismo en el terreno jurídico.

> "Creo que no es una buena idea tratar la dignidad como una noción primariamente moral, o dar por sentado que una reconstrucción filosófica de la dignidad necesariamente debe partir desde la filosofía moral (Waldron, 2019, 45). La dignidad es un estatus normativo y (...) muchos derechos humanos pueden ser entendidos como manifestaciones de dicho estatus (Waldron, 2019, 48). Sabemos que la dignidad humana puede ser tratada como un concepto moral. Pero he estado elaborando también la intuición de que avanzaríamos más si consideráramos primero cómo se desempeña la dignidad como un concepto jurídico y desde ahí modelar lo que queremos para la moral. Sostuve que debíamos considerar

> los modos en que la idea de dignidad humana se mantiene fiel al antiguo sistema jerárquico de la dignidad como un rango noble, y que debíamos proyectar esa idea a su forma moderna, como una igualación de ese estatus elevado, en vez de tratarla como una idea que rehúye de toda noción de estatus" (Waldron, 2019, 77).

Sin restar importancia a la dirección seguida por la dignidad, de la moral al Derecho o a la inversa, lo que en todo caso queda bien a las claras es que la dignidad pertenece a los dos ámbitos, el jurídico y el moral y que, en la medida en que también es moral sólo caben dos opciones respecto a su fundamentación, "la dignidad humana, al igual que el de derechos humanos, o bien presupone un juicio de valor cuya corrección no puede ser justificada racionalmente o sólo es susceptible de una fundamentación intersubjetiva culturalmente condicionada" (Garzón Valdés, 2006, 236). Así las cosas, si se aspira a fomentar un sustrato común que posibilite la convivencia entre culturas jurídicas diferentes, tal vez lo más sensato sea establecer y consolidar los mínimos, fundamentar la dignidad, bien sea contemplada primordialmente como estatus jurídico o bien lo sea como principio moral, a través de una "vía negativa' que establezca los límites de lo moralmente irrazonable" (Garzón Valdés, 2006, 238).

En modo alguno debe ésta ser tratada como una cuestión 'meramente' teórica o de segundo orden pues la suerte que corra la idea de dignidad va e irá pareja a la de los derechos humanos y viceversa, pues ambos son las dos caras de una única moneda. Planteado el asunto en términos temporales o de actualidad podemos preguntarnos: ¿son éstos buenos tiempos para la dignidad?, ¿lo son para los derechos humanos?

De secundar las palabras del profesor Kervégan no habría lugar para el optimismo:

> "El modelo que sumariamente podríamos denominar habermasiano de democracia fundada sobre los derechos asegurando su preservación o su extensión, independientemente del hecho de que su realización ha sido siempre incompleta, ha dejado de ser desde hace un tiempo objeto de consenso en tanto que modelo.

> En todos los lugares, incluida Europa, cuna de la democracia moderna, se observa una puesta en cuestión, a veces radical, de lo que parecía deber ser desde 1989, la base normativa de un modelo unificado. La crítica en muchos aspectos justificada a la 'política de los derechos humanos' ha abierto la vía a una contestación sobre la pertinencia de ese modelo, y más precisamente del acoplamiento que parecía evidente incluso entre los más conservadores, entre el universalismo de los derechos y el anclaje siempre particular (nacional y a veces local) de la democracia" (Kervégan, 2025, 417 y 418).

En este contexto, unas preguntas conducen a otras tal vez porque, como dice Rosanvallon, "la democracia es el régimen que nunca deja de interrogarse sobre sí mismo" (Rosanvallon, 2020, 277): ¿es hiperbólico hablar del "crepúsculo de los derechos"? (Kervégan, 2025, 415); ¿responde ello a un alarmismo injustificado o a un fundado realismo?; ¿guarda ello una relación directa con el auge de los populismos?

Mounk también nos pone en alerta:

> "existen épocas ordinarias en las que los elementos constitutivos de la vida colectiva no son puestos en cuestión (...) y épocas extraordinarias en las que el mapa elemental de la política y la sociedad es redibujado (...) Hoy, cada día es más evidente que vivimos una época extraordinaria (...) La democracia liberal se está descomponiendo en sus diferentes elementos dando así nacimiento a una democracia antiliberal de un lado y a un liberalismo antidemocrático, del otro" (Mounk, 2018, 33, 35 y 36).

Sin duda, como ya ha sido mencionado *supra,* el proceso globalizador ha resultado ser un factor relevante en el auge y expansión de los populismos y, a su paso, en la debilitación de ciertos derechos y libertades y de la "desconsolidación" (Mounk, 2018, 149) o "recesión" democrática en curso (Diamond, 2015, 141). Así se percibe y refiere por no pocos autores quienes destacan cómo los populismos aupados por la globalización y otros fenómenos disruptivos han dado al traste con identificaciones hasta entonces tenidas por definitorias y definitivas: liberalismo-democracia; democracia-bienestar; autoritarismo-desigualdad-injusticia. Baste pensar que "en 1995 tan sólo una persona de cada dieciséis pensaba que un régimen militar constituía un buen sistema de gobierno; hoy, ya es una de cada seis la que lo piensa (Mounk, 2018, 13).

En ese contexto, plagado de cambios legislativos tan rápidos como breves, y de dudosa eficacia, con un mar de fondo geopolítico agitado, el Derecho, convertido en "el escenario del enfrentamiento de (los enemistados) modos de ver, organizar y articular el mundo", (González Ordovás, 2022, 215) se paraliza, impotente (por el momento), para dar respuesta a corrientes contrarias y excluyentes. Una parálisis que convive con el convencimiento de la necesidad de una refundamentación jurídica que pasa por:

- "Asumir la falta de correspondencia de la clasificación de los derechos en generaciones con el Derecho contemporáneo;
- Asumir la falta de idoneidad de la distinción entre derechos de hacer y derechos de no hacer (positivos y negativos) para referirse a las obligaciones públicas para la garantía y protección (…);
- Articular los derechos como derechos-función;
- Incorporar el concepto de obligación en la redacción de los derechos como parte del contenido (…),
- Establecer principios jurídicos de mayor complejidad que registren la interdependencia de derechos y obligaciones;
- Establecer la responsabilidad individual y colectiva como principio jurídico fundamental al mismo nivel que la libertad y la igualdad" (González Ordovás, 2022, 216-218).

Pese a todo, y por paradójico que pueda parecer, "los hechos no son nunca un argumento en sentido contrario", así lo considera al menos Steiner (2008, 29). Y, de hecho, en ese sentido, habría mucho de ingenuo y de erróneo en desconocer el destacado papel motor de las emociones en el auge de los populismos: emociones de posición (recurriendo al sentimiento de abandono y desprecio); emociones de intelección (rehabilitación de la legibilidad del mundo sin prescindir de la existencia de "complots") y emociones de acción (como respuesta al desgaje y fraccionamiento) (Rosanvallon, 2020, 71).

Tal vez por todo ello el acomodo más apropiado para los populismos se halle en lo que Steiner denominó "el último jardín" (Steiner, 2008, 59). Ese lugar en el que el hombre trata de gestionar las contradicciones y antítesis en las que vive enredado y de las que no puede salir mediante procesos puramente racionales (Steiner, 2008, 63). En esa línea de pensamiento, es más que probable que pueda extenderse al siglo XXI y a sus populismos la nostalgia del absoluto que Steiner apreciaba respecto a los movimientos jurídico-políticos del XX: "tenemos hambre de mitos, de explicaciones totales, y anhelamos profundamente una profecía con garantías". Una nostalgia del absoluto, de un universo sin 'imperfecciones', grietas, ni refutaciones que se traduce en el apoyo a propuestas jurídicas y políticas provistas de soluciones categóricas y certeras, con aspiraciones protectoras y redentoras. O, al menos, en ello basan su aclamada necesidad los populismos, ¿no?

Referencias bibliográficas

Alegre, M. (2016). *Populismo y derechos humanos: ¿Agua y aceite?* Disponible en: https://law.yale.edu/system/files/area/center/kamel/sela16_alegre_cv_sp.pdf

Atienza, M. (2022). *Sobre la dignidad humana,* Madrid, Trotta, 2022.

Ayora Pinós, X. (2012) "Sobre la dignidad humana", Cuadernos de teología, Vol. IV, N° 2, 24.

Diamond, L. (2015). "Facing Up to Democratic Recession ", *Journal of Democracy 26,* n°1, 141-155.

Dahrendorf, R. (2003). "Acht Anmerkungen zum Populismus", *Transit. Europäische Revue,* n° 25, 156-163.

Dworkin, R. (2014). *Justicia para los erizos,* trs. H. Pons y G. Maurino, México (D.F.), F.C.E.

Fleury, C. (2023). *La clinique de la dignité,* París, Seuil.

García Cuadrado, A. M. (2012). "Problemas constitucionales de la dignidad de la persona", *Persona y derecho.* vol. 67, (2012/2), 449-514.

González Ordovás, Mª J. (2022). *Derechos versus democracia. Ironía de la globalización.* Valencia, Tirant lo Blanch.

Garzón Valdés, E. (2006). "¿Cuál es la relevancia moral del concepto de dignidad humana?", *Tolerancia, dignidad y democracia,* Lima, Universidad Inca Garcilaso de la Vega-Fondo Editorial.

González Garcete, J.M. (2016). La dignidad humana, Academo. Revista de Ciencias Sociales y Humanidades, Vol. 3, nº 2, 1-15.

Häberle, P. (2008). La dignidad del hombre como fundamento de la comunidad estatal" en Fernández Segado, F. (Coord.), *Dignidad de la persona, derechos fundamentales, justicia constitucional.* Madrid. Dykinson.

Habermas, J. (1992). *Faktizität und Geltung: Beiträge zur Diskurstheorie des Rechts und des demokratischen Rechtsstaats.* Frankfort. Suhrkamp.

(2006). "¿Fundamentos prepolíticos del Estado democrático?", en Habermas, J. y Ratzinger, J. *Dialéctica de la secularización. Sobre la razón y la religión,* trs. I. Blanco y P. Largo. Madrid. Editorial Encuentro.

Hervada Xiberta, J. (1991). "Los derechos inherentes a la dignidad de la persona", *Humana Iura,* I, p. 345-379.

(1994). "La libertad y la dignidad de los hijos de Dios", *Fidelium iura,* (4), 9-32.

Hoerster, N. (1992). "Acerca del significado del principio de dignidad humana". *En defensa del positivismo jurídico.* tr. E. Garzón Valdés, Barcelona. Gedisa, 91-103.

Honneth, A. (2015). "Liberté moral" en Le Droit de la liberté. Esquisse d'une éthicité démocratique, trs. F. Joly y P. Rusch. París. Gallimard. pp. 156-158.

Jaramillo-Malo, S. (2024). La Dignidad Humana: Principio y Fin del Derecho y del Orden Social. *DICERE Revista De Derecho Y Estudios Internacionales, 1*(2), 116–131. https://doi.org/10.33324/dicere.v1i2.827

Kant, I. (2007). *Fundamentación de la metafísica de las costumbres,* tr. M. García Morente, San Juan de Puerto Rico, Pedro M. Rosario Barbosa. Edición de Pedro M. Rosario Barbosa

Kervégan, J.-F. (2025). *Puissances des droits. Théorie, histoire critique.* París. P.U.F.

Laclau, E. (2009). "Populismo: qué nos dice su nombre?", Panizza, F. (Compilador). *El populismo como espejo de la democracia,* tr. S Laclau, Buenos Aires. FCE.

(2016) *La razón populista,* tr. S. Laclau, Madrid, FCE.

Mounk, Y. (2018). *Le peuple contre la démocratie.* París. Éditions de l'Observatoire-Humensis.

Mudde, C. (2004). "The populist Zeitgesit", *Gouvernement and Opposition*, vol. 39, nº 4, 541-563.

Pascual Lagunas, E. (2009). *Configuración jurídica de la dignidad humana en la jurisprudencia* Constitucional. Barcelona. Bosch.

Peces-Barba Martínez. G. (1993). *Derecho y derechos fundamentales.* Madrid. Centro de Estudios Constitucionales, 1993.

(2003). *La dignidad de la persona desde la Filosofía del Derecho.* Madrid. Dykinson-Instituto de DDHH Bartolomé de las Casas.

Perrineau, P. (2021). *Le Populisme,* París, Humensis.

Pfordten, D. von der (2020). *Dignidad humana,* tr. C. A. Mendoza, Barcelona, Atelier.

Ratzinger, J. (2006). "Sobre la razón y la religión", en Habermas, J. y Ratzinger, J. *Dialéctica de la secularización. Sobre la razón y la religión* trs. I. Blanco y P. Largo, Madrid, Editorial Encuentro.

Wetz, F.J. (1998). *Die Würde des Menschen ist antasbar,* Sttutgart, Klett-Cotta.

Cosmopolitismo, nacionalismo y auge de los populismos autoritarios

FERNANDO ARLETTAZ
Universidad de Zaragoza[1]

1. INTRODUCCIÓN

El concepto de populismo es uno de los más invocados de nuestra época, sea para estudiarlo, para ensalzarlo o para denostarlo. Sin embargo, sus alcances exactos son objeto de controversia permanente y dependen, en buena medida, de la perspectiva teórica utilizada. En este trabajo adoptaremos una perspectiva discursiva, que identifica el populismo como una forma de praxis política basada en el relato maniqueo de contraposición entre un pueblo virtuoso y una élite corrupta. Esta praxis política es independiente de cualquier ideología sustantiva y, de hecho, puede anclarse en cosmovisiones sustantivas de lo más variadas, dando lugar a populismos de todo signo ideológico. La bibliografía respecto del populismo es muy abundante, y a ella remitimos para completar la definición aquí esbozada (ver, entre muchos otros, Hawkins y Rovira Kaltwasser, 2013; Moffitt, 2020).

---

1 Investigador Ramón y Cajal, Universidad de Zaragoza, ayuda RYC2022-037133-I financiada por MICIU/AEI /10.13039/501100011033 y por el FSE+. Miembro del Laboratorio de Sociología Jurídica de la Universidad de Zaragoza.

En la medida en que la idea de pueblo es central en la articulación de las estrategias populistas, el populismo necesita establecer su delimitación política. La invocación populista del pueblo puede hacer referencia al pueblo como plebe (*plebs*), es decir, como víctima de la élite opresora; al pueblo como *demos*, es decir, como sujeto político en el que recae la soberanía; o al pueblo como nación (*natio*), es decir, como comunidad cultural (Brubaker, 2020). Aunque las dos primeras articulaciones son típicas del fenómeno populista (el pueblo es precisamente la *plebe* víctima de la élite que debe autodeterminarse como *demos* y liberarse del yugo opresor), la tercera no le es necesariamente inherente. En otras palabras: la vinculación entre populismo y nacionalismo no es conceptualmente necesaria[2]. No obstante, de hecho, en la mayoría de los discursos populistas el pueblo se identifica con la nación, lo que permite hablar en tales casos de un populismo nacionalista en el que coinciden *plebs, demos* y *natio*.

Este trabajo estudia, desde una perspectiva principalmente teórica, el modo en que el discurso populista construye política y jurídicamente el concepto de nación. Para ello, parte de un análisis del discurso político y muestra ejemplos recientes de reformas (o propuestas de reforma, cuando se trata de partidos que todavía no han llegado al poder) al régimen legal de la nacionalidad que traducen jurídicamente la idea populista de la nación (apartado 2). Como se verá, tal idea se contrapone radicalmente a la concepción cosmopolita de ciudadanía global (apartado 3) y responde a una perspectiva teórica etnonacionalista de carácter tradicionalista y conservador (apartado 4).

---

2 Existe, por ejemplo, un populismo de libre mercado para el que la distinción entre el pueblo y el anti-pueblo no se superpone a la distinción entre miembros de la nación y extranjeros a ella, sino que corresponde a otros ejes de tipo económico (como por ejemplo en los casos de Jair Bolsonaro en Brasil y Javier Milei en Argentina). Sin embargo, no nos ocuparemos de este tipo de populismo aquí.

Los populismos nacionalistas que nos interesan aquí son fenómenos autoritarios. Es importante aclarar, no obstante, que no hay entre el nacionalismo y el autoritarismo una conexión conceptual necesaria. Aunque de hecho los nacionalismos *realmente existentes* a lo largo de la historia hayan asumido esa forma autoritaria, existe también un nacionalismo liberal que otorga un lugar importante a la nación como contexto cultural necesario para el desarrollo de un sistema de libertades. Mencionaremos este nacionalismo liberal en los apartados correspondientes para una mejor comprensión del fenómeno que aquí nos interesa.

Por otra parte, aunque sean fenómenos autoritarios, los populismos nacionalistas de los que tratamos aquí aceptan el principio de legitimación popular, por lo que resultan al menos mínimamente democráticos. Se trata, en definitiva, de *democracias autoritarias*: regímenes en los que las reglas de la democracia son erosionadas por las prácticas autoritarias, sin que desaparezca totalmente el mecanismo electoral como forma de zanjar la disputa política. El fenómeno forma parte de lo que ha sido descrito como una crisis de la democracia liberal (Levitsky y Ziblatt, 2018; Mounk, 2018; Przeworski, 2019), fraguada en el surgimiento de liderazgos personalistas, ruptura de garantías institucionales que limitan el poder y usos abusivos de los mecanismos constitucionales.

Por ello, en la medida en que se vean los regímenes constitucionales no sólo como regímenes *democráticos* (es decir, basados en el principio de la regla de la mayoría y las elecciones libres), sino también como regímenes *liberales* (o sea, constreñidos por ciertas garantías sustantivas y procedimentales), podría decirse que hay una tensión entre populismo y constitucionalismo. Desde el punto de vista de esta tensión, el desarrollo del populismo se explicaría más o menos así: cansado de la creciente complejidad de las democracias liberales contemporáneas, una parte importante del electorado se habría volcado hacia una opción política, el populismo, que exacerba el principio democrático a expensas de las restricciones impuestas por el aparato judicial, las autoridades de control independientes y las instituciones supranacionales (todas éstas, instituciones con credenciales democráticas que son en el mejor de los casos puramente indirectas; ver Pinelli, 2011; Blokker, 2019).

2. LA OBSESIÓN CON LA NACIÓN

La distinción radical entre dos grupos de personas que pertenecen a categorías bien diferenciadas (los nacionales y los extranjeros) es una pieza fundamental del engranaje tanto de los derechos públicos internos como del derecho internacional. La estructuración de los criterios jurídicos sobre los que descansa la conformación del cuerpo político se hace por los derechos internos y es precisamente en este campo en el que intervienen los populistas nacionalistas intentando ajustar los criterios jurídicos de definición de la nacionalidad a sus concepciones políticas del pueblo, que como ya hemos dicho se identifica al mismo tiempo como *natio*, *demos* y *plebs*.

La concepción de la nacionalidad como vínculo jurídico que hacen los populismos nacionalistas es dominantemente étnica. Ella sitúa a los partidos populistas en la línea del *nativismo*: una narrativa política según la cual sólo los nativos, es decir, aquellos que nacieron dentro de los límites de una comunidad étnica determinada (*natio* en un sentido cultural o incluso racial) forman parte del cuerpo político (Betz, 2017; Bergmann, 2020). La construcción discursiva de esa comunidad varía según el contexto de cada país y puede tomar la forma, por ejemplo, de la reivindicación de las raíces clásicas greco-latinas de los pueblos europeos en el caso de *Fratelli d'Italia*, el partido de la primera ministra italiana Giorgia Meloni[3], o del excepcionalismo histórico

---

3 "Con Giorgia, l'Italia cambia l'Europa. Programma", *Fratelli d'Italia*, 2024, https://www.fratelli-italia.it/wp-content/uploads/2024/05/Programma_Europee2024_FdI.pdf. Recuperado el 14 de mayo de 2025.

de la nación estadounidense en el caso del Partido Republicano que llevó a Donald Trump a la presidencia en 2016[4].

La traducción jurídica del nacionalismo étnico depende de las particularidades de cada derecho nacional. Sin embargo, existen algunos patrones regulares. El primero es la restricción del acceso a la nacionalidad por *jus soli*, es decir, el mantenimiento de la adquisición de nacionalidad por nacimiento en el territorio pero sumando a ello al cumplimiento de otros requisitos. Otra forma recurrente es la reinterpretación del *jus sanguinis*, de manera de operar una nueva forma de selección de quienes adquieren la nacionalidad por la vía de la filiación. Finalmente, el aumento de los requisitos para obtener la nacionalidad por naturalización es también una vía recurrente. Vemos a continuación algunos ejemplos.

Durante la campaña que lo llevó a la presidencia en 2016, Donald Trump anunció que se denegaría la ciudadanía estadounidense a cualquier persona nacida en el territorio que no tuviera al menos un progenitor estadounidense o extranjero en situación regular. Durante su primera presidencia no llevó a adelante esta promesa. Sin embargo, aunque no hubo una modificación explícita de las reglas jurídicas, de alguna manera se restringió el acceso a la nacionalidad estadounidense a través del endurecimiento de las condiciones prácticas de los procesos de naturalización: tasas más elevadas, pruebas más complejas, lentitud administrativa que genera largas listas de espera o revisión masiva de los procesos de naturalización ya cerrados (Frost, 2021).

Además, durante su primera presidencia, Trump adoptó una disposición que, aunque no se refería directamente a la nacionalidad, sí mostraba indirectamente cómo era concebido este vín-

---

4 "Republican Platform 2016", *GOP National Committee*, 2016, https://prod-static.gop.com/media/Resolution_Platform.pdf?_gl=1*743qp1*_gcl_au*NDYyMjc3MzgxLjE3MTk5OTI1MDg. Recuperado el 14 de mayo de 2025.

culo por parte de su Administración. En 2017, se adoptó la orden ejecutiva que prohibía a los nacionales de ciertos países entrar en los Estados Unidos. La orden fue conocida como la *Muslim ban* (la prohibición musulmana), porque apuntaba precisamente a países con mayoría musulmana. Trump justificó la medida diciendo que las personas excluidas "no apoyan la Constitución [de los Estados Unidos]", ubicándose así en la tradición nativista americana que, a lo largo de los siglos XIX y XX, también había utilizado la supuesta hostilidad innata de ciertos colectivos a la Constitución para negarles la entrada al país (Goldstein, 2018).

En la campaña presidencial para el periodo 2025-2029, Trump insistió con la idea permitir el acceso a la nacionalidad estadounidense solamente a quienes hubieran nacido en el territorio y tuvieran padres nacionales o con residencia legal, añadiendo además que terminaría con el *birth tourism*, es decir, la conducta de una mujer que se instala en Estados Unidos durante el último tiempo de su embarazo con el solo objetivo de dar a luz en el territorio y garantizar la nacionalidad estadounidense para su hijo[5]. Consecuentemente, una orden ejecutiva de enero de 2025 estableció, a modo de interpretación constitucional, que sólo serían considerados ciudadanos estadounidenses los nacidos en el territorio del país cuyo padre o madre fueran, al momento del nacimiento, nacionales o residentes legales y permanentes[6].

---

5 "Agenda47: Day One Executive Order Ending Citizenship for Children of Illegals and Outlawing Birth Tourism", *Trump-Vance. Make America Great Again*, 30 de mayo de 2023, https://www.donaldjtrump.com/agenda47/agenda47-day-one-executive-order-ending-citizenship-for-children-of-illegals-and-outlawing-birth-tourism. Recuperado el 14 de mayo de 2025.

6 "Protecting the Meaning and Value of American Citizenship", 20 de enero de 2025, https://www.whitehouse.gov/presidential-actions/2025/01/protecting-the-meaning-and-value-of-american-citizenship/. Recuperado el 14 de mayo de 2025.

La restricción del *jus soli* aparece también en los programas de varios partidos europeos. En Alemania, el nativismo de *Alternative für Deutschland* está implícito en una definición del pueblo alemán que rechaza categóricamente el multiculturalismo y reafirma que la cultura alemana (basada en la tradición cristiana, el legado científico y humanista alemán y el derecho romano) debe ser la cultura dominante, ya que el multiculturalismo degrada la cultura alemana poniéndola al mismo nivel que otras culturas importadas. El partido afirma su apego a las reglas tradicionales de la nacionalidad, lo que supone que quiere restablecer el derecho existente antes del año 2000. Así, la nacionalidad alemana se transmitiría sólo por *jus sanguinis*, sin que exista la posibilidad adquirirla por *jus soli* para los hijos de extranjeros asentados en el país desde un cierto tiempo, como dispone la actual normativa[7].

En Francia, el *Rassemblement National*, partido político fundado por Jean-Marie Le Pen bajo el nombre de *Front National*, tiene en su programa la idea de suprimir el *jus soli* como forma de adquisición originaria de la nacionalidad. El programa no precisa, sin embargo, qué aspecto concreto del *jus soli* sería suprimido, ya que actualmente hay tres vías de adquisición originaria de la nacionalidad francesa por nacimiento en el territorio (la adquisición originaria por nacimiento en el territorio de una persona a la que, en caso de no serle atribuida tal nacionalidad, resultaría apátrida; el *doble jus soli* por el cual adquieren la nacionalidad las segundas generaciones nacidas en el territorio; y la adquisición producida de después del nacimiento por una persona nacida en Francia que satisface ciertos requisitos de residencia)[8].

7 "Manifesto for Germany", *Alternative für Deutschland*, 2016, https://www.afd.de/wp-content/uploads/2017/04/2017-04-12_afd-grundsatzprogramm-englisch_web.pdf. Recuperado el 14 de mayo de 2025. "Zuwanderung. Asyl", *Alternative für Deutschland*, 28 de junio de 2017, https://www.afd.de/zuwanderung-asyl/. Recuperado el 14 de mayo de 2025.

8 "Bardella premier ministre. Un projet, une méthode", *Rassamblement National*, 2024, https://rassemblementnational.fr/documents/202406-

Los ejemplos anteriores muestran el movimiento más habitual en la estrategia populista que consiste en la restricción del concepto de la nación para incluir en él sólo a quienes se consideran dignos de esa pertenencia en determinado sentido, usando las herramientas legales para adecuar las fronteras de la nacionalidad en un sentido jurídico de manera acorde. Otros populistas, en cambio, han actuado en el sentido inverso: ampliando los confines de la nacionalidad jurídica para acoger a otras personas consideradas dignas de ello precisamente por su pertenencia étnica (en general, antiguos miembros que por el azar de la historia habían sido excluidos, así como los descendientes de los excluidos).

Un ejemplo muy significativo a este respecto lo constituye Hungría. Al igual que en la mayoría de los países centroeuropeos, la nacionalidad húngara se adquiere por *jus sanguinis.* En 2004, en un referéndum promovido por la Federación Mundial de Húngaros, una organización nacionalista que pretende agrupar a los húngaros dispersos en diferentes países, se preguntó acerca de la posible concesión de la nacionalidad húngara a los *húngaros étnicos* que no la tuvieran y que no residieran en Hungría, permitiéndoles mantener la nacionalidad que poseyeran hasta ese momento. El gobierno socialista entonces en el poder promovió el voto negativo, usando el argumento del peso que supondría para el Estado social el reconocimiento de esa nacionalidad al gran número de personas potencialmente concernidas (se estiman en aproximadamente un millón las personas de origen étnico húngaro que residen en Rumanía y en medio millón las que residen en Eslovaquia, además de varios cientos de miles más en otros países de Europa central y del este). El resultado del referéndum fue favorable a la iniciativa, pero no se alcanzó el porcentaje de participación necesaria para que tuviera efecto vinculante.

programme.pdf. Recuperado el 14 de mayo de 2025.

Sin embargo, tras su llegada al poder en 2010, el todavía hoy primer ministro Viktor Orbán promovió un cambio legal con un contenido muy parecido. A través de una reforma a la ley sobre nacionalidad de 1993, se estableció un sistema simplificado de naturalización en favor de los extranjeros "descendientes de un nacional húngaro" sin límite de generaciones y de los extranjeros "que demuestran la plausibilidad de tener ascendencia húngara". Además de algunas de las exigencias usuales en los procesos de naturalización (ausencia de antecedentes penales y ausencia de riesgo para la seguridad pública y la seguridad nacional), se exige a los solicitantes la prueba de tener conocimiento del idioma húngaro. En cambio, no se les pide residir ni haber residido en Hungría, tener medios de vida propios o pasar el examen de conocimientos básicos de la estructura constitucional, todos estos requisitos que sí son exigidos a quienes se naturalizan por vía ordinaria[9]. Aunque formalmente el mecanismo se presenta como de naturalización, se trata en los hechos de una forma de reconocimiento de la nacionalidad por *jus sanguinis* de manera amplísima. Desde la puesta en funcionamiento de esta naturalización preferente, más de un millón de personas (la mayoría de ellas, nacionales rumanos) han adquirido la nacionalidad húngara[10].

La centralidad de las emociones en el fenómeno populista hace que su reconstrucción del concepto de nación sea generalmente ahistórica, idealizada, emocional y nostálgica. La nación de los populistas es lo que Benedict Anderson (2006) denominó *comunidades imaginadas* con referencia a los discursos nacionalistas. Los populistas nacionalistas realizan una reconstrucción de

---

9 Art. 4, 1993 évi LV törvény a magyar állampolgárságról (Ley LV sobre la Nacionalidad Húngara, 1993).

10 European Migration Network, "Pathways to citizenship for third-country nationals in EU Member States. Member State: Hungary", 2019, https://home-affairs.ec.europa.eu/whats-new/publications/pathways-citizenship-third-country-nationals-eu-member-states_en. Recuperado el 14 de mayo de 2025.

la comunidad a partir de recuerdos selectivos del pasado en los que existen víctimas y culpables muy claros; esta reconstrucción ensalza los héroes y oculta aquellos hechos que no resultan convenientes o no encajan con el relato que se busca favorecer. Es un relato que busca suscitar emociones, reforzando sentimientos de humillación o de heroísmo según convenga en cada momento.

La reconstrucción de la idea de nación en este tono busca también lograr un efecto aglutinador en torno del mensaje del líder y el movimiento populista. En este mensaje, la nación es una realidad homogénea, opuesta a quienes no forman parte de ella, que se agrupa bajo la autoridad del líder. Este proceder permite colocar los miedos y resentimientos de la población actual en línea con las humillaciones y derrotas sufridas por la nación en el pasado, haciendo que todo forme parte del mismo relato. Los extraños (inmigrantes, élites corruptas, potencias extranjeras) no forman parte de la nación, sino que se oponen a ella y por eso deben ser combatidos. Esta forma de proceder tiene ciertamente un matiz religioso, que convierte la lucha en una especie de cruzada amparada por una teología política (Arato, 2013; Müller, 2014).

Ahora bien, no debe perderse de vista que la separación entre el *nosotros* y el *ellos* constitucional es fuertemente contextual. En algunos países, incluso algunos grupos minoritarios autóctonos son etiquetados como extranjeros. En Italia, *La Lega*, cuyo nativismo excluye no sólo a los inmigrantes sino también a los romaníes, ha capitalizado el antigitanismo presente en amplios sectores sociales para construir al enemigo interno del pueblo italiano (Cervi y Tejedor, 2020). Viktor Orbán también ha dado pruebas de su antigitanismo. En 2020, anunció la celebración de un referéndum para contrarrestar una decisión judicial que había concedido una indemnización a las familias romaníes cuyos hijos habían sido víctimas de segregación escolar. La reacción de Orbán es muy ilustrativa porque actúa sobre la base de una evidente forma de mayoritarismo étnico-nacional (ver Gárdos-Orosz, 2021). Esta forma de proceder supone que la mayoría étnica (la nación) no debe rendir cuentas y puede actuar sobre las minorías precisamente por su carácter mayoritario. Esto es lo que motivó la estrategia del referéndum en Hungría y las afirmaciones de Orbán según las cuales la mayoría (en este caso, los húngaros no romaníes) "no debe disculparse por lo que hace" (la cita aparece en Rorke, 2020).

Como se explicaba en la introducción, la estrategia populista se apoya en el despliegue de una idea de pueblo que es, a la vez, *plebs* y *demos*, es decir, la plebe víctima de la explotación de la élite y el sujeto político que, a través de un ejercicio de autodeterminación, debe liberarse de esa explotación. En el caso del populismo nacionalista, el pueblo es además identificado como nación, *natio*, en un sentido étnico. Esta forma de concebir el sujeto político se encuentra en las antípodas de cualquier propuesta cosmopolita, objeto de las diatribas de los populistas, tanto en el discurso mediático como en el plano de las fundamentaciones teóricas.

3. EL PENSAMIENTO COSMOPOLITA, NÉMESIS DEL NACIONALISMO POPULISTA

En las antípodas del nacionalismo étnico de los populistas se encuentra el pensamiento cosmopolita. *Cosmopolitismo* es un vocablo amplio, utilizado en diferentes contextos con sentidos varios. La teoría sociológica, por ejemplo, lo utiliza para referirse a la constatación empírica de que ciertos sectores sociales se identifican con realidades, instituciones o prácticas desarrolladas más allá de las fronteras de sus Estados. Una persona global o cosmopolita, en este sentido, se define más como ciudadano del mundo que como británico, español o mexicano, confía en las instituciones de gobernanza global y cree en las bondades de la globalización económica. Estos ciudadanos cosmopolitas son parte de tendencias globales, una especie de cultura global que supera las culturas nacionales (Norris, 2000; Horst y Olsen, 2021). El contenido de esta identidad transnacional puede variar mucho y, de hecho, a veces se contrapone la globalización como internacionalización de los mercados y las transacciones al cosmopolitismo como internacionalización de las luchas sociales y contra-hegemónicas (Beck y Grande, 2007; Beck, 2011a; Beck, 2011b).

Un segundo sentido del término *cosmopolitismo* tiene carácter moral. Con él se designa una cierta teoría normativa que propugna el reconocimiento de derechos y deberes recíprocos entre los miembros de la especie humana, más allá de las fronteras de los Estados. El cosmopolitismo así entendido cuestiona la limitación de la teoría moral dentro de los confines de un Estado y también tiene, como en el caso del cosmopolitismo sociológico, diversas variantes. Si los cosmopolitas moderados creen que los deberes hacia el resto de la humanidad son compatibles con una cierta preferencia por los sujetos más inmediatos (los miembros de sus familias, de sus comunidades, etc.) (Appiah, 1997; Nussbaum, 2006; Appiah, 2017), los más estrictos ven en cambio ciertos deberes incondicionados hacia el resto de los miembros de la especie humana (Singer, 1993; Unger, 1996; Singer, 2002). El cosmopolitismo moral se acerca a la idea de que el vínculo de solidaridad entre los seres humanos debería trascender los criterios de filiación, lugar de nacimiento o identidades culturales de manera que la distinción clásica entre *los de dentro* y *los de fuera* (los propios y los extraños, los nacionales y los extranjeros) se debilitaría o incluso desaparecería totalmente, según se trate de un cosmopolitismo moral más moderado o más estricto.

Finalmente, el vocablo *cosmopolitismo* puede tener un tercer significado, jurídico-político en modalidad institucional. En un sentido fuerte, una concepción cosmopolita aboga por la creación de un Estado mundial; en un sentido más débil, busca la creación de estructuras de gobernanza democrática a escala global, pero sin que esto se traduzca necesariamente en una estructura institucional semejante a las que conocemos en el presente a nivel de los Estados. La idea de un Estado mundial es ciertamente marginal entre los filósofos políticos (ver, sin embargo, Wendt, 2003; Goodin, 2013). En cambio, la idea de alguna institución de gobernanza mundial democrática que pueda ser al mismo tiempo moralmente justa y políticamente viable ha tenido más éxito. Las propuestas teóricas en este sentido van en la línea de una asociación democrática y equitativa de Estados (Christiano, 2010) o una superposición de niveles de gobernanza –local, estatal, interestatal, regional, mundial– organizados en función de comunidades de intereses que no coinciden con las fronteras de los Estados (Archibugi y Held, 2012; Held, 2014).

El cosmopolitismo moral puede aceptar la construcción de estructuras diferentes de los Estados (estructuras supra-estatales que se superpongan a los Estados o estructuras que reemplacen a los Estados), pero no la presupone necesariamente. En otras palabras, el cosmopolitismo moral es compatible con estructuras de gobernanza supra-estatales o incluso con un Estado mundial, pero también puede llevarse adelante en el contexto de los Estados nacionales mediante el reconocimiento de un estatuto (nacional) de derechos y deberes que sea idéntico para todas las personas con independencia de su filiación, lugar de nacimiento o bagaje cultural, o al menos que aproxime a las personas con filiaciones, lugares de nacimiento o bagajes culturales diferentes.

En este último caso, la traducción política y jurídica del cosmopolitismo moral no sería la construcción de un estado mundial o una estructura de gobernanza supra-estatal, sino alguna de estas dos opciones: o bien un estatuto de derechos amplio y generoso para quienes no son nacionales del Estado en cuestión, o bien mecanismos flexibles y simplificados de acceso a la nacionalidad (en el sentido jurídico del término) de ese Estado. En ambos casos, el corolario del cosmopolitismo moral es el reconocimiento de un verdadero *ius migrandi*, es decir, de un derecho a migrar, establecerse en el seno de una asociación política diferente de la de origen y ser tratado en condiciones de igualdad con los miembros preexistentes de esa asociación.

La disociación entre la nacionalidad como vínculo jurídico y la ciudadanía como estatuto de derechos, o la ampliación del vínculo jurídico de nacionalidad hasta tornarlo puramente consensual y, por lo tanto, independiente de condiciones de filiación, lugar de nacimiento o vinculación cultural, supone reconocer que la pregunta acerca de las condiciones para la construcción de un orden político no contiene referencia alguna a elementos del *etnos* de los que deriven exclusiones establecidas *a priori*. El punto de partida de la reflexión se encuentra entonces en la hipotética condición pre-política de los individuos como tales, caracterizados únicamente por sus cualidades psicofísicas y no por su pertenencia étnica (ver propuestas en este sentido en Ferrajoli, 1998; Ferrajoli, 2015; Ferrajoli, 2019).

Al revés de lo que sucede con el cosmopolitismo moral (que puede ponerse en práctica sin necesidad de la existencia de una estructura mundial de gobierno o una estructura supranacional de gobernanza), el cosmopolitismo jurídico-político que promueve soluciones institucionales sí supone alguna forma de cosmopolitismo moral, traducido en la existencia de una ciudadanía por encima de la ciudadanía estatal, aunque sólo sea por el hecho de que esas formas institucionales son pensadas en clave democrática y ello requiere una concepción común de ciudadanía que dé cuerpo a las formas institucionales. Así, tanto si se trata de estructuras de gobernanza como de un Estado mundial, la andadura de estas estructuras internacionales vendría de la mano de un nuevo centro de asignación de derechos y deberes, que sería semejante a la idea de nacionalidad en sentido jurídico a nivel estatal y que reemplazaría o se superpondría a ésta.

Cuando la idea de ciudadanía cosmopolita asociada a un proyecto institucional internacional no implica el abandono de las estructuras estatales previas, se postula un *ciudadano global* o *ciudadano cosmopolita* que participa en las instancias internacionales de decisión sin abandonar su vínculo nacional, de modo que la ciudadanía global es una especie de función política superpuesta al vínculo nacional que continúa como principal nexo de asignación de derechos y deberes (ver, por ejemplo, Falk, 1994; Held, 2000; Held, 2010). El proyecto de un Estado mundial, en cambio, puede suponer un total abandono de los marcos de nacionalidad estatal, que son reemplazados por un único estatuto (mundial) de ciudadanía.

El nacionalismo, y en particular el etnonacionalismo del populismo autoritario, se opone al cosmopolitismo en cada una de sus acepciones. El cosmopolitismo sociológico se refiere a la identidad global de ciertos sectores sociales, su afinidad con instituciones transnacionales y su participación en culturas globales, por encima de identidades nacionales. Los etnonacionalistas, en cambio, afirman la primacía de la nación étnica y consideran que la pertenencia étnica a una nación es esencial e irrenunciable. Son hostiles a las élites globales, a las que perciben como *ciudadanos del mundo* alejados de la gente real, y acusan al cosmopolitismo sociológico de favorecer la *disolución* de las culturas nacionales tradicionales y de impulsar una homogeneización percibida como decadente. Las quejas de líderes como Viktor Orbán o Marine Le Pen contra las élites globales van en este sentido[11].

Por otro lado, al cosmopolitismo moral que reconoce deberes morales hacia toda la humanidad, los etnonacionalistas oponen la preferencia moral nacional y el culturalismo excluyente. Esto los lleva obviamente a plantear un rechazo frontal a las diversas formas de migración, ya que desde esta perspectiva no existen deberes hacia refugiados o migrantes, o al menos están muy por detrás de los deberes de los miembros de la comunidad nacional hacia otros miembros de la propia comunidad. La retórica de Trump en torno a *America First* se apoya precisamente en este

---

11 Ver, por ejemplo, "Marine Le Pen dénonce l'existence d'un 'projet mondialiste'", *Le Point,* 28 de enero de 2012, https://www.lepoint.fr/politique/marine-le-pen-denonce-l-existence-d-un-projet-mondialiste-28-01-2012-1424705_20.php?utm_source=chatgpt.com#11. Recuperado el 14 de mayo de 2025. "Prime Minister Viktor Orbán's speech at the 27th Congress of Fidesz – Hungarian Civic Union", *Miniszterelnok,* 12 de noviembre de 2017, https://2015-2022.miniszterelnok.hu/prime-minister-viktor-orbans-speech-at-the-27th-congress-of-fidesz-hungarian-civic-union/. Recuperado el 14 de mayo de 2025.

principio de priorización absoluta de los nacionales frente a cualquier consideración moral universalista[12].

Por último, los etnonacionalistas se oponen al cosmopolitismo jurídico-político institucional, al percibir cualquier forma de cesión de soberanía a entidades supranacionales como una amenaza a la auto-determinación nacional y una imposición artificial por encima de un orden natural de jerarquías culturales y raciales. El ejemplo más claro de esto es, evidentemente, el Brexit, en cuya impulsión jugó un papel central el rechazo a la idea de una ciudadanía europea común que permitiera la libre circulación y residencia de extranjeros en el Reino Unido.

El pensamiento cosmopolita contemporáneo es una variante del liberalismo que, al llevar hasta sus últimas consecuencias las premisas de la libertad individual, prescinde de cualquier elemento distinto del consenso como criterio de adjudicación de derechos de ciudadanía. De este modo, el proyecto cosmopolita implica o bien una ciudadanía derivada de la construcción de un marco político mundial legitimado democráticamente, o bien el mantenimiento de las unidades políticas nacionales pero con la salvedad de que cualquier persona que quiera ser miembro de pleno derecho de una comunidad política debe tener la posibilidad de incorporarse a ella y de gozar de los derechos a ella inherentes (ya sea a través de un estatuto de extranjería flexible y generoso, ya sea a través de mecanismos de nacionalización flexibles y generosos).

El cosmopolitismo es una forma de liberalismo en la medida en que su objetivo es una maximización de las libertades de los individuos hasta el punto en el que esta maximización sea compatible con igual número de libertades para todos los demás individuos.

---

12 Ver, por ejemplo, "President Trump's America First Priorities", *The White House*, 20 de enero de 2025, https://www.whitehouse.gov/briefings-statements/2025/01/president-trumps-america-first-priorities/. Recuperado el 14 de mayo de 2025.

Ahora bien, el liberalismo se enfrenta a una pregunta previa a su propuesta de maximización: ¿cuáles son los individuos cuya libertad debe ser maximizada? Para el liberalismo cosmopolita, los individuos que cuentan son todos los miembros de la especie humana, no sólo los miembros de la comunidad nacional. Sin embargo, esta respuesta no es la única posible, por lo que el liberalismo cosmopolita no es la única forma posible de liberalismo.

Existe un liberalismo que se preocupa por la aplicación de los principios liberales al interior de una determinada sociedad estatal. Quien es seguramente el máximo representante del liberalismo en el siglo XX, John Rawls, adopta una posición que podría denominarse de *nacionalismo metodológico*. Desde esta perspectiva, aunque reconoce que las fronteras son un resultado puramente arbitrario de la historia, y no el fruto de un acuerdo racional entre pueblos o individuos, insiste en que la ausencia de un Estado mundial las hace necesarias. Aceptado esto, postula que uno de los roles del gobierno de un pueblo es el de proteger el territorio y tomar responsabilidad por el tamaño de la población. La relación entre el pueblo y su territorio es semejante a una relación de propiedad: el pueblo políticamente organizado asume la responsabilidad de mantener adecuadamente la tierra y los demás bienes que hay en ella de modo de asegurarse que estos bienes pueden asegurar su supervivencia a perpetuidad. Por esto mismo, y por la necesidad de proteger su cultura política y sus principios constitucionales, un pueblo tiene derecho, al menos en ciertas circunstancias, a limitar la inmigración (Rawls, 2002).

La perspectiva rawlsiana no es nacionalista en un sentido sustantivo porque no concede que exista ningún valor específico en los valores o tradiciones de una determinada nación. Para Rawls, la nación no tiene valor en sí misma, aunque acepte por razones pragmáticas que la estructura de los Estados-nación es la que existe actualmente y, hasta ahora, la única que se ha mostrado viable para el desarrollo de sociedades democráticas[13]. En oposición a este nacionalismo metodológico, existen formas de nacionalismo sustantivo que, aunque se proyecten desde un ángulo liberal y no autoritario, tienen en común con el etnonacionalismo populista el conceder un valor especial a la propia existencia de la nación. Las mencionaremos en el apartado siguiente.

4. ETNONACIONALISMO, NACIONALISMO LIBERAL Y POPULISMO

Desde un punto de vista doctrinal, y como acabamos de ver, el populismo nacionalista se encuentra en manifiesta contradicción con el pensamiento cosmopolita. Por supuesto, esta oposición no agota el contenido mismo del populismo nacionalista: el populismo nacionalista no es *solamente* una reacción frente al cosmopolitismo (por ejemplo, en la medida en que asume

---

13 Obviamente, este liberalismo también se interesa en la aplicación de los principios liberales a la sociedad internacional, pero la sociedad internacional es vista como una agrupación de sociedades estatales. El liberalismo cosmopolita se interesa en la aplicación de los principios liberales al interior de la sociedad estatal y al interior de la sociedad internacional. Sin embargo, el cosmopolitismo no ve la sociedad internacional como una asociación de sociedades estatales, sino como el conjunto de los individuos que integran la humanidad. Por ejemplo, el liberalismo de John Rawls esboza un *deber de asistencia* de las sociedades más ricas hacia las sociedades más pobres. El objetivo de esta ayuda es conseguir que las sociedades pobres puedan desarrollar instituciones justas (o al menos decentes). Pero no existe un deber de continuar la ayuda más allá de ese punto, incluso si todavía siguen existiendo diferencias importantes entre las riquezas de una sociedad y la de otra. En otras palabras: no importa que el individuo más pobre de la sociedad pobre esté en peor situación que el individuo más pobre de la sociedad rica. Lo que importa es que las diferencias de riqueza *al interior de cada una de las sociedades* no impidan el desarrollo de instituciones justas o al menos decentes (Rawls, 2002).

prácticas autoritarias, el populismo se contrapone también a la tradición liberal de gobierno limitado); sin embargo, es la contraposición a la idea cosmopolita el aspecto que aquí más nos interesa[14]. A la idea del individuo como portador de derechos universales, el populismo nacionalista opone la pertenencia de los individuos a una comunidad orgánica que define sus identidades a partir de la historia y la cultura y que asume una prioridad absoluta sobre otras comunidades.

Aunque las filiaciones teóricas concretas deberían ser rastreadas en relación con cada partido o líder individual, puede ser señalada una constante entre todos ellos: la apelación a la realidad supraindividual de la nación, identificada con los valores y tradiciones de la propia comunidad. En Europa, existe un

---

14 Además del etnonacionalismo que aquí se estudia, los populismos contemporáneos reconocen también una filiación ideológica en la corriente neo-reaccionaria. Herederos del pensamiento anti-liberal y jerárquico de Joseph de Maistre, de la idea del *hombre providencial* de Thomas Carlyle o del neo-fascismo del italiano Julius Evola, los neo-reaccionarios no son simplemente tradicionalistas o monárquicos en un sentido clásico. Se acercan a la idea de un *orden natural* de tipo anarco-capitalista en el que un monarca privado rige con poderes absolutos, como el que describe Hans-Hermann Hoppe en su libro *Democracy: The God that Failed* (Hoppe, 2001). El maridaje entre el pensamiento etnonacionalista y el neo-reaccionario no es sencillo: en la medida en que abrevan del libertarianismo, los neo-reaccionarios se ven obligados a admitir que la completa libertad de migración debería ir paralela a la libertad contractual y de comercio. De hecho, Hoppe imagina su orden natural ideal como un orden libre de toda autoridad compulsiva, en la que los individuos eligen entre diferentes jurisdicciones (privadas) que compiten entre ellas para proporcionarles servicios. Sin embargo, aunque el pensamiento neo-reaccionario no afirma la prioridad moral de la nación en sí, comparte con el nacionalismo el énfasis en el soberanismo. En esta línea, ver la propuesta de tecno-monarquía con poderes absolutos que hace Courtis Yarvin (conocido por su seudónimo de Mencius Moldbug; Moldbug, 2007; Moldbug, 2008; Yarvin, 2025).

etnonacionalismo identitario y tradicionalista que quiere sentar las bases intelectuales de un nacionalismo blanco europeo. Se trata de una corriente anti-universalista y anti-igualitarista de tono romántico que rechaza el individualismo propio de la doctrina liberal para asentarse en una especie de holismo que ensalza la pertenencia del individuo a un colectivo en el contexto de una sociedad definida en términos orgánicos.

Es el caso de la *Nouvelle Droite* francesa, que rechaza el individualismo del liberalismo al que acusa de estar basado puramente sobre la dogmática del libre mercado. Desde esta perspectiva, el liberalismo eliminaría la verdadera política –porque los fenómenos sociales no serían sino el resultado de interacciones puramente libres entre individuos– y disolvería las estructuras orgánicas propias de las sociedades holísticas, llevando a la disgregación del vínculo social y a la anomia. El organicismo que se proyecta, en cambio, se sostendría sobre la consciencia de pertenecer a una colectividad que es superior y engloba al individuo, al tiempo que compone su propia identidad. El acento está puesto en el *diferencialismo* (la idea de que cada cultura debe ser preservada en su especificidad y, por ello, separada de las demás culturas) y no en la búsqueda de la igualdad entre culturas (ver De Benoist, 2006; De Benoist, 2017; De Benoist, 2019).

En las propuestas de reforma del régimen de la nacionalidad del *Rassemblement National* francés resuenan explícitamente preocupaciones etnonacionalistas. La idea conspiracionista del *gran reemplazo* (*grand remplacement*), según la cual la población blanca europea estaría siendo reemplazada por la migración de pueblos no europeos (desarrollada, entre otros, en Camus, 2012) ha sido públicamente reivindicada por líderes del partido[15]. La

---

15 "Marion Maréchal-Le Pen valide la théorie du grand remplacement", *Le Figaro*, 4 de febrero de 2015, https://www.lefigaro.fr/politique/le-scan/citations/2015/02/03/25002-20150203ARTFIG00176-marion-marechal-le-pen-valide-la-theorie-du-grand-remplacement.php. Recu-

misma idea es vivamente reivindicada por otros intelectuales y políticos de extrema derecha (ver, por ejemplo, Zemmour, 2014).

El etnonacionalismo pluralista de la *Neue Rechte* (nueva derecha) alemana sigue una línea semejante al proponer la reificación de culturas nacionales que coexisten sin influenciarse (Somaskanda, 2017). En Italia pueden encontrarse también teóricos contemporáneos que oponen a la globalización capitalista la tradición europea cristiana y patriótica, reivindicando expresamente el pensamiento de Julius Evola (ver por ejemplo Veneziani, 2012).

El etnonacionalismo asume rasgos más raciales que culturales en la línea editorial de *Counter-Currents*, una de las principales plataformas ideológicas de la derecha radical (*Alt-Right*) estadounidense. Compartiendo la crítica al liberalismo, el proyecto político es el de crear un *white homeland* (patria blanca) en América del Norte a través de un *white nationalist regime* (régimen nacionalista blanco). La idea subyacente es la de *un pueblo, un Estado*, lo que requiere la unidad étnica a mediante la expulsión de quienes no forman parte de la comunidad nacional. Paralelamente, el mismo etnonacionalismo se predica para cualquier otro *pueblo blanco* (*white people*), de manera que los franceses (blancos), los vascos (blancos) y los quebequenses (blancos) tendrían el mismo derecho de autodeterminación sobre la base de un mismo sentimiento de solidaridad racial fundado en orígenes comunes, enemigos comunes y un destino común (Johnson, 2010; Johnson, 2013; Johnson, 2023).

---

perado el 14 de mayo de 2025. "Jean Bardella reprend à son compte la théorie complotiste du 'grand remplacement'", *Le Monde*, 30 de agosto de 2021, https://www.lemonde.fr/politique/article/2021/08/30/jordan-bardella-reprend-a-son-compte-la-theorie-complotiste-du-grand-remplacement_6092713_823448.html. Recuperado el 14 de mayo de 2025. "Philippe Olivier, principal artisan de la stratégie de dédiabolisation de Marine Le Pen", *Le Monde*, 30 de abril de 2022, https://www.lemonde.fr/m-le-mag/article/2022/04/30/philippe-olivier-principal-artisan-de-la-strategie-de-dediabolisation-de-marine-le-pen_6124247_4500055.html. Recuperado el 14 de mayo de 2025.

Las huellas del etnonacionalismo blanco son claras en el discurso trumpista. Trump, que se ha proclamado a sí mismo como un nacionalista[16], ha dicho que los inmigrantes están "envenenando la sangre del país"[17], una sentencia con evidentes connotaciones raciales. La limitación del *jus soli* mediante la introducción de un requisito de filiación, que apunta a preservar la ciudadanía como un vínculo hereditario no universalista, sigue la misma inspiración.

Para cerrar este apartado sólo resta señalar que el nacionalismo puede tener también versiones teóricas menos étnicas y ciertamente no autoritarias. Existe en efecto un nacionalismo liberal que argumenta que los deberes de justicia y solidaridad se aplican principalmente dentro de comunidades nacionales cohesionadas, interesándose en la aplicación de los principios liberales al interior de una determinada sociedad estatal (ver un ejemplo paradigmático de esta posición en Miller, 1995; Miller, 2002). Los nacionalistas liberales entienden que las comunidades políticas crean relaciones específicas de reciprocidad entre sus miembros y contribuyen con su esfuerzo a la creación de un patrimonio común. Tales comunidades sólo podrían funcionar bajo el presupuesto de que sus miembros asumen una responsabilidad especial los unos hacia los otros, emprendiendo proyectos que reflejan las creencias y los valores comunitarios[18].

---

16 "Donald Trump se proclama a sí mismo como 'un nacionalista'", *CNN en español*, 23 de octubre de 2018, https://cnnespanol.cnn.com/2018/10/23/donald-trump-se-proclama-a-si-mismo-como-un-nacionalista/?utm_source=chatgpt.com. Recuperado el 14 de mayo de 2025.

17 "Trump doubles down on migrants 'poisoning' the country", *The New York Times*, 17 de marzo de 2024, https://www.nytimes.com/2024/03/17/us/politics/trump-fox-interview-migrants.html. Recuperado el 14 de mayo de 2025.

18 El nacionalismo liberal que aquí se menciona es diferente del anteriormente señalado *nacionalismo metodológico* de Rawls. Los nacionalistas liberales defienden la identidad nacional como un bien en sí mismo, que

El nacionalismo liberal comparte con el etnonacionalismo su crítica al cosmopolitismo, desde el momento en que enfatiza que las naciones son constitutivas de las identidades individuales de sus miembros y conforman comunidades éticas que dan un contexto al razonamiento moral y político sobre los deberes de los individuos. No sólo para los etnonacionalistas sino también para los nacionalistas liberales el cosmopolitismo sería una opción inadecuada, porque separaría artificialmente las obligaciones morales de las identidades de las personas, e inviable, porque si fuera tomado verdaderamente en serio requeriría que cada acción fuera evaluada respecto de sus posibles consecuencias sobre cada uno de los habitantes del planeta. Sin embargo, en contraposición al etnonacionalismo, la concepción liberal de la nación no es necesariamente étnica y la percepción de las relaciones entre los individuos no está marcada por corte conservador y tradicionalista de aquella otra corriente teórica.

5. CONCLUSIONES

Este trabajo ha tomado como punto de partida la constatación de que la estrategia populista usa una idea de pueblo que es, a la vez, *plebs* y *demos*, es decir, la víctima de la explotación de la élite y el sujeto político que debe liberarse de esa explotación. En el caso del populismo nacionalista, que es el que aquí se ha enfocado principalmente, el pueblo es además identificado como nación, *natio*, en un modo étnico. Esta concepción política del pueblo se encarna jurídicamente en un régimen de otorgamiento de la nacionalidad (en un sentido legal) que privilegia el *jus sanguinis*, pone trabas o se propone directamente eliminar el *jus soli* y dificulta el funcionamiento de los mecanismos de naturalización.

---

debe ser garantizado por, y a su vez sirve de contexto para, el conjunto de deberes recíprocos entre los miembros de la comunidad nacional.

El nacionalismo étnico que se ha descrito se contrapone radicalmente a cualquier concepción cosmopolita de la ciudadanía. El populismo nacionalista rechaza a las élites globales y cosmopolitas (es decir, lo que hemos denominado *cosmopolitismo sociológico*) y la construcción de instancias institucionales por encima del Estado ya sea como formas de gobernanza o, mucho más, bajo la forma de un Estado mundial (que es lo que hemos llamado *cosmopolitismo jurídico-político de carácter institucional*). La raíz de este rechazo se encuentra en la contraposición del populismo nacionalista a lo que hemos colocado bajo el nombre de *cosmopolitismo moral*: la idea de que el sujeto político relevante a efectos de asignación de derechos y deberes es el conjunto de todos los miembros de la especie humana y no una determinada comunidad nacional (mucho menos, una comunidad nacional definida en términos étnicos).

El etnonacionalismo de los populismos que aquí se han mencionado tiene apoyatura teórica en diversas corrientes contemporáneas de pensamiento conservador. El propósito de este trabajo no ha sido estudiar la filiación ideológica concreta de cada partido o líder populista, lo que habría exigido un estudio de detalle que, por razones de espacio, no ha sido posible emprender aquí. Sin embargo, sí pretendíamos mostrar ciertas constantes en varias líneas de pensamiento conservador y nacionalista, emparentadas de diversas maneras con partidos y líderes populistas: una concepción organicista de la sociedad, la reivindicación de vínculos comunitarios fuertes sobre la base de una pertenencia cultural o racial y el carácter cerrado y excluyente que asume, en consecuencia, el vínculo nacional.

6. REFERENCIAS

Anderson, B. (2006 [1983]). *Imagined communities*. Verso.

Appiah, K. A. (1997). "Cosmopolitan Patriots". *Critical Inquiry*, 23(3), 617-639.

Appiah, K. A. (2017). "Afterword". En Robbins, B. y Lemos Horta, P. *Cosmopolitanisms* (271-274). New York University Press.

Arato, A. (2013). “Political theology and populism”. *Social Research*, 80(1), 143-172.

Archibugi, D. y Held, D. (2012). “Cosmopolitan Democracy”. *Il politico: rivista italiana di science politiche*, 231, 13-31.

Beck, U. (2011a). “Cosmopolitanism as Imagined Communities of Global Risk”. *American Behavioral Scientist*, 55(10), 1346-1361.

Beck, U. (2011b). “We do not Live in an Age of Cosmopolitanism but in an Age of Cosmopolitisation: The ‘Global Other’ is in Our Midst”. *Irish Journal of Sociology*, 19(1), 16-34.

Beck, U. y Grande, E. (2007). “Cosmopolitanism: Europe’s Way Out of Crisis”. *European Journal of Social Theory*, 10(1), 67-85.

Bergmann, E. (2020). *Neo-Nationalism*. Palgrave-MacMilan.

Betz, H.G. (2017). “Nativism Across Time and Space”. *Swiss Political Science Review*, 23(4), 335-353.

Blokker, P. (2019). “Populism as a Constitutional Project”. *International Journal of Constitutional Law*, 2, 536-553.

Brubaker, R. (2020). “Populism and nationalism”. *Nations and Nationalism*, 26(1), 44-66.

Camus, R. (2012). *Le grand remplacement*. Edición del autor.

Cervi, L. y Tejedor, S. (2020). “Framing ‘The Gypsy Problem’: Populist Electoral Use of Romaphobia in Italy (2014-2019)”. *Social Sciences*, 9(195), 1-17.

Christiano, T. (2010). “Democratic Legitimacy and International Institutions”. En Besson, S. y Tasioulas, J. *The philosophy of international law*. Oxford University Press

De Benoist, A. (2006). *Nous et les autres. Problématique de l’identité*. Krisis / GRECE.

De Benoist, A. (2017). *Le moment populiste: droite-gauche c’est fini!* Pierre-Guillaume de Roux.

De Benoist, Alain (2019): *Contre le libéralisme. La société n’est pas un marché*. Éditions du Rocher.

Falk, R. (1994). “The Making of Global Citizenship”. En Van Steenbergen, S. (ed.). *The Condition of Citizenship* (129-149). Sage Publications.

Ferrajoli, L. (1998). “Más allá de la soberanía y la ciudadanía: Un constitucionalismo global”. *Isonomía. Revista de Teoría y Filosofía del Derecho*, 9, 173-184.

Ferrajoli, L. (2015). “Dai diritti del cittadino ai diritti della persona”. En Ferrajoli, L. *Iura Paria. I fondamenti della democrazia costituzionale* (123-148). Editoriale Scientifica.

Ferrajoli, L. (2019). "Políticas contra los migrantes y crisis de la civilidad jurídica". *Revista Crítica Penal y Poder*, 18.

Frost, A. (2021). "Republican resistance to easy naturalization will likely backfire", *The Washington Post*, 9 de marzo de 2021, https://www.washingtonpost.com/outlook/2021/03/09/republican-resistance-easy-naturalization-will-likely-backfire/. Recuperado el 13 de mayo de 2025.

Gárdos-Orosz, F. (2021). "The reference to constitutional traditions in populist constitutionalism. The case of Hungary". *Hungarian Journal of Legal Studies*, 61(1), 23-51.

Goldstein, J. A. (2018). "Unfit for the Constitution: Nativism and the Constitution, from the Founding Fathers to Donald Trump". *University of Pennsylvania Journal of Constitutional Law*, 20(3), 489-559.

Goodin, R. E. (2013). "World Government is Here!". En Ben-Porath, S. y Smith, R. (eds.). *Varieties of Sovereignty and Citizenship* (149-165). University of Pennsylvania Press.

Hawkins, K. A. y Rovira Kaltwasser, C. (2017). "The Ideational Approach to Populism". *Latin American Research Review*, 52(4), 513-528.

Held, D. (2000). "The Changing Contours of Political Community". En Holden, B. (ed.). *Global Democracy: Key Debates* (17-31). Routledge.

Held, D. (2010). *Cosmopolitanism: Ideals and Realities*. Polity Press.

Held, D. (2014). "From the American Century to a Cosmopolitan Order". *The Federalist Debate*, 2, 7-10.

Hoppe, H.-H. (2001). *Democracy: The God that failed*. Transaction Publishers.

Horst, C. y Olsen, T. (2021). "Transnational Citizens, Cosmopolitan Outlooks? Migration as a Route to Cosmopolitanism". *Nordic Journal of Migration Research*, 11(1), 4-19.

Johnson, G. (2010). "The Christian question in white nationalism". *Counter-currents*, https://counter-currents.com/2010/06/the-christian-question-in-white-nationalism/. Recuperado el 13 de mayo de 2025.

Johnson, G. (2013). *New Right vs. Old Right*. Counter-Currents.

Johnson, G. (2023). *Toward a New Nationalism*. Counter-Currents.

Levitsky, S. y Ziblatt, D. (2018). *How Democracies Die*. Crown.

Miller, D. (1995). *On nationality*, Oxford, Clarendon Press.

Miller, D. (2002). "Cosmpolitanism: a critique". *CRISPP*, 5(3), 80-85.

Moffitt, B. (2020). *Populism*. Polity Press.

Moldbug, M. (2007). "The Case Against Democracy : Ten Red Pills", *Unqualified Reservations*, 24 de abril de 2007, https://www.unqualified-reservations.org/2007/04/case-against-democracy-ten-red-pills/. Recuperado el 13 de mayo de 2025.

Moldbug, M. (2008). *Patchwork: A Political System for the 21st Century*. Edición digital en https://www.unqualified-reservations.org/2008/11/patchwork-positive-vision-part-1/. Recuperado el 13 de mayo de 2025.

Mounk, Y. (2018). *The People vs. Democracy*. Harvard University Press.

Müller, J.-W. (2014) "The people must be extracted from within the people: Reflections on populism". *Constellation*, 21(4), 483-493.

Norris, P. (2000). "Global Governance & Cosmopolitan Citizens". En Nye, J. y Donahue, J. (eds.). *Governance in a globalizing world*. Brookings Institution Press.

Nussbaum, M. C. (2006). *Frontiers of Justice: Disability, Nationality, Species Membership*. Belknap Press.

Pinelli, C. (2011). "The Populist Challenge to Constitutional Democracy". *European Constitutional Law Review*, 1, 5-16.

Przeworski, A. (2019). *Crisis of democracy*. Cambridge University Press.

Rawls, J. (2002). *The Law of Peoples*. Harvard University Press.

Rorke, B. (2020). "Orbán steps up the hate and seeks a 'robust social mandate' for antigypysism". *European Roma Rights Centre*, 14 de febrero de 2020, https://www.errc.org/news/orban-steps-up-the-hate-and-seeks-a-robust-social-mandate-for-antigypysism. Recuperado el 13 de mayo de 2025.

Singer, P. (1993). *Practical Ethics*. Cambridge University Press, 1993.

Singer, P. (2002). *One World: The Ethics of Globalization*. Yale University Press.

Somaskanda, S. (2017). "A New, New Right Rises in Germany". *The Atlantic*, 22 de junio de 2017, https://www.theatlantic.com/international/archive/2017/06/a-new-right-rises-in-germany/529971/?utm_source=chatgpt.com. Recuperado el 13 de mayo de 2025.

Unger, P. (1996). *Living High and Letting Die: Our Illusion of Innocence*. Oxford University Press.

Veneziani, M. (2012). *La rivoluzione conservatrice in Italia. Dalla nascita dell'ideologia italiana alla fine del berlusconismo*. SugarCo.

Wendt, A. (2003). "Why a World State is Inevitable". *European Journal of International Relations*, 9(4), 491-542.

Yarvin, C. (2025). "Prepararse para el Imperio. Entrevista a Curtis Yarvin". *Le Grand Continent*, 21 de enero de 2025, https://legrandcontinent.

eu/es/2025/01/21/prepararse-para-el-imperio-curtis-yarvin-profeta-de-la-ilustracion-negra/. Recuperado el 13 de mayo de 2025.

Zemmour, E. (2014). *Le suicide français*. Albin Michel.

La pobreza en los regímenes populistas: una aproximación jurídico-económica a los gobiernos de Viktor Orban y Javier Milei

ALEJANDRO J. GOMIS DE FRANCIA
Doctorando Universidad de Zaragoza

INTRODUCCIÓN: OBJETO, METODOLOGÍA Y ESTRUCTURA

La mayoría de los trabajos más influyentes dedicados al estudio del populismo comparten una característica que resulta común a todos ellos: su enfoque teórico-político[1]. Desde la pers-

---

1 Norberto Bobbio (2009: 77-112) define la ciencia política como el «estudio de los fenómenos políticos realizado con la metodología de las ciencias empíricas y utilizando todas las técnicas de investigación propias de la ciencia del comportamiento». En contraposición a ella, identifica cuatro formas diferentes de entender la filosofía política: en primer lugar, como «descripción, diseño y teorización de la óptima república»; en segundo lugar, como «búsqueda del fundamento último del poder»; en tercer lugar, como «determinación del concepto general de "política"»; y finalmente, como «discurso crítico». De todas estas posibilidades, la que interesa al objeto de estudio de este trabajo es la tercera, también conocida como Teoría General de la Política. En este

pectiva teórica, los efectos de carácter práctico que el populismo genera suelen relegarse a un segundo plano. Desde la óptica política, quedan ensombrecidas las implicaciones de carácter social y económico derivadas del establecimiento de un eventual régimen populista. En consecuencia, gran parte de la investigación sobre el populismo se ha concentrado en cuestiones como la búsqueda de una definición precisa y definitiva, la delimitación de su intensión y extensión, la identificación de sus rasgos constitutivos y la comprensión de su naturaleza fundamental.

La aproximación al populismo desde la teoría y la ciencia política, prolongada durante varias décadas, ha producido una serie de resultados que pueden sintetizarse de la siguiente forma: 1) un número de obras sobre el fenómeno populista en constante crecimiento[2], 2) un reducido conjunto de aproximaciones al populismo de gran rigor teórico, y 3) la ausencia de un consenso estable respecto a sus principales atributos. De estos resultados, sólo el segundo resulta positivo para el avance del conocimiento sobre el populismo, mientras que los otros dos presentan limitaciones que dificultan el progreso descriptivo —el primero al sustituir la calidad por la cantidad, el tercero por imposibilitar la construcción de una base sólida sobre la que continuar avanzando—.

Por ello, en esta investigación se adopta un enfoque distinto a través del que se intenta evitar las limitaciones recién señaladas. En primer lugar, se recupera la importancia que tiene la economía

---

sentido, los estudios sobre el populismo cubren un amplio espectro que va desde lo más particular a lo más universal, es decir, desde la ciencia política más estricta hasta la Teoría General de la Política más amplia.

2 Rovira Kaltwasser, Taggart, Ochoa Espejo, & Ostiguy (2017: 9-13) llevan a cabo un estudio muy detallado sobre el aumento vertiginoso de las publicaciones sobre populismo. Como dato representativo, los autores señalan que «entre 1990 y 2010 se publicaron en inglés aproximadamente mil doscientos libros sobre populismo, y no hay indicios de que esta tendencia al aumento del interés académico por el populismo vaya a remitir en un futuro próximo».

en los estudios sobre el populismo[3], no sólo desde la perspectiva de los planes y programas de contenido económico propuestos por los partidos, sino mediante el análisis de las medidas concretas desarrolladas y aplicadas por los regímenes populistas. En segundo lugar, se prioriza el análisis de las implicaciones prácticas derivadas del establecimiento de un régimen populista por encima de las disquisiciones de tipo teórico; sin perjuicio de un apartado dedicado a la aproximación conceptual al populismo, imprescindible para comprender el cuerpo de la investigación.

En este sentido, para cumplir con las exigencias impuestas por el enfoque metodológico de la economía aplicada, se han seleccionado dos países con gobiernos populistas: por un lado, la Hungría de Viktor Orbán; por otro, la Argentina de Javier Milei. Ambos regímenes, como se verá más adelante, comparten ciertas similitudes y les separan multitud de diferencias. Uno y otro comparten una serie de «elementos nucleares» —cierto número de atributos comunes que, aunque escasos, resultan estructurales— que permite su identificación como populistas. Sin embargo, los dos se encuentran distanciados por un conjunto de «elementos adjetivos»[4] que obligan a efectuar su separación en tipos de populismo diferentes.

---

3 Varios autores han adoptado una aproximación exclusivamente económica al populismo, reducido a «un conjunto de políticas macroeconómicas promovidas con el fin de ganar elecciones» (Mudde & Rovira Kaltwasser, 2019: 15). Para ellos «el populismo se vincula a un determinado momento de desarrollo económico, (…) al crecimiento industrial y el desarrollo de mercado interno», especialmente en América Latina (Morán, 2021: 33). En esta investigación no se adopta una visión economicista del populismo; más bien, se pone el foco en las consecuencias económicas que resultan de su aplicación.

4 Esta interesante terminología —elementos nucleares y adjetivos— fue acuñada por Arias Maldonado (2019: 326) para delimitar el concepto de populismo. Los elementos nucleares son los atributos que necesariamente debe reunir un movimiento, partido o régimen populista para ser considerado como tal; los elementos adjetivos son las carac-

Paralelamente, la elección de la pobreza como variable analizada obedece al importante papel que ostenta dentro de un estudio general de la economía de un país. No obstante, en tanto que concepto polémico, la noción de «pobreza» presenta dos problemas insoslayables: 1) la delimitación unívoca del concepto y 2) el establecimiento de criterios para su medición. En este sentido, la primera dificultad posee un carácter teórico, mientras que la segunda es de tipo eminentemente práctico.

Adicionalmente, la aproximación jurídico-económica que en esta investigación se propone resulta ser la más apropiada para abordar el objeto de estudio. Como se verá más adelante, las políticas económicas no se desarrollan en el vacío, sino que precisan de un marco legal concreto para ser impulsadas. En tiempos de estabilidad política, el marco legal vigente acostumbra a colmar las exigencias que los gobiernos cambiantes necesitan para implementar sus reformas económicas. Sin embargo, el triunfo de gobiernos contrarios al mantenimiento del *status quo* lleva aparejada, necesariamente, la introducción de reformas legales profundas encaminadas a establecer un régimen jurídico favorable a los planes y programas económicos propuestos.

Por su parte, la estructura de la investigación sigue un camino descendente, partiendo de lo general hacia lo particular. El primer apartado se dedica a la reflexión sobre los fundamentos teóricos del populismo, así como a la exposición de las aproximaciones de mayor rigor teórico. Pese al enfoque práctico sobre el que se erige esta investigación, su inclusión resulta necesaria para transmitir una idea básica de lo que es el populismo y para saber qué elementos concretos convierten a los regímenes húngaro y argentino en populistas. Finalmente, el apartado se cierra con una reflexión respecto a las diferencias entre dos

---

terísticas que, con frecuencia, aparecen en los populismos, sin llegar a constituir una *conditio sine qua non*.

tipos de populismos: los soberanistas y los empresariales[5], correspondientes a Viktor Orbán y Javier Milei, respectivamente.

El siguiente apartado se divide en dos partes sustancialmente diferentes: por un lado, se analiza la pobreza como fenómeno; por otro, se estudian los regímenes populistas de Hungría y Argentina de manera empírica. Sobre la pobreza se tratan las diferentes definiciones de la misma, los indicadores más apropiados para su medición y su existencia como precondición para la aparición de partidos populistas y el triunfo de los mismos. Respecto a los regímenes propuestos, cada uno de ellos se analiza por separado utilizando las definiciones e indicadores previamente expuestos. De esta forma, se consideran tanto las medidas de carácter económico aplicadas como las repercusiones asociadas a su implementación.

Para finalizar, se incluyen unas conclusiones sobre los resultados obtenidos cuyo propósito es emitir, a la luz de la información recopilada a lo largo de la investigación, un juicio objetivo sobre la evolución de la economía y la pobreza en los regímenes populistas húngaro y argentino.

Con este trabajo no se pretende formular un discurso laudatorio ni condenatorio, ya sea sobre el populismo en sentido general o sobre los casos concretos analizados. La única finalidad que aquí se persigue es estudiar, desde una perspectiva empírica, el impacto económico que puede tener el establecimiento de un gobierno populista en un país, prestando especial atención a la evolución de la pobreza como indicador por antonomasia del éxito o fracaso de una determinada política económica. Muchos

---

5 La investigación académica no ha señalado con suficiente claridad las diferencias fundamentales entre los distintos tipos de populismos existentes. Se han ensayado clasificaciones cronológicas (Frei & Rovira Kalwasser, 2008), geográficas (Weyland, 1999), o políticas (Gandesha, 2018; Mudde & Rovira Kaltwasser, 2013), que resultan útiles para propósitos concretos; pero nunca de una forma que colme las exigencias de claridad general que la realidad actual demanda.

autores han señalado —con razón— que el término «populista» ha adquirido una carga emocional muy negativa, propiciando su uso como arma arrojadiza contra el contrincante político. En consecuencia, el populismo, «originalmente un término académico, se utiliza ahora sobre todo en el espacio polémico que ocupan los actores políticos, los periodistas y los intelectuales públicos» (Taguieff, 1997: 1), quienes lo han aprovechado para «tachar como populista a todos los movimientos de la oposición» (Urbinati, 2019: 112). En este trabajo se ha intentando, en la medida de lo posible, no incurrir ni en reducciones simplistas ni en juicios de valor; siguiendo la máxima de Bobbio (2009: 86) en virtud de la cual «la avaloratividad es la virtud del cientifico, como la imparcialidad es la virtud del juez».

1. UNA APROXIMACIÓN CONCEPTUAL AL POPULISMO

El populismo y la pobreza son dos conceptos marcados por una característica común: la existencia de múltiples enfoques que intentan definirlos y explicarlos. En concreto, en el caso del populismo, los estudios dedicados a su análisis llevan décadas creciendo exponencialmente, lo que ha generado una cantidad de contenido que resulta prácticamente inabarcable. Por ello, en estas líneas se intenta una breve recapitulación bibliográfica de las aproximaciones de mayor rigor teórico que permita al lector acceder, de forma sintética, al estado actual de los estudios sobre populismo.

¿Por qué los gobiernos de Viktor Orbán y Javier Milei se consideran populistas? ¿Qué características, atributos o elementos les confieren esta naturaleza? ¿Son herederos de la misma tradición ideológica, o derivan de diferentes corrientes de pensamiento? En los siguientes subapartados se tratará de dar respuesta a estas preguntas de investigación.

1.1. Principales aproximaciones

Un análisis minucioso de cada uno de los autores que ha dedicado su trabajo a construir un enfoque sobre el populismo mostraría que todos ellos son, en mayor o menor medida, diferentes: la realidad en la que se manifiesta el populismo es compleja, los atributos que le son imputables múltiples, y las formas en las que se manifiesta muy variadas. Esta circunstancia pone en jaque la posibilidad de un consenso estable en torno a una definición de populismo y dificulta la tarea de su estudio analítico. Sin embargo, existe la posibilidad de agrupar a varios autores con perspectivas similares bajo una sola aproximación global. Las que resultan más interesantes para esta investigación son las siguientes:

1.1.1. Aproximación ideacional

En el año 2017, Cas Mudde y Cristóbal Rovira Kalwasser publicaron su obra conjunta *Populismo: una breve introducción*. En ella queda condensada definitivamente una forma de entender el populismo que los autores llevaban confeccionando durante algunos años[6].

En sus páginas, los autores tratan multitud de asuntos relativos al populismo: su evolución histórica, la figura del líder, su

6 En *The Populist Zeitgeist*, Cas Mudde (2004) introduce ya la definición de populismo que utilizará en todos sus trabajos posteriores, sentando así las bases de una forma de entender el populismo a la que se irán adhiriendo más autores de forma progresiva. Por su parte, Cristóbal Rovira Kaltwasser todavía no había adoptado la aproximación ideacional en la primera década del siglo XXI, definiendo el populismo, junto a Raimundo Frei, como: «un *experimento político* cuyo surgimiento está relacionado con el *fracaso de las élites* y que se distingue por la *activación de emociones* para construir una entidad colectiva llamada pueblo, intentándose así dar vida a un singular modelo de dominación social que debe ser clasificado *más allá de la democracia liberal y del totalitarismo*» (Frei & Rovira Kalwasser, 2008: 128).

relación con la democracia... Sin embargo, uno de los aspectos más importantes es la definición que proponen de populismo: «una ideología delgada, que considera a la sociedad dividida básicamente en dos campos homogéneos y antagónicos, el "pueblo puro" frente a la "élite corrupta", y que sostiene que la política debe ser la expresión de la voluntad general (*volonté générale*) del pueblo» (Mudde & Rovira Kaltwasser, 2019: 33).

Por tanto, entienden el populismo como una ideología que, mediante una «distinción moral» (Rovira Kaltwasser, 2018: 204), traza dos campos sociales diferenciados: un pueblo que detenta todas las virtudes y una élite degenerada que conspira contra sus intereses. De este modo, la idea de pueblo no se construye en base a criteros objetivos o cuantificables, sino como producto de un enfrentamiento sobre los fundamentos últimos del *bien* y del *mal*. Los elementos nucleares registrados en el marco del enfoque «ideacional» son el pueblo, la élite y la voluntad general; y su condición de «ideología delgada» permite entender «por qué el populismo es tan maleable en el mundo real» (Mudde & Rovira Kaltwasser, 2019: 52).

En este sentido, su carácter ideológico permite localizar otras ideologías antitéticas al populismo. Pese al escaso contenido de la definición que proporcionan los autores, el elitismo y el pluralismo se presentan como ideologías contrarias e irreconciliables (Hawkins & Rovira Kaltwasser, 2017: 515). Por otro lado, su condición de «delgadez o estrechez» permite la clasificación de diferentes tipos de populismos, atendiendo a la tradición de pensamiento que cada populismo adquiera para fundamentar su idea de pueblo. Así, los llamados «populismos excluyentes» —predominantemente europeos— tienden a conformar una idea de pueblo a través del nativismo[7], mientras que los «populismos incluyentes» —más frecuentes en Iberoamérica— suelen con-

---

[7] «Una combinación de nacionalismo y xenofobia (...) que defiende que en cada Estado deberían vivir únicamente miembros del colectivo nativo (la nación) y que los elementos no nativos (o "foráneos"), ya

formarse en torno a la integración política de los estratos de la sociedad más desfavorecidos (Mudde & Rovira Kalwasser, 2013).

1.1.2. Aproximación discursiva

El nombre que recibe esta aproximación al populismo proviene de la importancia depositada en la idea de *discurso*[8] por su autor más importante: Ernesto Laclau. El origen de esta teoría se encuentra en la reformulación de la pregunta que orienta su desarrollo, la cual difiere de la planteada en aproximaciones anteriores. Si normalmente los estudiosos del populismo orientan sus trabajos a la satisfacción de la pregunta «¿Qué es el populismo?», Laclau considera que ésta debería ser remplazada por la siguiente: «¿A qué realidad social e ideológica aplica el populismo?» (Laclau, 2005a: 16-17). Además, asume un segundo punto de partida original al valorar como positivas las acusaciones de imprecisión y vaguedad frecuentemente lanzadas contra el populismo. Para Lacalu (2005a: 17-18), «sólo en un mundo imposible en el que la política hubiera sido sustituida por completo por la administración» podrían haberse erradicado por completo los antagonismos y, por tanto, podrían descalificarse como ambiguas o vagas ciertas proposiciones. Por tanto, el autor argentino reivindica para el populismo las mencionadas adjetivaciones, que lejos de operar como contenido peyorativo representarían la realidad social tal cual es[9].

---

sean estos personas o ideas, constituyen una amenaza para la pervivencia del Estado nación homogéneo» (Mudde, 2021: 49).

8 En este contexto, el *discurso* «no está restringido al habla y a la escritura, sino que incluye todos los sistemas de significación», entre los que se incluyen el uso de las palabras y las acciones con las que están asociadas (Laclau, 2006: 24).

9 En una conferencia pronunciada en el año 2012, Laclau (2013: 221) indica que «la recurrente apelación a la imprecisión y vaguedad de los símbolos populistas, son, exactamente, la fuente de su eficacia política».

En consecuencia, la aproximación discursiva se caracteriza por una serie de conceptos particulares, cuya acuñación obedece a la importancia depositada en la articulación discursiva de las demandas sociales por encima de su contenido concreto. Así, Laclau (2005b: 33) afirma que «un movimiento no es populista porque en su política o ideología presente *contenidos* identificables como populistas, sino porque muestra una particular *lógica de articulación* de esos contenidos, sean cuales sean».

La lógica de articulación propia de los movimientos populistas es la lógica de equivalencia, que da lugar a las llamadas «cadenas de equivalencia», caracterizadas porque en ellas «todas las demandas, a pesar de su carácter diferencial, tienden a reagruparse» (Laclau, 2005b: 37). Cuando un determinado sistema institucional comienza a dejar de satisfacer las demandas sociales, éstas se agrupan en una cadena de equivalencia cuyo nexo principal es la dimensión negativa que comparten, es decir, su no satisfacción. De esta forma, a través de la concatenación de demandas instaisfechas se construiría el sujeto popular: «los discursos populares equivalentes dividen (…) lo social en dos bandos: el poder y los desfavorecidos» (Laclau, 2005b: 38). Sin embargo, una cadena de equivalencia pierde intensión a medida que aumenta la cantidad de demandas incluidas en su seno, por lo que se hace necesaria una figura que se erija como representante del mínimo nexo restante fruto del incremento constante de la extensión equivalencial. Para ello, Laclau utiliza el concepto «significante vacío», definido como el elemento que «aporta coherencia a la cadena al darle significado en su totalidad» (Laclau, 2005b: 44)[10].

De este modo, quedan expuestos los tres elementos más importantes de la aproximación discursiva: la unificación de una serie de demandas bajo una cadena de equivalencia, la división

---

[10] Para Lacalu, el significante vacío puede acabar siendo simplemente un nombre. Por ello, el líder —y en concreto, el nombre del líder— ocupa un lugar fundamental dentro de la aproximación discursiva.

de lo social en dos campos separados —pueblo y poder— y la construcción de una identidad popular cualitativamente diferente a la suma de voluntades individuales a través de la formulación de significantes vacíos (Laclau, 2005a: 76-77).

En conclusión, la aproximación discursiva no se centra en el contenido óntico con el que se lleva a cabo el proceso de organización política, sino que pone el foco en el populismo como categoría ontológica al priorizar el análisis del modo de articulación social, política o ideológica.

1.1.3. El populismo como democracia límite

Finalmente, se incorpora en esta investigación una de las aproximaciones que, aunque ha sido relativamente desatendida por la academia, presenta una de las contribuciones más sólidas en términos de consistencia analítica al estudio del populismo. Quizá, uno de los motivos fundamentales por los que este enfoque acostumbra a caer en un cierto olvido es consecuencia de que su principal creador —Pierre Rosanvallon— ha centrado sus trabajos en el estudio de la democracia. Su concepción del populismo es únicamente una fracción de una teoría de la democracia superior, de mayor complejidad y alcance explicativo[11].

Pierre Rosanvallon identifica tres tipos diferentes de democracia límite: «las democracias minimalistas, las democracias esencialistas y las democracias polarizadas» (Rosanvallon, 2021: 156). Estos tipos ideales no son más que maneras de entender la democracia que la vuelven contra sí misma a fuerza de exagerar y magnificar ciertos aspectos democráticos en lugar de otros. En

11 La teoría de la democracia del autor francés se encuentra recogida en cuatro libros escritos a lo largo de una década, en los que Pierre Rosanvallon estudia las democracias contemporáneas de forma muy detallada: *La contrademocracia* (2007), *La legitimidad democrática* (2009), *La sociedad de iguales* (2012) y *El buen gobierno* (2015) (Annunziata, 2021).

este sentido, el populismo forma parte de las democracias polarizadas, en las que operan ciertos mecanismos de simplificación que el autor expresa de la siguiente manera: «El imperativo de representación se cumple a través de la identificación con el líder, el ejercicio de la soberanía por el recurso al referendum, el carácter democrático de una institución por la elección de sus responsables [y] la expresión del pueblo por su confrontación directa con los poderes, sin intermediarios» (Rosanvallon, 2021: 160).

Todas estas simplificaciones, duramente criticadas por el autor en la obra, son las que dotan de contenido al populismo y lo distinguen de los otros dos tipos de democracia límite.

Por otro lado, como señala Annunziata (2021: 231-34), esta forma de entender el populismo permite abordarlo desde la perspectiva tanto del movimiento como del régimen populista. Es decir, permite entender el populismo tanto en abstracto como en concreto. En este sentido, Rosanvallon considera que es posible hablar de populismos de derecha y de izquierda desde la perspectiva de los movimientos populistas[12]. Sin embargo, cuando esos movimientos logran alcanzar el poder y se convierten en regímenes populistas, las diferencias ideológicas se desdibujan y ambos tienden a lo que él llama «autoritarismo democrático» (Annunziata, 2021: 263-64).

Para sintetizar, cabría afirmar que, desde la perspectiva de democracia límite que Pierre Rosanvallon ha desarrollado, el populismo estaría caracterizado por ser una manera de simplificación democrática orquestada a través de una visión del pueblo-Uno, el privilegio del referendum, la exaltación del líder, la agitación de las pasiones y el proteccionismo económico.

---

[12] El autor afirma que: «la diferencia entre los populismos de derecha y de izquierda puede observarse de forma indiscutible, y se manifiesta en dos aspectos principales: en primer lugar, en lo que hace a la cuestión de la inmigración, y, en segundo lugar, en términos de política social redistributiva» (Annunziata, 2021: 263)

1.2. Elementos nucleares

Como se ha visto, cada una de las aproximaciones al populismo explicadas en este trabajo propone un conjunto de atributos característicos más o menos amplio que constituiría el núcleo central del concepto «populismo». Las diferencias son considerables: algunos autores prefieren reducir la cantidad de elementos fundamentales para reducir la intensión y aumentar la capacidad explicativa de su definición; otros, creen más conveniente aumentar la cantidad de rasgos definitorios en aras de construir una aproximación muy exacta y acabada[13].

No obstante, todas ellas comparten dos elementos nucleares que no pueden soslayarse si se quiere comprender el fenómeno populista de forma completa: el pueblo y la élite, los cuales operan como ejes constitutivos del populismo. Incluso si es cierto que no existe consenso en relación con la naturaleza del populismo —si se trata de una ideología, un marco discursivo, o un tipo de democracia límite—, respecto a la posibilidad de expresión múltiple —derecha/izquierda, agrarios/urbanos, incluyentes/excluyentes—, o en torno a las políticas concretas de los regímenes constituidos —iliberales, autocráticas, democráticas…—; lo que no puede negarse es que las ideas de pueblo y élite son fundamentales para la comprensión del populismo y se encuentran presentes en todas las aproximaciones al fenómeno efectuadas por todos los especialistas.

Sin embargo —y pese al consenso en este sentido—, la investigación vuelve a adentrarse en otro problema conceptual: ¿quién es el pueblo?, ¿quiénes lo componen exactamente?, ¿cómo se define e identifica a la élite?... Profundizar en el estudio de estos

---

13 En la famosa conferencia organizada por la *London School of Economics and Political Science* en el año 1967 titulada *To define populism,* el profesor de sociología Donald Gunn McRae llegó a una definición de populismo incluyendo hasta quince características elementales. (Berlin, y otros, 1968: 7).

dos conceptos exigiría un trabajo propio, aunque quizá aquí baste con aclarar que de las seis formas que propone Sartori (2014: 28) para entender la idea de pueblo, el populismo acostumbra a comprenderlo o bien como totalidad orgánica e indivisible, o bien como representante de las clases inferiores. Lo único verdaderamente importante es comprender que «pueblo» es un concepto cuyo significado queda supeditado al contenido concreto que cada movimiento, partido o régimen populista le quiera adjudicar.

Por tanto, a partir de estos sencillos elementos podría ensayarse una definición mínima de populismo, por muy amplia y provisional que esta sea, de la siguiente manera: *el populismo es una ideología, marco discursivo, estilo o estrategia política; que concibe sus planes, programas y políticas como herramientas para favorecer o hacer triunfar al «pueblo» y perjudicar o derrotar a la «élite».*

1.3. Populismos soberanistas y empresariales

Todo estudio original sobre las condiciones de posibilidad del populismo debería reunir un conjunto de criterios —el llamado «cuadrilátero metodológico» (Rodríguez Sáez, 2021: 909-11)— a través de los que se logre abarcar todas las dimensiones en las que se despliega el fenómeno populista[14]. Uno de los principios que se recogen en esta tétrada es el principio de variabilidad, cuya obligada existencia es consecuencia de la pluralidad formal y material en la que se manifiestan los movimientos, partidos y regímenes populistas: «no existe una expresión única de populismo, sino una variedad de formas en función del contexto social e histórico» (Rodríguez Sáez, 2021: 910).

---

[14] Los principios son: de invariabilidad, de variabilidad, de multidimensionalidad y empirista; cada uno de los cuales cumple una función tanto de análisis de las aproximaciones ya propuestas —ideacional, discursiva, estratégica…—, como de punto de partida para enfoques futuros.

En este sentido, existen multitud de clasificaciones que intentan captar las diversas formas en las que se expresan los populismos. La introducción del eje derecha-izquierda es la más habitual dentro de los trabajos académicos. Sin embargo, aunque útil desde el punto de vista formal, esta clasificación no logra captar la gran variabilidad en la que se articulan los fenómenos populistas contemporáneos.

¿Cómo explicar las enormes diferencias que existen en el seno de los denominados populismos de izquierda y de derecha? ¿debemos conformarnos con esta clasificación e ignorar las contradicciones internas de cada bloque o, por el contrario, resulta más pertinente rechazarla por ser un eje moderno que ya no se ajusta a la realidad política contemporánea? Steven Forti (2024) parece estar interesado en evitar un análisis profundo de la diversidad dentro de los populismos de derecha, para lo que ha acuñado el término *Extrema Derecha 2.0.* Por su parte, Diego Fusaro (2025) cree que el eje derecha-izquierda está superado y que el momento histórico actual exige nuevas formas de análisis.

En esta investigación se sostiene, junto a Norberto Bobbio (2014), que el eje derecha-izquierda continúa siendo válido y que su principio diferenciador es la idea de igualdad. No obstante, es imposible ignorar los cambios económicos, políticos y sociales acontecidos en las últimas décadas, derivados del proceso de globalización en curso. Por ello, se considera necesaria la introducción de otro eje cuyo principio diferenciador sea el destino del Estado en el orden internacional. Tanto en los populismos de derecha como de izquierda, pueden encontrarse partidos y regímenes favorables a una integración progresiva del Estado en organizaciones supranacionales. Asimismo, contrarios a esta tesis, existen partidarios del Estado como unidad y refugio del devenir internacional en ambos bloques, tanto en la derecha como en la izquierda.

De esta forma, una vez constatada la vitalidad de ambos ejes y mediante la intersección de los mismos, se obtiene una clasificación cuatripartita del conjunto de fenómenos populistas que aprioristicamente parece adaptarse a las exigencias del criterio de variabilidad antes expuesto: 1) populismos de izquierda identitarios, 2) populismos de izquierda mundialistas, 3) populismos de derecha identitarios y 4) populismos de derecha mundialistas. Como se verá más adelante, mientras Viktor Orbán y Fidesz conforman el ejemplo más respresentativo de populismo de derecha identitario —populismos «soberanistas»—, Javier Milei y La Libertad Avanza constituyen el caso fundacional del populismo de derecha mundialista en el siglo XXI —populismos «empresariales»—.

2. LA POBREZA Y SU IMPACTO EN HUNGRÍA Y ARGENTINA

2.1. Aproximación conceptual a la pobreza

«La variabilidad, la conflictividad, el contexto y la existencia de campos de significados son rasgos que tienen en común todos los conceptos» (Freeden, 2013: 102), y la pobreza, en este sentido, no es una excepción. Por ello, los conceptos pueden ser «exactos o vagos, aplicables o inaplicables» (Sánchez Carballo, Ruiz Sánchez, & Barrera Rojas, 2020), pero no correctos o incorrectos[15]. En consecuencia, existen multitud de aproximaciones diferentes al concepto de pobreza, cada una de las cuales puede resultar válida en un determinado contexto e inapropiada en otro.

Profundizando en el estudio de la pobreza, «diversas concepciones, fruto de análisis emprendidos desde ópticas y disentimientos económicos, sociales, culturales y jurídicos, han intentado brindar luces sobre su definición» (Plazas Gómez, 2010: 2). Su estudio ha seguido una evolución desde lo particular hasta lo general, acumulando cada vez más atributos distintivos en su definición. Lo que fue considerado en un inicio como algo emi-

---

15 Aceptar esta tesis supondría incurrir en un esencialismo lingüístico consistente en «la creencia errónea de que la relación entre las palabras y su significado no es convencional, sino que tiene carácter necesario» (Atienza, 2012: 60).

nentemente cuantitativo, un producto del simple cálculo matemático; se ha ido transformando hasta convertirse en una variable multidimensional de carácter cualitativo. De esta forma, quedan trazados los dos puntos de vista desde los que se puede abordar el fenómeno: 1) objetivo o cuantitativo y 2) subjetivo o cualitativo.

La evolución del concepto de pobreza representado en la Ilustración 1 muestra la adición sucesiva de nuevas dimensiones de análisis añadidas al objeto de estudio, y resulta interesante por su inserción dentro del eje unidimensional – multidimensional que lleva aparejada la transición desde lo absoluto a lo relativo. Sin embargo, las posibilidades que presenta son excesivas, ya que permite tantas aproximaciones al concepto de pobreza como combinaciones de variables puedan hacerse. Por ello, en aras de una mayor claridad, únicamente se considerarán las tres teorías sobre el concepto de pobreza que más interés suscitan para los propósitos de esta investigación.

Ilustración 1. Fuente: Sánchez Carballo, Ruiz Sánchez, & Barrera Rojas (202: 51).

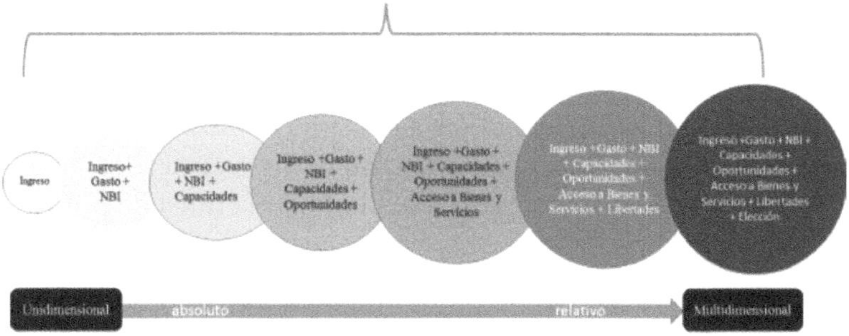

2.1.1. Concepciones

El conjunto de aproximaciones teóricas al concepto de pobreza que aquí se escoge es similar al utilizado por Cortés Cáceres (2023). De su estudio, recogemos el enfoque de los ingresos, de las capacidades y de la pobreza relativa —añadiendo el análisis de la pobreza absoluta—[16].

a) Ingresos

Desde esta perspectiva, la pobreza se define como la carencia de los recursos económicos necesarios para adquirir una cantidad mínima de bienes y servicios. Se trata de una forma de medición cuantitativa e indirecta, que precisa de la fijación de una línea de pobreza definida por una cantidad de ingresos determinada[17]. De esta forma, aquellas personas o familias que se hallen por debajo de ese umbral son consideradas como pobres.

Esta forma de abordar la pobreza tiene la ventaja de tener una fácil medición a través de cálculos matemáticos relativamente sencillos. El indicador más frecuente es la tasa de incidencia (H), que se obtiene al dividir el número de personas identificadas como pobres (q) —porque caen por debajo de la línea de pobreza— entre el número total de las personas de la comunidad (n), de tal forma que H=q/n (Sen, 1992).

Por otro lado, es una aproximación que ha recibido múltiples críticas por su incapacidad para considerar otros factores más allá del económico. No hay consenso ni en cuanto a los bienes y servicios que deberían utilizarse para fijar la línea de pobreza

---

16 Existen muchas otras posibilidades igualmente fecundas a la hora de aproximarse al estudio de la pobreza, entre las que resulta especialmente llamativo el enfoque multidimensional. Las ventajas respecto a otros métodos de medición de la pobreza son muchas y su aplicación práctica a nivel internacional comienza a ser considerable (Grisales Aguirre, 2020).

17 Siguiendo en este punto a Alkire y Santos (2013: 239n), «el método dominante para calcular la línea de pobreza de ingresos estima el coste de una cesta de alimentos que proporciona la cantidad mínima de ingesta calórica para un adulto medio», a la que se le añade una aproximación del coste en productos básicos no destinados al consumo alimentario.

(Cortés Cáceres, 2023: 266) ni sobre el consumo efectivo de los individuos o familias analizados.

b) Capacidades

Una de las aproximaciones que más aceptación ha recibido es la teoría de las capacidades, originalmente ideada por Amartya Sen. El autor «enfoca su mirada sobre la pobreza desde una perspectiva del desarrollo y como una ampliación de las libertades, relacionando la pobreza con la privación de capacidades básicas» (Aguirre, 2010: 102). Al contrario que la anterior, esta es una aproximación cualitativa, que precisa de la definición de las capacidades en función de criterios no numéricos.

Pese a la centralidad del término «capacidades», entendidas como «las distintas combinaciones alternativas que una persona puede hacer o ser» (Urquijo Angarita, 2014: 65), el creador de la teoría ha sido reacio a la fijación de una lista precisa y acotada de las mismas. Dicha tarea la ha llevado a cabo Martha C. Nussbaum (2003: 36), para quien «el enfoque de las capacidades proporcionará una orientación útil y definitiva (…) sólo si formulamos una lista definitiva de las capacidades más importantes, aunque sea provisional y revisable».

El enfoque de las capacidades tiene una relación muy cercana con la idea de los derechos humanos, pero el primero se considera como una superación de la segunda. Para Martha C. Nussbaum (2003: 37), ambas perspectivas «proporcionan un conjunto de objetivos de desarrollo moral y humanamente ricos», pero considera que el cumplimiento efectivo de los derechos humanos está supeditado a que se asegure a cada individuo la capacidad de ejercerlos.

c) Pobreza Absoluta/Relativa

Finalmente, un breve resumen que trate las principales aproximaciones al concepto de pobreza como el que aquí se propone no puede pasar por alto los conceptos de pobreza absoluta y pobreza relativa. La primera pone el foco en la satisfacción de «las mismas necesidades generales» (Sen, 1983: 161), que son comunes a todas las personas independientemente de la sociedad en la que vivan. Esta concepción de la pobreza parece apelar a una suerte de naturaleza común entre todas las personas de la que se derivan, por nuestras características biológicas y psíquicas, un conjunto de requerimientos básicos que deben ser satisfechos para evitar la pobreza.

Por otro lado, desde el enfoque de la pobreza relativa se entiende que esta circunstancia únicamente es valorable atendiendo al conjunto de necesidades determinadas en una sociedad concreta. En este sentido, Peter Townsend (1954: 133-34) afirma que «a la hora de considerar los hábitos de gasto de los más pobres, parece necesario tener en cuenta las convenciones que rigen la pertenencia a su comunidad, así como la influencia de las medidas económicas y sociales adoptadas actualmente por la sociedad en su conjunto». Así, la condición de pobre vendría determinada sólo por las condiciones concretas en las que se encuentra la sociedad analizada con independencia de eventuales criterios universales aplicables[18].

Ambas posturas parecen tener aciertos y limitaciones. Adoptar completamente una visión absoluta de la pobreza implicaría que, en las sociedades materialmente más desarrolladas, la pobreza *de iure* —esto es, según criterios formales— desaparecería, aunque podría seguir existiendo *de facto* —en la práctica—. Por otro lado, considerar la pobreza únicamente en términos relativos la equipararía con la desigualdad, lo que impediría su erradica-

---

[18] La perspectiva de la pobreza relativa tiene, además, una larga tradición histórica, ya que autores como Adam Smith o Karl Marx adoptaron postulados similares. El último, en relación con las necesidades humanas, asegura que «nuestras necesidades y nuestros deseos tienen su fuente en la sociedad y los medimos, consiguientemente, por ella, y no por los objetos con los que los satisfacemos. Y como tienen carácter social, son siempre relativos» (Marx, 1974: 50).

ción a largo plazo y pasaría por alto situaciones como desastres naturales o crisis económicas que generan privaciones reales, independientemente de la distribución del ingreso.

2.1.2. La pobreza como precondición para el triunfo del populismo

El estudio sobre las causas del éxito obtenido por ciertos partidos populistas en varios países del mundo suscita un interés cada vez mayor. Tanto sus *amigos* como sus *enemigos* buscan identificar las causas que han hecho posible su crecimiento electoral y su acceso a espacios relevantes de poder, incluso en sistemas democráticos con larga tradición institucional. Desde el ámbito académico, se han señalado múltiples factores —políticos, económicos y sociales— que contribuirían a explicar el fortalecimiento y la expansión de estos movimientos y partidos.

José María Lasalle (2019) trata de localizar el origen del «tsunami populista» en un cambio social y político de enorme trascendencia: a su juicio, a partir de los atentados del 11 de septiembre, «las emociones se han adueñado de la convivencia colectiva mientras que la racionalidad política ha ido siendo marginalizada y desplazada a un papel secundario» (Lasalle, 2019: 313). Desde esta perspectiva, el (re)surgimiento del populismo obedece no tanto a un cambio en las instituciones de la Modernidad y la Ilustración, sino a su colapso. Las causas que explican los populismos contemporáneos están directamente relacionadas con la nueva forma de relacionarse con la política: aquella que surge cuando se tratan de agitar nuestros sentimientos más nocivos y se abandona la racionalidad. En este sentido, «el sumatorio político del miedo y el resentimiento tiene como consecuencia el producto ideológico populista» (Lasalle, 2019: 319).

Por su parte, Chantal Delsol (2019: 341) afirma que las causas son también eminentemente sociopolíticas: «La Europa del Oeste piensa en multiculturalismo, en el universalismo y en el mundialismo, en la sociedad de mercado. La Europa central piensa en la identidad cultural, en la espiritualidad, en el heroísmo (…). Este choque del encuentro con una mentalidad posmoderna que se ha vuelto obligatoria (…) ha sido la razón de los llamados *populismos*». Para la autora, en el choque de estas dos cosmovisiones irreconciliables es donde deben buscarse los motivos que explican el renacer de los populismos.

Sin embargo, por persuasivos que puedan resultar en un primer momento estos razonamientos, incurren ambos en dos reduccionismos que ponen en cuestión su validez. Por un lado, no se tiene en cuenta que los populismos son un fenómeno global cuyo surgimiento no está relacionado en todas las partes del mundo con las mismas dinámicas. Las variables que mejor contribuyen a la confección de un análisis situacional acertado en Europa pueden no tener ninguna relevancia en América o Asia, de forma que cada región obedece a sus propios procesos. Por otro lado, ignoran la importancia de las causas económicas a la hora de explicar el fenómeno populista, concentrándose en exclusiva en factores de tipo político y social

Si se corrigen las dos deficiencias señaladas, se obtiene una aproximación que tiene en cuenta tanto la pluralidad de los populismos, como la multiplicidad de factores que intervienen en su surgimiento. En este sentido, la aproximación de Mudde y Rovira Kaltwasser (2013), caracterizada por su división entre populismos excluyentes e incluyentes, puede resultar de utilidad: «mientras que los primeros tienden a aparecer en sociedades prósperas que muestran una creciente preocupación por los inmigrantes y la influencia de las instituciones extranjeras, los segundos suelen surgir en sociedades más pobres que presentan problemas de corrupción y pobreza generalizadas» (Rovira Kaltwasser, 2018: 206). En términos geográficos, su propuesta concluye, a través del análisis de las dimensiones material, simbólica y política, que «los populismos europeos pueden ser principalmente etiquetados como excluyentes, mientras que los populismos de América Latina son predominantemente incluyentes» (Mudde & Rovira Kalwasser, 2013: 167).

En este sentido, el análisis de los autores tiene en cuenta la dimensión material, entendida como «la distribución de los recursos del estado, materiales y no materiales, a grupos específicos dentro de la sociedad» (Mudde & Rovira Kalwasser, 2013: 158). Sin embargo, esta dimensión no se considera como algo estructural —como una condición necesaria—, sino como una variable más entre otras que puede incidir, en mayor o menor grado, en el surgimiento de movimientos y partidos populistas. En América Latina tiene mucha más incidencia el factor económico o material, mientras que en Europa se ha transitado hacia un énfasis mayor en las dimensiones políticas, sociales y simbólicas: «el populismo latinoamericano tiene predominantemente una dimensión socioeconómica (incluyendo a los pobres), mientras que el populismo europeo tiene una dimensión principalmente sociocultural (excluyendo a los "extranjeros")» (Mudde & Rovira Kalwasser, 2013: 167).

En cualquier caso, se trata de un enfoque que tampoco está exento de críticas. De hecho, resulta complicado encajarlo dentro de la propia aproximación «ideacional» de los autores, en la que se reconoce la necesidad exclusionista del populismo al afirmar que se trata de una ideología cuya única propuesta común a todas sus diferentes manifestaciones es la división de las comunidades políticas en «pueblo» y «élite», como dicotomía absoluta irreconciliable. Los conceptos «incluyente» y «excluyente» parecen obedecer más a un juicio de valor emitido por los autores que a verdaderas categorías descriptivas libres de sesgos[19], mostrando así tanto su cercanía con los primeros como su total condena de los últimos.

En resumen, la pobreza constituye una dimensión fundamental en el momento de analizar las causas del populismo, sin dejar de lado otras variables igualmente relevantes como las condi-

---

[19] Los propios autores parecen querer anticiparse a juicios futuros de este tipo cuando afirman la necesidad de ser «muy cuidadosos a la hora de hacer juicios normativos sobre el populismo» (Mudde & Rovira Kalwasser, 2013: 168).

ciones sociales o políticas existentes. Aunque en las sociedades «postmaterialistas», como las democracias liberales de Europa y América del Norte, la pobreza ha perdido protagonismo como factor central, sigue siendo un eje fundamental en muchas otras regiones del mundo. Por tanto, es cierto que la pobreza no es una «precondición» para el surgimiento del populismo; es decir, no es una condición necesaria. No obstante, es un factor crítico que puede favorecer el surgimiento y ascenso de movimientos y partidos populistas en todo el mundo[20], especialmente en aquellos lugares con una situación económica más precaria.

2.2. Hungría: el soberanismo de Viktor Orbán

La trayectoria de Viktor Orbán como primer ministro húngaro es algo particular. Su primer mandato (1998-2002) estuvo caracterizado por el conservadurismo (Forti, 2024: 284) y el anticomunismo (Cososvschi & Aguilar López-Barajas, 2024: 252) antes que por el desarrollo de una política populista como tal. Sin embargo, tras la derrota electoral de 2002, cambió de estrategia y comenzó a emplear una retórica populista que resultó clave en su segunda —y hasta el momento, definitiva— victoria electoral del año 2010[21]. A

---

20 Para Mudde y Rovira Kaltwasser (2019: 163), la economía puede jugar un rol importante también en las llamadas «sociedades «postmaterialistas», sobre todo a través de la pobreza generada por las grandes crisis económicas y los escándalos de corrupción: «sin la Gran Recesión y el comportamiento corrupto de los partidos tradicionales, es difícil entender el acusado aumento a partidos políticos como Podemos en España o Syriza en Grecia».

21 El enorme escándalo de corrupción que afectó al primer ministro socialista Ferec Gyurcsány en el año 2006 provocó, en un primer momento, la victoria discursiva de Fidesz, a la que siguió la victoria electoral posterior (Rivero, 2021: 118-119), sin obviar el impacto económico de la Gran Recesión que golpeó con especial virulencia a Hungría (Rivero, 2021: 107), y la creación de los círculos cívicos —una iniciativa que

partir de ese momento se abre un capítulo diferente en la historia política de Hungría, en el que Viktor Orbán y Fidesz —el partido que lidera— han encadenado cuatro mayorías de dos tercios del parlamento que les han permitido llevar adelante sus planes y programas sin necesidad de consensuar con la oposición. En 2011, gracias a la mencionada mayoría en la cámara legislativa, Viktor Orbán pudo llevar a cabo con éxito su reforma constitucional, cuya consecuencia más inmediata fue la habilitación para llevar a cabo reformas políticas y económicas de gran calado.

A nivel político, Rivero (2021: 120) destaca 1) el debilitamiento de las instituciones democráticas, 2) la subordinación del poder judicial, 3) el control de los medios de comunicación y 4) la proliferación de las guerras culturales. En relación con el primer punto, Mudde (2021: 171) aduce que Orbán ha conseguido reducir el Parlamento a «una mera instancia de validación automática y partidista, especializada en poco más que tramitar y aprobar proyectos de ley a propuesta del Gobierno». El segundo elemento se manifiesta en el control ejercido sobre la Fiscalía y el Tribunal Constitucional mediante la sustitución sistemática de sus miembros por aliados y seguidores (Levitsky & Ziblatt, 2021: 96)[22] lo que permitió, posteriormente, prohibir que el Tribunal se remitiera a su propia jurisprudencia de los años siguientes a la caída del comunismo (Rosanvallon, 2021: 225). Por otro lado, tanto la creación de la Autoridad Nacional de Medios y Comunicaciones —entre cuyas funciones se encuentra la vigilancia del respeto hacia la dignidad humana y la ausencia de ofensas a la identidad nacional— como la progresiva monopolización del sec-

---

trató de conectar a los ciudadanos con el partido— a lo largo de los ocho años que se mantuvo en la oposción (Mudde, 2021: 170).

22 Para ello, el tamaño del Tribunal Constitucional fue casi duplicado (de 8 a 15 magistrados), se cambiaron las reglas que regían el nombramiento y las vacantes fueron completadas con jueces afines (Levitsky & Ziblatt, 2021: 98).

tor en manos de elementos afines al partido (Príncipe Hermoso & Agudiez Clavo, 2023: 200-201), son dos síntomas claros de la idea contenida en el tercero de los puntos arriba mencionados. Además, el puesto obtenido en el *World Press Freedom Index* de 2025 ubica a Hungría como uno de los países europeos con menos libertad de prensa (Reporteros Sin Fronteras, 2025).

Finalmente, la cuarta cuestión se encuentra relacionada con la defensa de una serie de valores que, debido a su tendencia particularista, habían sido despreciados desde posiciones universalistas. Como indica Chantal Delsol (2015: 107), «desde la Ilustración, los occidentales están convencidos de que la historia consiste en una larga marcha de lo particular hacia lo universal, de las tribus primordiales hasta el Estado mundial, de la familia de la *vendetta* a las familias multinacionales». A estas proposiciones se enfrenta el régimen de Viktor Orbán, quien «basa su liderazgo en la defensa de valores etnoraciales y tradicionales», defiende la familia en su versión más convencional y se apoya en el concepto de «civilización» para reivindicar sus programas políticos (Fernández Vilas, García Amoedo, & Castilla, 2022: 357). También cabe incluir dentro del terreno del viraje cultural de Viktor Orbán el desarrollo de la llamada *Eastern Opening* Policy. A través de esta estrategia, Hungría ha estrechado lazos con países abiertamente contrarios a los valores de la Unión Europea, destacando entre ellos Rusia, China y Turquía (Greilinger, 2023). En este sentido, desde el punto de vista político, Viktor Orbán y Fidesz se ubican entre los populismos «identitarios» antes señalados.

Sin embargo, más allá del plano político, resulta más interesante para los objetivos de este trabajo considerar detalladamente el nivel económico, en particular aquellos indicadores más relacionados con la medición de la pobreza. Para ello, se han seleccionado 1) el ingreso real disponible (dimensión monetaria), 2) el coeficiente de Gini (dimensión distributiva) y 3) la brecha de pobreza (dimensión de profundidad); que serán analizados en el periodo 2010-2023 para cubrir la mayor parte de los años en los que Viktor Orbán ha ostentado el poder en Hungría.

Inicialmente, el ingreso real disponible de los hogares[23] ha aumentado en un 123,02 por ciento en el periodo señalado, con dos únicos pequeños retrocesos en los años 2012 y 2020 como consecuencia de la crisis financiera y los efectos de la pandemia, respectivamente. Este dato, unido al aumento gradual del Producto Interior Bruto, el control de la inflación y el aumento de los salarios (Csaba, 2022: 8), parece demostrar que la economía húngara es capaz de generar riqueza de forma sostenida.

Gráfico 1. Datos OCDE. Elaboración propia.

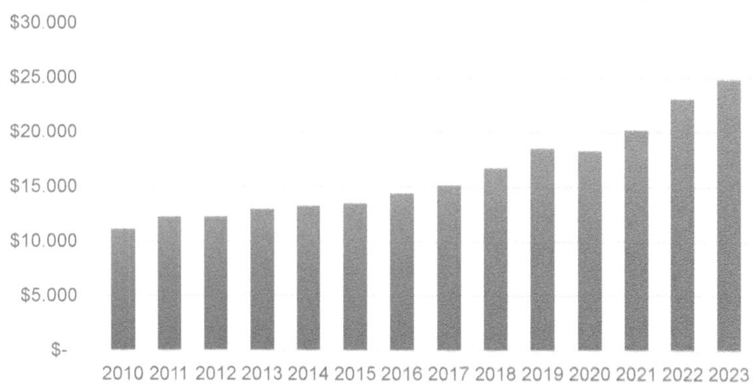

En segundo lugar, respecto a la dimensión distributiva, el coeficiente de Gini[24] ha presentado ligeras variaciones a lo largo

---

23 «El ingreso disponible de los hogares es la suma del gasto de consumo final y el ahorro del hogar (…) en dólares estadounidenses per cápita a precios corrientes y paridades de poder adquisitivo (PPA)» (OECD, 2025)

24 «El índice de Gini mide el grado en que la distribución del ingreso entre individuos u hogares dentro de una economía se desvía de una distribución perfectamente equitativa. (…) Un índice de Gini de 0 representa igualdad perfecta, mientras que un índice de 100 implica desigualdad perfecta» (Banco Mundial, 2025)

de todo el periodo, con un mínimo de 29,2 en 2011 y 2021, y un máximo de 31,5 en 2013. En comparación con su zona geopolítica de referencia —el Grupo de Visegrado[25]—, Hungría arroja en 2022 (último dato disponible) la cifra más alta, lo que implica que posee la economía con la riqueza más concentrada de su entorno: Eslovaquia 24,1; Hungría 30,2; Polonia 28,9; República Checa 25,9. No obstante, el país no parece haber experimentado una gran concentración de la riqueza, lo que podría explicarse por las restructuraciones efectuadas por el gobierno de Orbán en la propiedad de diversos sectores productivos como el tabaquero, el energético o el bancario; a través de las cuales, los capitalistas nativos han aumentado su participación en la propiedad de los medios de producción en detrimento de actores extranjeros (Scheiring, 2018: 5-8).

Gráfico 2. Datos: Banco Mundial. Elaboración propia.

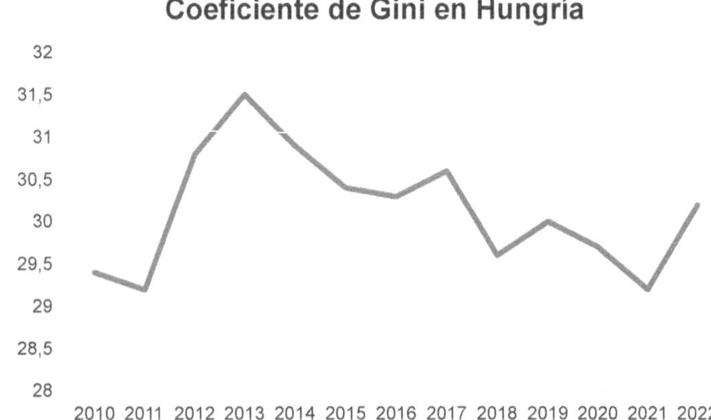

---

[25] El Grupo de Visegrado es una unión o alianza entre cuatro países que comparten siglos de historia y ubicación en el centro del continente europeo: Eslovaquia, Hungría, Polonia y República Checa. En los últimos años han estado políticamente unidos en contra de las medidas europeas contra el cambio climático o la inmigración (Ovchinnikova, 2019).

Seguidamente, se incluye el análisis de la brecha de pobreza[26] por su contribución a la claridad de la dimensión monetaria, así como por ser un indicador que aporta información muy útil en lo relativo a la profundidad de la misma. En el caso de Hungría, la brecha ha aumentado de forma considerable en los últimos 12 años: si en 2010 la brecha de pobreza se ubicaba en el 19,9 por ciento, en 2022 (último dato disponible) el resultado es de 38,1 por ciento. Es decir, las familias húngaras pobres se encuentran a una distancia de la línea de pobreza casi el doble de grande ahora que cuando Viktor Orbán accedió al poder. ¿Por qué ha aumentado de forma tan abrupta la profundidad de la pobreza en Hungría? La reforma fiscal mediante la que se estableció un tipo fijo del 16 por ciento en el impuesto sobre la renta, así como la progresiva eliminación de las transferencias sociales no contributivas (Szikra, 2018), pueden estar detrás de este fenómeno.

Gráfico 3. Datos: OCDE. Elaboración propia.

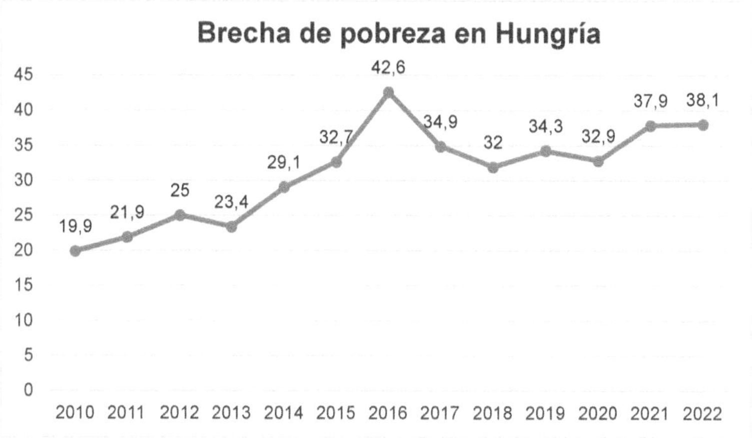

---

[26] «La brecha de pobreza es la proporción en la que los ingresos medios de los pobres se sitúan por debajo del umbral de pobreza. El umbral de pobreza se define como la mitad de la renta media de los hogares de la población total» (OCDE, 2025).

Como conclusión a la información económica expuesta cabe señalar el buen rendimiento de la economía húngara, el ligero aumento de la concentración de la riqueza y una considerable profundización de la brecha de pobreza. De esta forma, se confirma la tesis arriba expuesta en virtud de la cual Viktor Orbán pertenece a los populismos soberanistas: además de valorar la identidad nacional por encima de la apertura internacional, el primer ministro húngaro estima más una forma de «sociedad basada en el trabajo» (Szikra, 2018: 10) que la igualdad material de sus miembros. Así, la confluencia de identitarismo y posiciones derechistas convierte a Viktor Orbán en uno de los ejemplos más paradigmáticos del populismo soberanista.

2.3. Argentina: el neoliberalismo de Javier Milei

La carrera política de Javier Milei no puede entenderse sin hacer referencia al inicio de su carrera mediática. El actual presidente de la República Argentina comenzó su periplo televisivo en el año 2016, con su aparición en el programa *Animales sueltos* (Ariza, 2024: 76). A partir de entonces sus apariciones en los medios de comunicación aumentaron, al igual que el contenido sobre sus intervenciones en las redes sociales, donde sus videos empezaron a viralizarse, especialmente entre las generaciones más jóvenes (Annunziata, Ariza, March, & Torres, 2024: 25).

Al provenir de fuera de la esfera política, Milei pudo desarrollar la narrativa electoral del *outsider,* con la que comenzaría a perfilar su ataque a la llamada «casta política» argentina. Ésta estaría compuesta por «los políticos ladrones, los empresarios prebendarios, los sindicatos entregadores, los micrófonos ensobrados y los profesionales funcionales» (Ariza, 2024: 77). Es decir, Milei enuncia discursivamente la existencia de una élite corrupta compuesta por los políticos, empresarios, trabajadores, periodistas y funcionarios favorables al mantenimiento del *status quo,* sentando así las líneas maestras de una de las características más representativas del populismo: el «antisistemismo» (Urbinati, 2020). Pese a ello, algunos autores han manifestado ciertas reticencias a la hora de calificar como populista a Javier Milei. A su juicio, si bien es cierto que el actual presidente argentino tiene éxito al trazar la barrera que separa a la «casta política», omite —deliberadamente o no— la construcción de la parte fundante de la dicotomía populista restante: el pueblo (García Ávalos, 2023: 118-19). Contra esta opinión se han alzado otras voces que, a través de un análisis de las intervenciones y discursos de Javier Milei, sí consideran que el presidente argentino haya formulado al existencia de un pueblo virtuoso mediante sus constantes referencias a «los argentinos de bien» y su contraposición entre borregos y «leones» (del Pino Díaz, 2024: 10-11).

Haciendo uso de este tipo de retórica populista fue como Javier Milei dio el salto del mundo mediático al político. Tras haber obtenido un resultado electoral significativo en la Ciudad de Buenos Aires en 2021, accedió a un escaño en la Cámara de Diputados de la Nación, lo que supuso el inicio formal de su trayectoria política. Sin embargo, fue en 2023 cuando Javier Milei alcanzó una proyección definitiva, consolidándose como una figura de referencia en la política argentina al lograr un segundo puesto en las elecciones presidenciales e imponerse en el balotaje final con un 55,65 por ciento de los sufragios (García Ávalos, 2023: 116), victoria que supuso su elección como presidente.

Después de este breve repasao de la trayectoria mediática y política de Javier Milei, el siguiente paso es analizar el comportamiento económico de Argentina desde el inicio de su presidencia. No obstante, antes de acometer esta tarea resulta fundamental emitir tres advertencias: 1) Javier Milei asumió la presidencia del país el 10 de diciembre de 2023, por lo que la información económica disponible sobre su mandato incluye únicamente el 2024 y el primer trimestre de 2025. En consecuencia, todos los datos que se van a exponer deben ser tomados con cautela al no poder evaluar los efectos de sus políticas en el largo plazo. 2) La información no proviene de instituciones internacionales (Banco

Mundial, Fondo Monetaria Internacional u OCDE), sino que se ha extraido directamente del Instituto Nacional de Estadística y Censos (INDEC). 3) Se ha sustituído el ingreso disponible de los hogares por la tasa de indigencia[27] para evitar los problemas e inexactitudes derivadas de la inflación.

En primer lugar, respecto a la evolución de la tasa de indigencia en Argentina entre 2022 y 2024, se observa una variación prácticamente nula entre el inicio y el cierre del período. Para los hogares, el cambio es de 6,2 a 6,4 por ciento, mientras que para los individuos el ligero aumento es de 0,1 por ciento, de 8,1 a 8,2. Sin embargo, debe tenerse muy en cuenta que, pese a la aparente estabilización, en el primer semestre de 2024 el dato de individuos en situación de indigencia alcanzó 18,1 por ciento; es decir, casi dos de cada diez argentinos no cubrían las necesidades energéticas y proteicas más elementales (INDEC, 2025: 5).

La desigualdad en la distribución de los ingresos ha sufrido una ligera disminución en el periodo 2021-2025. Si en el primer trimestre de 2021 el índice de Gini era de 44,5, en el mismo periodo de 2025 ha sido de 43,5; mientras que el máximo fue de 46,2 en el primer trimestre de 2024 y el mínimo de 41,3 en el cuarto trimestre de 2021 y 2022.

---

[27] El porcentaje de personas y hogares que se encuentran por debajo de la línea de indigencia, la cual establece «si los hogares cuentan con ingresos suficientes como para cubrir una canasta de alimentos capaz de satisfacer un umbral mínimo de necesidades energéticas y proteicas» (INDEC, 2025: 23).

Gráfico 4. Fuente: INDEC. Elaboración propia.

Finalmente, la profundidad de la pobreza ha disminuído ligeramente en el mismo periodo. Mientras que en el primer trimestre de 2021 la brecha de pobreza era del 20,7 por ciento, en el primer trimestre de 2025 ha sido 20,4. En oposición a los datos anteriores, la variación a lo largo del periodo no ha sido significativa, oscilando el dato de cada trimestre entre un 17,3 y un 20,7 por ciento (INDEC, 2025: 6).

Gráfico 5. Fuente: INDEC. Elaboración propia.

En resumen, podría decirse que, hasta el momento, el balance económico relativo a la pobreza del gobierno de Javier Milei es malo, pero no mucho peor que el de sus predecesores en el cargo. Si bien es cierto que ha logrado estabilizar algunas variables a nivel macroeconómico —sobre todo, inflación y déficit público (Stott, 2025)—, las variables relacionadas con la pobreza no han experimentado ninguna mejora: la tasa de indigencia ha subido y ni la concentración de la riqueza ni la profundidad de la pobreza muestran mejoras consistentes.

Del conjunto de información cualitativa y cuantitativa recién expuesta puede concluirse que, desde el punto de vista político, Javier Milei prioriza la libertad negativa[28] por encima de cualquier otro valor, como la justicia social o la igualdad material. La idea fundamental en la que se fundamenta su cosmovisión es el «área de no interferencia personal», consecuencia directa de la gran influencia que ha ejercido la Escuela Austriaca sobre su pensamiento (del Pino Díaz, 2024). Desde la perspectiva económica, prioriza la libertad individual por encima de los controles y contrapesos estatales, que supondrían únicamente un lastre en el desarrollo eficiente de una economía: ha calificado de «robo» cualquier tipo de impuesto e incluso se ha posicionado a favor de la existencia de un «mercado de órganos» (Nazareno & Brusco, 2024: 238). En conclusión, su menosprecio por el Estado, su deseo de apertura internacional y su priorización de la libertad negativa por encima de la igualdad material le convierten en el ejemplo más representativo del populismo empresarial.

[28] El calificativo «negativa» no se corresponde con un juicio de valor, sino con la terminología adoptada por Isaiah Berlin

3. CONCLUSIONES

El abordaje conjunto de dos fenómenos aparentemente tan diferentes como el populismo y la pobreza puede parecer, en un primer momento, destinado a certificar su distancia irreconciliable. Además, el análisis de dos líderes políticos tan dispares como el de Viktor Orbán y Javier Milei podría contribuir a intensificar la dificultad que entraña realizar un ejercicio de síntesis. No obstante, a la luz de la información presentada a lo largo de este trabajo, es posible extraer cuatro conclusiones fundamentales que no solo enriquecen la comprensión de cada fenómeno por separado, sino que también contribuyen a sentar las bases para futuras investigaciones de carácter conjunto.

1) Tras el análisis de las principales aproximaciones teóricas al populismo queda demostrado que, independientemente de la terminología adoptada, se trata de un fenómeno político que divide el campo social en «pueblo» y «élite». El populismo traza una distinción moral que no se reduce a una simple crítica de la naturaleza corrupta de ciertas élites[29], sino que además reivindica la existencia de un pueblo virtuoso al que estas se enfrentan. En este sentido —y pese a las dudas de algunos autores—, Viktor Orbán y Javier Milei encajan plenamente en la categoría de populistas.

2) Más allá de su característica común —dividir a la sociedad en dos campos antagónicos—, los populismos comparten escasos rasgos comunes adicionales. Las demandas sociales que buscan satisfacer varían significativamente según el contexto histórico y geográfico en el que se desarrollan, y los marcos ideológicos

---

29 De ser así, cualquier movimiento, partido o líder político que se manifieste o actúe en contra de las élites políticas o económicas podría recibir el calificativa de populista (Müller, 2017: 2), lo que aumentaría tanto la extensión del concepto «populismo» que lo volvería inservible. Es precisa la adición de una reivindicación concreta del pueblo para utilizar el concepto de forma apropiada.

empleados para dar respuesta a dichas demandas presentan igualmente una notable diversidad. Por ello, en aras de una mejor comprensión de la realidad, es necesario clasificar los diferentes populismos en función de los dos ejes más significativos del tiempo presente: izquierda/derecha y identitarismo/mundialismo. Como se ha visto, Viktor Orbán es uno de los ejemplos más representativos de los populismos soberanistas, mientras que Javier Milei lo es de los populismos empresariales.

3) Como consecuencia de esta variedad de circunstancias, la pobreza no se presenta como una condición necesaria para el surgimiento de movimientos, partidos o líderes populistas. Existen zonas geográficas y momentos históricos en los que la carencia de los recursos más básicos sí ha actuado como resorte para la articulación de las demandas sociales a través de la retórica populista. Los granjeros estadounidenses que ante la proximidad de su caída en desgracia formaron el *People's* Party a finales del siglo XIX; o la situación económica actual de Iberoamérica son dos buenos ejemplos de cómo la pobreza puede operar como vía para la aparición de partidos populistas.

Sin embargo, también existen momentos y lugares en los que el impacto de la pobreza es más limitado y, aun así, los populismos tienen éxito social y electoral. Europa occidental es una de las regiones del mundo en las que más se ha logrado erradicar la pobreza y, con todo, el impacto mediático y electoral de los populismos resulta muy considerable.

4) Finalmente, tanto Viktor Orbán como Javier Milei presentan aproximaciones diferenciadas a la pobreza en el plano discursivo. Mientras el primer ministro húngaro la enmarca fundamentalmente en términos de identidad nacional y en consideraciones de orden político, el presidente argentino la interpreta a partir de una defensa irrestricta del mercado como única vía de resolución de los problemas económicos del país. En consecuencia, la centralidad que Orbán otorga a la cuestión de la pobreza resulta considerablemente menor que la que le atribuye Milei.

Por otro lado, desde el punto de vista económico, ambos países muestran resultados contradictorios. En Hungría, el ingreso disponible de los hogares ha aumentado de forma prácticamente ininterrumpida durante todos los mandatos recientes de Viktor Orbán y, sin embargo, la profundidad en la pobreza experimentada por las familias húngaras así consideradas se ha agravado de forma alarmante. En Argentina, tanto la brecha de pobreza como la tasa de indigencia han experimentado modificaciones limitadas de un mandato a otro en términos absolutos. No obstante, durante ciertos periodos de la presidencia de Milei, estos indicadores mostraron un empeoramiento significativo, y aún no está claro si dicha tendencia podría repetirse en el futuro.

Bibliografía

Aguirre, B. (2010). La multidimensionalidad de la pobreza. Una revisión de la literatura. *Finanzas y Política Económica, 2*(2), 101-113.

Alkire, S., & Santos, M. E. (2013). A Multidimensional Approach: Poverty Measurement & Beyond. *Social Indicators Research*(112), 239-257.

Annunziata, R. (2021). El populismo como democracia límite. Entrevista a Pierre Rosanvallon. *Andamios, 18*(46), 259-281.

Annunziata, R. (2021). Pierre Rosanvallon, el populismo y la democracia. *PolHis*(27), 217-241.

Annunziata, R., Ariza, A., March, V. R., & Torres, S. (2024). La politización antipolítica. Análisis del fenómeno de Javier Milei. *Revista SAAP, 18*(1), 13-42.

Ariza, A. (2024). La 'casta' y los 'argentinos de bien': narrativa electoral de Javier Milei. *Revista Más Poder Local, 57*, 68-86.

Atienza, M. (2012). *El sentido del Derecho.* Barcelona: Ariel.

Banco Mundial. (2025). Obtenido de Glosario de metadatos: https://databank.worldbank.org/metadataglossary/jobs/series/SI.POV.GINI#:~:text=The%20Gini%20index%20measures%20the,of%20100%20implies%20perfect%20inequality.&text=World%20Bank%2C%20Development%20Research%20Group.

Berlin, I., Hofstadter, R., McRae, D., Schapiro, L., Seton-Watson, H., Touraine, A., . . . Worsley, P. (1968). To Define Populism. (págs. 137-179). Government and Opposition no. 2. Obtenido de http://www.jstor.org/stable/44481863

Bobbio, N. (2009). *Teoría General de la Política* (3ª ed.). Trotta.

Bobbio, N. (2014). *Derecha e izquierda.* Barcelona: Taurus.

Cortés Cáceres, F. A. (2023). Acerca del concepto de pobreza. *Lavboratorio: revista de estudios sobre cambio estructural y desiguladad social*(33), 264-268.

Cososvschi, A., & Aguilar López-Barajas, J. L. (2024). *Nueva historia del comunismo en Europa del Este.* Madrid: Siglo Veintiuno.

Csaba, L. (2022). Unorthodoxy in Hungary: an iliberal success story? *Post-Communist Economies, 34*(1), 1-14.

del Pino Díaz, D. (2024). Javier Milei y el populismo empresarial en Argentina: 'el empresario existoso es un benefactor social'. *Revista de Comunicación de la SEECI,* 1-21.

Delsol, C. (2015). *Populismos: una defensa de lo indefendible.* Barcelona: Ariel.

Delsol, C. (2019). Democracias iliberales. *Anales de la Cátedra de Francisco Suárez*(53), 339-343.

Fernández Vilas, E., García Amoedo, R., & Castilla, V. C. (2022). Religión, eurocentrismo y nacionalismo en Hungría: la democracia iliberal de Viktor Orbán. *Studia Humanitatis Journal, 2*(2), 347-370.

Forti, S. (2024). *Democracias en extinción: el espectro de las autocracias electorales.* Madrid: Ediciones Akal.

Freeden, M. (2013). *Indeología. Una breve introducción.* Madrid: Alianza Editorial.

Frei, R., & Rovira Kalwasser, C. (2008). El populismo como experimento político: historia y teoría política de una ambivalencia. *Revista de Sociología*(22), 117-140.

Fusaro, D. (2025). *Defender lo que somos.* El Viejo Topo.

Gandesha, S. (2018). Understanding Right and Left Populism. En J. Morelock (Ed.), *Critical Theory and Authoritarian Populism* (págs. 49-70). Londres: University of Westminster Press.

García Ávalos, I. (2023). Javier Milei en la Casa Rosada: las causas de su fulgurante ascenso. *Tiempo de Paz, 150,* 114-121.

Greilinger, G. (2023). Hungary's Eastern Opening Policy as a Long-Term Political-Economic Strategy. *Austria Institut für Europa,* 1-5.

Grisales Aguirre, A. M. (2020). Enfoque multidimensional para el estudio de la pobreza: perspectivas desde una revisión sistemática de la literatura multidimensional. *Revista Innova,* 32-41.

Hawkins, K. A., & Rovira Kaltwasser, C. (2017). The Ideational Approach to Populism. *Latin American Research Review, 52*(4), 513-528.

Household Disposable Income. (2025). Obtenido de OECD: https://www.oecd.org/en/data/indicators/household-disposable-income.html?utm_source=chatgpt.com

INDEC. (2025). *Incidencia de la pobreza y la indigencia en 31 aglomerados urbanos.* Buenos Aires: INDEC. Obtenido de chrome-extension:/https://www.indec.gob.ar/uploads/informesdeprensa/eph_pobreza_03_252282AE14D2.pdf

Laclau, E. (2005a). *On Populist Reason.* Londres: Verso.

Laclau, E. (2005b). Populism: What's in a Name? En F. Panizza, *Populism and the Mirror of Democracy* (págs. 32-49). Londres: Verso.

Laclau, E. (2006). Ideología y Posmarxismo. *Anales de la Educación Común,* 20-34.

Laclau, E. (2013). Representación y Movimientos Sociales. *Revista Izquierdas*(15), 214-223.

Lasalle, J. M. (2019). El Tsunami Populista. *Anales de la Cátedra Francisco Suárez*(53), 313-323.

Levitsky, S., & Ziblatt, D. (2021). *Cómo mueren las democracias.* Madrid: Booket.

Marx, K. (1974). *Trabajo asalariado y capital.* Madrid: Básica.

Morán, S. (2021). El populismo o los populismos. Actualidad y particularidades del concepto en América Latina. *América Latina Hoy*(87), 29-44.

Mudde, C. (2021). *La ultraderecha hoy.* Barcelona: Paidós.

Mudde, C., & Rovira Kaltwasser, C. (2019). *Populismo: una breve introducción.* Alianza.

Mudde, C., & Rovira Kalwasser, C. (2013). Exclusionary vs. Inclusionary Populism: Comparing Contemporary Europe and Latin America. *Government and Opposition, 48*(2), 147-174.

Müller, J.-W. (2017). *What is Populism?* Londres: Penguin.

Nazareno, M., & Brusco, V. (2024). Derecha Radical y subjetividad política en la Argentina. Qué hay detrás del voto a Javier Milei. *POSTData, 28*(2), 227-251.

Nussbaum, M. C. (2003). Capabilities as Fundamental Entitlements. *Feminist Economics,* 33-59.

OECD. (2025). Obtenido de Household Disposable Income: https://www.oecd.org/en/data/indicators/household-disposable-income.html?utm_source=chatgpt.com

Ovchinnikova, K. (5 de Diciembre de 2019). El Grupo de Visegrado: siete siglos de historia, tres décadas de unión. *El Orden Mundial.* Obtenido de https://elordenmundial.com/grupo-de-visegrado/

Plazas Gómez, C. V. (2010). La dimensión de la pobreza. *Revista de Estudios Jurídicos*, 1-16.

Príncipe Hermoso, S., & Agudiez Clavo, P. (2023). La transformación mediática en Hungría con el ascenso al poder de FIDESZ. *Espejo de Monografías de Comunicación Social*, 191-206.

Reporteros Sin Fronteras. (2025). Obtenido de Reporteros Sin Fronteras: https://rsf.org/en/index?year=2025

Rivero, Á. (2021). El populismo de Viktor Orbán y su desafío a la Unión Europea en política exterior. En S. Gratius, & Á. Rivero, *Populismo y política exterior en Europa y América Latina* (págs. 105-127). Madrid: Tecnos.

Rodríguez Sáez, A. (2021). Un modelo analítico para estudiar las condiciones de posibilidad del populismo. *Revista Mexicana de Sociología, 83*(4), 897-928.

Rosanvallon, P. (2006). La historia de la palabra "democracia" en la época moderna. *Estudios Políticos*(28), 9-28.

Rosanvallon, P. (2017). La democracia del siglo XXI. *Nueva Sociedad*(269).

Rosanvallon, P. (2021). *El siglo del populismo* (3ª ed.). Barcelona: Galaxia Gutenberg.

Rovira Kaltwasser, C. (2018). Studying the (Economic) Consequences of Populism. *AEA Papers and Proceedings, 108*, 204-207.

Rovira Kaltwasser, C., Taggart, P., Ochoa Espejo, P., & Ostiguy, P. (2017). Populism: An Overview of the Concept and the State of the Art. En *The Oxford Handbook of Populism* (págs. 1-24). Oxford University Press.

Sánchez Carballo, A., Ruiz Sánchez, J., & Barrera Rojas, M. Á. (2020). La transformación del concepto de pobreza: un desafía para las ciencias sociales. *Insterticios Sociales*(19), 39-65.

Sartori, G. (2014). *¿Qué es la democracia?* (2ª ed.). Madrid: Taurus.

Scheiring, G. (2018). Lessons from the Political Economy of Authoritarian Capitalism in Hungary. *Transnational Institute*, 1-14.

Sen, A. (1983). Poor, relatively speaking. *Oxford Economic Papers, 35*(2), 153-169.

Sen, A. (1992). Sobre conceptos y medidas de pobreza. *Comercio exterior*, 302-309.

Stott, M. (Agosto de 2025). Has Argentina's Milei proved his critics wrong? With Alejandro Werner. *Financial Times*. Obtenido de https://www.ft.com/content/6a227842-1e45-4f16-b4a2-142a11ea559a

Szikra, D. (2018). Welfare for the Wealthy. *Frederich Ebert Stiftung*, 1-12.

Taguieff, P.-A. (1997). Populism and Political Science: From Conceptual Illusions to Real Problems. *Vengtième Siècle. Revue d'historie, 56*(4), 4-33.

Townsend, P. (1954). Measuring Poverty. *The British Journal of Sociology, 5*(2), 130-137.

Urbinati, N. (2019). Political Theory of Populism. *Annual Revie of Political Science, 22*, 111-127.

Urbinati, N. (2020). *Yo, el pueblo: cómo el populismo transforma la democracia.* Ciudad de México: Grano de Sal.

Urquijo Angarita, M. J. (2014). La teoría de las capacidades en Amartya Sen. *Edetania*, 63-80.

Weyland, K. (1999). Neoliberal Populism in Latin America and Eastern Europe. *Comparative Politics, 31*(4), 379-401.

La protección penal de la vida privada. Una valoración político criminal de su evolución[1]

Mª ÁNGELES RUEDA MARTÍN
Catedrática de Derecho penal
Universidad de Zaragoza

I. VIDA PRIVADA E INTIMIDAD: DOS CONCEPTOS ESTRECHAMENTE VINCULADOS

Dentro de los derechos primarios esenciales que posee la persona individual como persona física, considerada de forma aislada,

---

1 Este trabajo desarrolla uno de los objetivos de investigación del Laboratorio de Sociología Jurídica de la Universidad de Zaragoza, reconocido como grupo de investigación de referencia por el Departamento de Innovación, Investigación y Universidad del Gobierno de Aragón (BOA 28/04/2023).

destacan los denominados derechos de la personalidad, que son aquellos que conceden un poder a las personas para proteger la esencia del ser humano y sus más importantes cualidades[2], y cuya extensión y contenido son diversos. La doctrina reconoce como tales, entre otros, el derecho a la intimidad personal y a la propia imagen que afectan, en general, «a lo que se ha dado en llamar su *vida privada*» y en cuya esfera se encuentran «el derecho a la imagen, el derecho a la inviolabilidad del domicilio y de las comunicaciones (postales, telegráficas y telefónicas) y el derecho al honor»[3]. La protección del derecho —fundamental— a la intimidad y la propia imagen se recoge en el art. 18.1 de la CE, que establece que «*se garantiza el derecho al honor, a la intimidad personal y familiar y a la propia imagen*»[4]. Además, en el art. 18.3 de la CE,

---

2 Véanse Serrano Alberca, J. M. (2001). *Comentarios a la Constitución.* 3ª ed., 399, que los define de esta manera acogiendo la formulación de De Castro y Bravo; Bajo Fernández, M. (1982). "Protección del honor y de la intimidad", 99.

3 Véase Serrano Alberca, J. M. (2001). *Comentarios a la Constitución.* 3ª ed., 399. Espín indica también que los derechos recogidos en el art. 18 de la CE, aun con su respectiva especificidad, versan «todos ellos sobre la protección de un ámbito privado reservado para la propia persona y del que quedan excluidos los demás … Así, todos estos derechos pueden considerarse destinados a la protección de un bien constitucionalmente relevante que abarca el ámbito protegido de todos ellos, la vida privada. Son, asimismo, derechos vinculados a la propia personalidad, derivados por ello de la dignidad de la persona reconocida en el art. 10 de la CE (STC 231/88, caso *Pantoja-Paquirri*)»; véase Espín, E. (2022). *Manual de Derecho Constitucional. I.* 1ª ed., 221.

4 Véase el comentario de este precepto en Bajo Fernández, M. (1982). "Protección del honor y de la intimidad", 97 y ss. El art. 18.1 de la CE garantiza el derecho «a la propia imagen» y constituye una manifestación concreta del derecho a la intimidad (véase Bajo Fernández, M. (1982). ob. cit. 104), que consiste en la facultad de la persona de decidir respecto al empleo de su imagen, como medio de garantizar la capacidad del individuo de controlar, en la medida de lo posible, la difusión de un elemento tan personal como la propia efigie, de

donde se dispone que «*se garantiza el secreto de las comunicaciones y en especial, de las postales, telegráficas y telefónicas, salvo resolución judicial*»[5], y en el art. 18.4 de nuestra Carta Magna, que establece que «*la ley limitará el uso de la informática para garantizar el honor y la identidad personal y familiar de los ciudadanos y el pleno ejercicio de sus derechos*», se recogen expresamente dos manifestaciones del derecho a la intimidad personal y familiar[6]. Con razón, señalan Doval País y Anarte Borrallo que «la intimidad alude a la *vida privada* y esta puede manifestarse en espacios privados (lo más frecuente) o públicos. Es en el marco de la vida privada, en el que las personas encuentran un contexto *para sí* de extraordinarias posibilidades para su libre manifestación y desarrollo como seres humanos, fin último al que sirve dicha protección. De este ámbito deberán excluirse, con carácter general, en consecuen-

---

tal forma que no pueda emplearse ésta, con o sin finalidad de lucro, sin su propio consentimiento. Véase Espín, E. (2022). *Manual de Derecho Constitucional. I.* 1ª ed., 221. Cuerda Riezu enfatiza, con razón, la libre configuración de la apariencia física dentro del derecho a la propia imagen; véase Cuerda Riezu, A. (2010). "El velo islámico y el derecho a la propia imagen", 31, 32, 33, 34 y 35.

5 El derecho fundamental consagrado en el art. 18.3 de la CE relativo al secreto de las comunicaciones, se suspenderá en los supuestos de estados de excepción y de sitio con arreglo a lo previsto en los arts. 55.1 y 116 de la CE. Véanse, asimismo, los arts. 18 y 32.3 de la LO 4/1981, de 1 de junio, de los Estados de Alarma, Excepción y Sitio. Véase al respecto Alonso Pérez, F. (2001). *Intervención de las comunicaciones postales, telegráficas y telefónicas,* pp. 147 y ss.

6 En la STC n.º 34/1996 de 11 de marzo (TOL82.969) se afirmó que «entre los derechos fundamentales que la norma constitucional enumera a título enunciativo y nunca como *numerus clausus,* se encuentra el que pone a buen recaudo la intimidad personal y familiar (art. 20.4 CE), con el que guarda un estrecho parentesco, por ser una de sus manifestaciones fenoménicas, *el secreto de las comunicaciones y, en especial, de las postales, telegráficas y telefónicas, salvo resolución judicial* (art. 18.1 y 3 CE)». Véanse, además, Huerta Tocildo, S./Andrés Domínguez, C. (2002). "Intimidad e informática", 19.

cia, los hechos, las informaciones, los datos, etc., que no afectan a dicho contexto íntimo de las personas por referirse a hechos y relaciones que se proyectan inevitablemente hacia el exterior con alguna —pero evidente— notoriedad, como los que tienen lugar en ámbitos profesionales, laborales, patrimoniales o *sociales* ... y, desde luego, aquellos que la propia persona opta voluntariamente por extraer del ámbito de su propia intimidad»[7].

Desde luego, no es una tarea sencilla delimitar lo que se entiende por intimidad[8]. Por una parte, una característica común de tal concepto que se puede deducir de la Constitución y de las leyes pone de relieve, como señaló Bajo Fernández, la existencia de una esfera íntima que alude a *ese ámbito personal donde cada uno, preservado del mundo exterior, encuentra las posibilidades de desarrollo y fomento de su personalidad*[9]. También el TC español ha

---

7 Véanse Anarte Borrallo, E./Doval País, A. (2016). *Derecho penal. Parte Especial.* 2ª ed., 497 (cursivas en el original). Véase una exposición del origen del concepto de vida privada realizada por De la Mata Barranco, N./Barina Ubiñas, D. (2014). "La protección penal de la vida privada en nuestro tiempo social: ¿necesidad de redefinir el objeto de tutela", 14 y ss., 19 y ss.

8 Véanse De la Mata Barranco, N./Barina Ubiñas, D. (2014). "La protección penal de la vida privada en nuestro tiempo social: ¿necesidad de redefinir el objeto de tutela", 28 y ss., 40 y ss.
En relación con el concepto de intimidad subyacente en el CP anterior, véase, Bajo Fernández, M. (1982). "Protección del honor y de la intimidad", 100. Sobre dicho concepto en el CP de 1995, véase, entre otros, Romeo Casabona, C. M. (2004). "Arts. 197, 198 y 201", marginal n.º 15.

9 Véase Bajo Fernández, M. (1982). "Protección del honor y de la intimidad", 101. Esta definición se encuentra expresamente en el Auto de la Audiencia Provincial de Burgos de 15 de junio de 2001: «En dicho precepto —art. 197 del CP— el bien jurídico tutelado es la intimidad personal, es decir, el ámbito personal, donde cada uno, preservado del mundo exterior, encuentra las posibilidades de desarrollo y fomento de su personalidad». Paredes Castañón ha señalado, asimismo, que en los delitos contra la intimidad, el Derecho penal interviene en la faceta del derecho al libre desarrollo de la personalidad, «para

reconocido en numerosas ocasiones —SsTC n.º 231/1988 de 2 de diciembre (TOL80.078); n.º 197/1991 de 17 de octubre (TOL81.885); n.º 207/1996 de 16 de diciembre (TOL83.136); n.º 202/1999 de 8 de noviembre (TOL2.107); n.º 98/2000 de 10 de abril (TOL2.076); n.º 186/2000 de 10 de julio (TOL2.136); n.º 70/2002 de 3 de abril (TOL258.605); n.º 127/2003 de 30 de junio (TOL285.457); n.º 89/2006 de 27 de marzo (TOL870.469); n.º 77/2009 de 23 de marzo (TOL1.477.288), n.º 60/2010 de 7 de octubre (TOL1.974.048), n.º 173/2011 de 7 de noviembre (TOL2.288.705), n.º 12/2012 de 30 de enero (TOL2.449.566), n.º 66/2022 de 2 de junio (TOL9.013.845) y n.º 92/2023 de 11 de septiembre (TOL9.714.096)[10]—, que el derecho a la intimidad personal implica «*la existencia de un ámbito propio y reservado frente a la acción y el conocimiento de los demás, necesario, según las pautas de*

---

garantizar un determinado ámbito de exclusión de terceros, en el que esa libre personalidad del individuo pueda ser elaborada sin intromisiones ajenas (*privacy*)»; véase Paredes Castañón, J. M. (2002). *Enciclopedia Jurídica Básica,* 410.

Desde un punto de vista constitucional, véanse, por ejemplo, Serrano Alberca, J. M. (2001). *Comentarios a la Constitución.* 3ª ed., 400: «la vida privada, la intimidad, aparece como un derecho a la soledad, a la reserva y al aislamiento reflejada en la máxima inglesa "*my home is my castle*" que se va configurando como "*the rigth of privacy*"»; Alzaga Villaamil, O. (2008). *Derecho Político Español según la Constitución de 1978. II. Derechos Fundamentales y Órganos del Estado.* 4ª ed., 99 también indica que «la garantía del derecho a la intimidad implica el reconocimento de un *espacio íntimo,* de cada persona —no jurídica— al que no tienen derecho a penetrar las demás».

10 Nuestro TS también ha conceptuado de este modo el derecho a la intimidad. Véanse entre otras, las SsTS n.º 574/2001 de 4 de abril (TOL4.925.762); n.º 782/2007 de 3 de octubre (TOL1.156.722); n.º 1148/2010 de 12 de diciembre (TOL2.026.126); n.º 97/2015 de 24 febrero (TOL4.776.958); n.º 360/2017 de 19 de mayo (TOL6.113.398); n.º 1399/2024 de 23 de octubre (TOL10.248.667); n.º 1144/2024 de 12 de diciembre (TOL10.334.675); n.º 240/2025, de 13 de marzo (TOL10.463.325).

nuestra cultura, para mantener una calidad mínima de la vida humana». Esta concepción objetiva —y tradicional— de la intimidad personal se halla muy influenciada por la realidad social, económica y cultural en la que se desenvuelve[11], tal y como se reconoce en el art. 2.1 de la LO 1/1982, de 5 de mayo, de protección civil del derecho al honor, a la intimidad personal y familiar y a la propia imagen, en el que se establece que «*la protección civil del honor, de la intimidad y de la propia imagen quedará delimitada por las leyes y por los usos sociales atendiendo al ámbito que, por sus propios actos, mantenga cada persona reservado para sí misma o su familia*».

Junto a esta concepción expuesta y, posiblemente, por influencia de la realidad social, económica y cultural se ha impuesto paulatinamente, por otra parte, un concepto subjetivo o formal del derecho a la intimidad que abarca asimismo el control sobre la publicidad de la información relativa a la persona y su familia, tal y como estima la STC n.º 134/1999 de 15 de julio (TOL81.188) —además, entre otras, las SsTC n.º 115/2000 de 10 de mayo (TOL2.784), n.º 83/2002 de 22 de abril (TOL258.618), n.º 185/2002 de 14 de octubre (TOL258.545); n.º 89/2006 de 27 de marzo (TOL870.469); n.º 236/2007 de 7 de noviembre (TOL1.179.106); n.º 60/2010 de 7 de octubre (TOL6.448.677); n.º 173/2011 de 7 de noviembre (TOL2.288.705); n.º 12/2012 de 30 de enero (TOL2.449.566); n.º 176/2013 de 21 de octubre (TOL4.013.182) y n.º 64/2019 de 5 de mayo (TOL4.341.654)—: «*el art. 18.1 CE no garantiza una "intimidad" determinada, sino el derecho a poseerla, a tener vida privada, disponiendo de un poder de control sobre la publicidad de la información relativa a la persona y su familia, con independencia del contenido de aquello que se desea mantener*

[11] Véanse De la Mata Barranco, N./Barina Ubiñas, D. (2014). "La protección penal de la vida privada en nuestro tiempo social: ¿necesidad de redefinir el objeto de tutela", 14, quienes afirman que «el reconocimiento de un derecho no es ajeno a la realidad social, económica y cultural del tiempo en que pretende hacerse valer. Así ocurre también con el reconocimiento de la vida privada como interés a proteger».

al abrigo del conocimiento público. Lo que el art. 18.1 garantiza es un derecho al secreto, a ser desconocido, a que los demás no sepan qué somos o lo que hacemos, vedando que terceros, sean particulares o poderes públicos, decidan cuáles sean los lindes de nuestra vida privada pudiendo cada persona reservarse un espacio resguardado de la curiosidad ajena, sea cual sea lo contenido en ese espacio»[12]. La STC n.º 170/2013, de 7 de octubre (TOL3.992.610), se ha pronunciado sobre la delimitación de ese ámbito reservado: «la esfera de la intimidad personal está en relación con la acotación que de la misma realice su titular, habiendo reiterado este Tribunal que cada persona puede reservarse un espacio resguardado de la curiosidad ajena; en consecuencia, corresponde a cada persona acotar el ámbito de intimidad personal y familiar que reserva al conocimiento ajeno (STC n.º 241/2012, de 17 de diciembre), de tal manera que el consentimiento eficaz del sujeto particular permitirá la inmisión en su derecho a la intimidad (STC n.º 173/2011, de 7 de noviembre). Asimismo, también hemos declarado que la intimidad protegida por el art. 18.1 CE no se reduce a la que se

---

12 El Tribunal Constitucional alemán en su sentencia de 15 de diciembre de 1983 sobre la Ley del Censo formuló la tesis de la autodeterminación informativa. En esta sentencia se resolvió una cuestión de inconstitucionalidad interpuesta contra algunos arts. relacionados con la regulación del tratamiento automatizado de determinados datos personales de la Ley del Censo. La mencionada tesis de la autodeterminación informativa se centra, según el Tribunal Constitucional alemán, en «la facultad del individuo, derivada de la idea de la autodeterminación, de decidir básicamente por sí mismo cuándo y dentro de qué límites procede revelar situaciones referentes a la propia vida». Se puede observar un paralelismo entre el poder de control sobre la publicidad de la información relativa a la persona y su familia expuesto por el Tribunal Constitucional español, y la aludida autodeterminación informativa del Tribunal Constitucional alemán. Sobre el concepto de la autodeterminación informativa, véanse las exposiciones de Piñar Mañas, J. L. (2009). "Protección de datos: origen, situación actual y retos de futuro", 81 y ss.; Nicolás Jiménez, P. (1996). *La protección jurídica de los datos genéticos de carácter personal*, 164, 165, 166, 167, 168, 169 y 170.

desarrolla en un ámbito doméstico o privado; existen también otros ámbitos, en particular el relacionado con el trabajo o la profesión, en que se generan relaciones interpersonales, vínculos o actuaciones que pueden constituir manifestación de la vida privada (STC n.º 12/2012, de 30 de enero). Por ello expresamente hemos afirmado que el derecho a la intimidad es aplicable al ámbito de las relaciones laborales (SsTC n.º 98/2000, de 10 de abril; y n.º 186/2000, de 10 de julio)». Esta delimitación de la intimidad planteada por el TC con los elementos apuntados abre una importante brecha en la concepción objetiva y tradicional de la intimidad, que se basa en entender que las intromisiones ilegítimas a la intimidad se determinan en función de lo que la sociedad en cada momento entiende como tal, para pasar a otra con un componente subjetivo sin un contenido socialmente preestablecido[13] y a la que es consustancial el poder de control sobre la información que afecta a una persona y su familia. Como han concluido De la Mata Barranco y Barinas Ubiñas «la concepción primaria del derecho, surgido —en la plasmación de su reconocimiento— desde la preocupación por proteger la esfera privada frente a la injerencia de los medios de comunicación desde un punto de vista negativo, materializada en la concepción del "ser dejado en paz", ha dado pie a un amplio desarrollo del mismo que en lo que aquí se quiere destacar ha conducido a una visión positiva del mismo que permite reconocer no sólo un derecho a la no injerencia o intromisión arbitraria en la esfera privada sino el derecho a determinar y controlar esta esfera del modo deseado en aras al favorecimiento de un desarrollo definido desde la autodeterminación de lo que se quiere ser. Tenemos derecho a que nos dejen en paz, pero también tenemos derecho a callar, a que no se sepa de nosotros, a que nadie nos defina a partir de datos a que pueda accederse sobre nuestros gustos o modo de

---

13 Véanse al respecto las reflexiones de Pardo Falcón, J. (2018). Comentarios a la Constitución española, Tomo I, p. 520.

vivir, a que no se nos clasifique, a que no se nos perfile, a que no se nos interrogue a partir de códigos configurados sin que sepamos cómo»[14]. En síntesis, nos encontramos con un concepto de intimidad que abarca la vida privada de una persona en la que confluyen numerosos derechos vinculados a la propia personalidad, como el derecho a la imagen, el derecho a la inviolabilidad del domicilio y de las comunicaciones (postales, telegráficas y telefónicas), el derecho al honor, etc., derivados de la dignidad de la persona reconocida en el art. 10 de la CE[15]. Dicho concepto de intimidad que abarca la vida privada de una persona se define por dos elementos estrechamente vinculados: el ámbito personal donde cada uno, preservado del mundo exterior, encuentra las posibilidades de desarrollo y fomento de su personalidad, recordando la definición acuñada por Bajo Fernández[16], del que se deriva otro elemento adicional en el que prima ante todo el control de la persona sobre la información relativa a su vida privada[17].

---

14 Véanse, De la Mata Barranco, N./Barina Ubiñas, D. (2014). "La protección penal de la vida privada en nuestro tiempo social: ¿necesidad de redefinir el objeto de tutela", 41; De la Mata Barranco, N. (2016). "Reflexiones sobre el bien jurídico a proteger en el delito de acceso informático ilícito (art. 197 bis CP). El concepto de privacidad informática y la tutela del buen funcionamiento de los sistemas de información y comunicación", 67.

15 Véase Espín, *Manual de Derecho Constitucional, I*, 1ª ed., 221.

16 Véase Bajo Fernández, M. (1982). "Protección del honor y de la intimidad", 101.

17 Véase ampliamente Rueda Martín, M. A. (2018). *La nueva protección de la vida privada y de los sistemas de información en el Código penal*, 34 y ss.

II. ELEMENTOS COMUNES QUE INTEGRAN LA PROTECCIÓN PENAL DISPENSADA A LA INTIMIDAD EN EL CÓDIGO PENAL DE 1995

La protección de la intimidad con las características y elementos señalados se articula en nuestro ordenamiento jurídico a través de diversas normas jurídicas[18], pero, sobre todo, nos interesa la protección penal dispensada a la intimidad y la propia imagen en el Capítulo I del Título X del CP español de 1995, que tiene como rúbrica "*Del descubrimiento y revelación de secretos*". El objeto de protección abarca ya desde sus inicios determinados elementos que han definido el derecho a la intimidad y la vida privada de las personas, de modo que en el mencionado capítulo I se protege penalmente en líneas generales, por una parte, el secreto de las comunicaciones como una manifestación de aquel ámbito propio y reservado que una persona configura frente a la acción y el conocimiento de los demás, heredero de una concepción objetiva —y tradicional— de la intimidad personal; y, por otra parte, se protege el poder de control sobre la publicidad de la información relativa a la persona y su familia, que subyace al concepto subjetivo o formal de dicha intimidad personal[19]. Como afirma Muñoz Conde, la nota en común de los delitos objeto de nuestro interés es que en ellos se protege la voluntad de una persona de que no sean conocidos determinados hechos que sólo son conocidos por ella o por un círculo reducido de personas, es decir,

---

18 Véanse las exposiciones de estas normas jurídicas realizada por Espín, E. (2022). *Manual de Derecho Constitucional. I.* 1ª ed., 224 y ss; Romeo Casabona, C. M. (2004). "Arts. 197, 198 y 201", marginal nºs. 85 y ss.; Anarte Borrallo, E./Doval País, A. (2016). *Derecho penal. Parte Especial.* 2ª ed., 494; Serrano Alberca, J. M. (2001). *Comentarios a la Constitución.* 3ª ed., 407 y ss., 414, 415 y ss., 435 y ss., 442 y ss.

19 Serrano Alberca indica que, a su juicio, el derecho a la intimidad tiene un tratamiento penal adecuado en el Código penal de 1995; véase Serrano Alberca, J. M. (2001). *Comentarios a la Constitución.* 3ª ed., 411.

que pueden ser calificados de *secretos*, y también el derecho de la persona a controlar cualquier información o hecho que afecte a su vida privada y, por tanto, a su *intimidad*[20].

Si nos centramos en la evolución de la protección penal de la intimidad constataremos que la indicada protección penal ha sufrido con el transcurso de los años unos cambios que no son intrascendentes[21]. El objetivo fundamental de las reformas penales acaecidas en este ámbito hasta el CP de 1995 fue suplir la falta de adecuación de dicha protección con las exigencias contempladas el art. 18 de la CE[22]. Ya con el CP de 1995 se otorgó un tratamiento global y más coherente sistemáticamente a la tutela penal de la intimidad que en el CP de 1973[23], y una muestra es que los "*Delitos*

---

20 Véase Muñoz Conde, F. (2023). *Derecho penal. Parte Especial.* 25ª ed., 302.

21 Véase en este sentido Morales Prats, F. (2016). *Comentarios al Código Penal Español. Tomo I (Artículos 1 a 233)*, 1430. Sin embargo, determinados autores han reducido la relevancia de estos cambios como, por ejemplo, Paredes Castañón, J. M. (2002). *Enciclopedia Jurídica Básica*, 412 al afirmar que son importantes pero no esenciales; Díaz-Maroto y Villarejo, J. (1996). "Los delitos contra la intimidad, la propia imagen y la inviolabilidad del domicilio", 1190.

22 Véase la completa exposición efectuada por Luzón Peña, D. M. (1988). "Protección penal de la intimidad y derecho a la información", 42 y ss. sobre tales deficiencias de la protección penal de la intimidad que trataron de superarse con algunas reformas del CP de 1973, con el proyecto de reforma del CP de 1980 y con el anteproyecto de 1983.

23 Véanse en este sentido Carbonell Mateu, J. C./González Cussac, J. L. (1996). *Comentarios al Código Penal de 1995. Volumen I. (Arts. 1 a 233)*, 991 y 992; González Cussac, J. L. (2022). *Derecho penal. Parte Especial.* 7ª ed., 300; Anarte Borrallo, E./Doval País, A. (2016). *Derecho penal. Parte Especial.* 2ª ed., 494; Morales Prats, F. (2016). *Comentarios al Código Penal Español. Tomo I (Artículos 1 a 233)*, 1430, 1431, 1432 y 1433; el mismo. (2016). *Comentarios a la Parte Especial del Derecho penal*, 432 y 433; el mismo. (2015). "La reforma de los delitos contra la intimidad artículo 197 CP", 460 y 461; Jorge Barreiro, A. (1997). *Comentarios al Código penal*, 563; Lozano Miralles, J. (1998). *Compendio de Derecho penal. (Parte Especial). Volumen II*, 193.

contra la intimidad, el derecho contra la propia imagen y la inviolabilidad del domicilio" ganaron "*nomen iuris*"[24]. Las reformas penales que se han producido posteriormente tras la entrada en vigor del CP de 1995 también han incorporado como delictivas nuevas modalidades de ataque sobre la intimidad, con el fin de adaptar la regulación penal a las nuevas exigencias de protección derivadas de la aparición de peligros que proceden de nuevos contextos sociales, económicos y culturales, sobre todo en el marco de las tecnologías de la información y de la comunicación (TIC). Ello ha obligado a modificar sustancialmente el objeto de protección de los delitos contra la intimidad y la propia imagen, ampliándolo o, incluso superándolo, tal y como se confirma en las reformas del CP operadas por la LO 5/2010, de 22 de junio, y por la LO 1/2015, de 30 de marzo[25]. Por una parte, la LO 5/2010, de 22 de junio, introdujo un nuevo delito en el apartado 3º del art. 197: «*el que por cualquier medio o procedimiento y vulnerando las medidas de seguridad establecidas para impedirlo, acceda sin autorización a datos o programas informáticos contenidos en un sistema informático o en parte del mismo o se mantenga dentro del mismo en contra de la voluntad de quien tenga el legítimo derecho a excluirlo, será castigado con pena de prisión de seis meses a dos años*». Por otra parte, la LO 1/2015, de 30 de marzo, también ha incorporado importantes novedades. En primer lugar, se ha previsto una nueva agravación en el art. 197.4 b) al castigarse con una pena de prisión de tres a cinco años los

---

Sobre la protección penal dispensada a la intimidad en el CP de 1973, véase Sierra López, M. V. (2017). "Los delitos de descubrimiento y revelación de secretos en el Código penal de 2015: artículos 197, 197 bis, 197 ter, 197 quáter, 197 quinques y 198", 175 y ss.

24 Véase en este sentido Morales Prats, F. (2016). *Comentarios al Código Penal Español. Tomo I (Artículos 1 a 233)*, 1430; el mismo. (2016). *Comentarios a la Parte Especial del Derecho penal*, 433.

25 Sobre esta reforma del CP y su tramitación parlamentaria, véase la exposición efectuada por Castelló Nicas, N. (2015). "Delitos contra la intimidad, el derecho a la propia imagen y la inviolabilidad del domicilio, y delitos contra el honor", 487 y ss.

hechos descritos en los apartados 1º y 2º de este mismo artículo cuando «*se lleven a cabo mediante la utilización no autorizada de datos personales de la víctima*». Asimismo, se añade como agravación ulterior que «*si los datos reservados se hubieran difundido, cedido o revelado a terceros, se impondrán las penas en su mitad superior*». En segundo lugar, se contemplan nuevas conductas delictivas. En el art. 197.7 se establece que «*será castigado con una pena de prisión de tres meses a un año o multa de seis a doce meses el que, sin autorización de la persona afectada, difunda, revele o ceda a terceros imágenes o grabaciones audiovisuales de aquélla que hubiera obtenido con su anuencia en un domicilio o en cualquier otro lugar fuera del alcance de la mirada de terceros, cuando la divulgación menoscabe gravemente la intimidad personal de esa persona. Se impondrá la pena de multa de uno a tres meses a quien habiendo recibido las imágenes o grabaciones audiovisuales a las que se refiere el párrafo anterior las difunda, revele o ceda a terceros sin el consentimiento de la persona afectada. En los supuestos de los párrafos anteriores, la pena se impondrá en su mitad superior cuando los hechos hubieran sido cometidos por el cónyuge o por persona que esté o haya estado unida a él por análoga relación de afectividad, aun sin convivencia, la víctima fuera menor de edad o una persona con discapacidad necesitada de especial protección, o los hechos se hubieran cometido con una finalidad lucrativa*»[26]. En tercer lugar, se ha trasladado al apartado 1º del art. 197 bis del CP el delito consistente en acceder o facilitar a otro el acceso, vulnerando las medidas de seguridad establecidas para impedirlo, y sin estar debidamente autorizado al conjunto o una parte de un sistema de información o mantenerse dentro del mismo en contra de la voluntad de quien tenga el legítimo derecho a excluirlo. En su apartado 2º se penalizan por primera vez ataques contra los sistemas de información que giran en torno a la interceptación de transmisiones no públicas de datos electrónicos cuando no se trata de una comunicación personal.

---

26 Este precepto fue modificado por la disposición final 4.17 de la LO 10/2022, de 6 de septiembre, de garantía integral de la libertad sexual.

Finalmente, en el art. 197 ter del CP se tipifican determinados actos preparatorios que faciliten la comisión de los delitos recogidos en los apartados 1º y 2º del art. 197 o del art. 197 bis del CP. Nos encontramos, en consecuencia, ante una modificación muy significativa de los límites de la protección penal de la intimidad personal en el CP, y la primera pregunta que debemos plantearnos es si era necesario desde un punto de vista político criminal ampliar la protección penal de la intimidad personal centrada, inicialmente, en el secreto de las comunicaciones como una manifestación de aquel ámbito propio y reservado que una persona configura frente a la acción y el conocimiento de los demás, heredero de una concepción objetiva —y tradicional— de la intimidad personal, y en el poder de control sobre la publicidad de la información relativa a la persona y su familia, que subyace al concepto subjetivo o formal de dicha intimidad personal.

Para un importante sector de nuestra doctrina la respuesta a la pregunta planteada es negativa, de modo que estas reformas no merecen una valoración positiva[27]. Por ejemplo, Morales Prats concluye que la introducción del delito de acceso ilícito a sistemas informáticos se ha realizado «sin reparar en criterio sistemático alguno, y con desprecio incluso del bien jurídico protegido por el que optó el legislador de 1995… Con posterioridad, la Reforma de 2015 (LO 1/2015) ha ahondado en el camino abierto por la Reforma de 2010. Al transponer las exigencias de la Directiva de la

---

[27] Véanse, por ejemplo, Romeo Casabona, C. M. (2023). *Derecho penal. Parte Especial.* 3ª ed., 298; Bolea Bardon, C. (2024). *Comentarios al Código penal. Reformas LLOO 1/2023, 3/2023 y 4/2023*, 952; Anarte Borrallo, E./Doval País, A. (2016). *Derecho penal. Parte Especial.* 2ª ed., 494, 498 y 499; Morales Prats, F. (2015). "La reforma de los delitos contra la intimidad artículo 197 CP", 459 y ss.; Alonso de Escamilla, A. (2015). *Delitos. La parte especial del Derecho penal.* 3ª ed. 223 estima una decisión político criminal desacertada la introducción de estos nuevos tipos penales, «*pues el legislador encamina el Derecho penal en esta materia a una intervención excesiva*», con cursivas en el original.

UE de 2013 sobre los ataques a los sistemas de información (arts. 197 bis y 197 ter CP), se verifica una confusión de planos pues lo que realmente se buscaba era la protección de la seguridad de los sistemas; su inserción en los delitos contra la intimidad provoca problemas, incluso si se utiliza un concepto amplio de *privacy*, el intrusismo informático, que pasa a incriminarse, ya no se verifica sobre los datos o los programas informáticos en que se hallan los mismos (art. 197 bis); se trata de la vulneración de las medidas de seguridad de los propios sistemas. El encaje de estas conductas entre los delitos de la *privacy* genera problemas interpretativos... La opción del legislador de 2015 culmina con la introducción de un nuevo delito de revelación ilícita de imágenes obtenidas con consentimiento del titular, verificadas en domicilio o fuera de la mirada de terceros. Esta decisión pone en cuestión los postulados de partida del modelo de incriminación por el que optó el CP de 1995 y, además, supone una cercenación del principio de intervención mínima, al convertir en confidentes necesarios (obligados penales al sigilo), artificialmente, a ciudadanos, con desprecio de otros instrumentos jurídicos de resolución de problemas del problema...»[28]. También Bolea Bardon estima que el hecho de que la LO 1/1982, de protección civil del derecho al honor, a la intimidad personal y familiar, y a la propia imagen «recoja como intromisión ilegítima a la intimidad la captación, reproducción o publicación de fotografías o imágenes que afecten a la vida privada, siempre que falte el consentimiento de la persona afectada, lleva a cuestionar la necesidad político-criminal de crear nuevos delitos como el introducido por LO 1/2015 en el art. 197.7»[29]. O

---

28 Véase Morales Prats, F. (2016). *Comentarios al Código Penal Español. Tomo I (Artículos 1 a 233)*, 1433 y 1434. En relación con la introdución del nuevo apartado b) del n.º 4 del art. 197 del CP afirma también que «la ausencia de criterios político-criminales certeros es notable»; véase el mismo. (2016), ob. cit, 1463.

29 Véase Bolea Bardon, C. (2024). *Comentarios al Código penal. Reformas LLOO 1/2023, 3/2023 y 4/2023*, 955. Estima, asimismo, «la innecesari-

Romeo Casabona en relación con la agravación introducida en el nuevo delito que tipifica la difusión no autorizada de imágenes o grabaciones audiovisuales en el art. 197.7 del CP[30], concluye que «de nuevo aparece aquí un tipo agravado, con un sinfín de variantes comisivas, en la línea de escasa continencia intervencionista de la que ha hecho gala el legislador, probablemente rebasando el principio de mínima intervención y de proporcionalidad»[31].

III. SOBRE LA NECESIDAD POLÍTICO-CRIMINAL DE AMPLIAR EL OBJETO DE PROTECCIÓN EN LOS DELITOS CONTRA LA INTIMIDAD Y LA PROPIA IMAGEN

Sin embargo, las novedosas figuras delictivas incorporadas en las últimas reformas del CP dentro del Título X y que se centran en los delitos contra la intimidad y el derecho a la propia imagen, a mi juicio, deben ser valoradas positivamente desde un punto de vista político-criminal, por la innegable importancia que han adquirido las nuevas tecnologías de la información y de la comunicación (TIC) en el funcionamiento del sistema social en la actualidad, con la utilización de redes y sistemas de tratamiento de la información, como medio de crecimiento eco-

---

dad de la regulación penal de la conducta» Durán seco (2025). *El delito de difusión no consentida de captaciones íntimas de la imagen consentidas,* 84.

30 El art. 197.7, segundo párrafo según la LO 1/2015, de 30 de marzo, y tercer párrafo de acuerdo con la reforma operada por la LO 10/2022, de 6 de septiembre, dispone que «*la pena se impondrá en su mitad superior cuando los hechos hubieran sido cometidos por el cónyuge o por persona que esté o haya estado unida a él por análoga relación de afectividad, aun sin convivencia, la víctima fuera menor de edad o una persona con discapacidad necesitada de especial protección, o los hechos se hubieran cometido con una finalidad lucrativa*».

31 Véase Romeo Casabona, C. M. (2023). *Derecho penal. Parte Especial.* 3ª ed., 314.

nómico y desarrollo social[32]. No puede ponerse en duda que el contexto en el que se encuentra involucrada la intimidad con una expansión de las telecomunicaciones con la informática o con el desarrollo de tecnologías en diversos ámbitos, condiciona la protección de aquélla por nuevas amenazas[33], que comprometen no sólo la posibilidad de reservar a una persona un ámbito propio frente a la acción y el conocimiento de los demás, sino también el poder de control sobre la publicidad de la información relativa a la persona y su familia. Las TIC se han extendido y se han enraizado en nuestras modernas sociedades de tal manera que han conformado unas estructuras y unas relaciones comerciales, administrativas, laborales, formativas, sociales, etc., que trascienden el ámbito estrictamente económico y que son radicalmente nuevas[34]. La generalización de las TIC ha permitido la

---

32 Pionero en subrayar la relevancia de las teconologías de la información y comunicación en el funcionamiento de nuestra vida social actual fue Romeo Casabona, C. M. (1988). *Poder informático y seguridad jurídica. La función tutelar del derecho penal ante las Nuevas Tecnologías de la Información*, 19 y ss.; Romeo Casabona, C. M. (2010). "Derecho penal y libertades de expresión y comunicación en Internet", 299 y ss. Véanse, además, Rueda Martín, M. A. (2010). "Los ataques contra los sistemas informáticos: conductas de hacking. Cuestiones político-criminales", 371, 372 y 373; Miró LLinares, F. (2012). *El cibercrimen. Fenomenología y criminología de la delincuencia en el ciberespacio*, 25 y ss.; De la Mata Barranco, N. (2016). "Reflexiones sobre el bien jurídico a proteger en el delito de acceso informático ilícito (art. 197 bis CP). El concepto de privacidad informática y la tutela del buen funcionamiento de los sistemas de información y comunicación", 63 y ss.

33 Véanse sobre estas cuestiones Romeo Casabona, C. M. (2004). "Arts. 197, 198 y 201", marginal nºs. 18 y ss.; Huerta Tocildo, S./Andrés Domínguez, C. (2002). "Intimidad e informática", 12 y ss.; Valls Prieto, J. (2016). "Nuevas formas de protección penal de la intimidad", 175 y ss.

34 Véanse Lucena Cid, I. V. (2014). "El concepto de la intimidad en los nuevos contextos tecnológicos", 33 y ss.; Ribagorna Garnacho, A. (1996). "Seguridad de las tecnologías de la información", 310. Estas estructuras y relaciones se pueden mantener mediante el ordenador

aparición de nuevos escenarios como, por ejemplo, el comercio electrónico (*e-commerce*), el acercamiento de los bancos a los clientes (*home-banking*), la gestión electrónica de los recursos de las empresas (*e-management*), la gestión doméstica (*domótica*)[35], o la denominada transformación digital de la Administración General del Estado y sus organismos públicos. Las TIC han posibilitado asimismo una nueva forma de relacionarse entre las personas desconocida hasta hace unos pocos años, a través de determinadas redes sociales como, por ejemplo, *Facebook, Twitter, Tuenti* o *Youtube* que se componen de grupos de personas conectadas entre sí porque tienen intereses comunes, con independencia de que se conozcan personalmente[36]. En todos estos escenarios

---

e internet, dispositivos móviles, etc. En cualquier caso en un futuro más o menos inmediato pueden aparecer otros canales que aún no están disponibles hoy en día.

35 Véase Salom Clotet, J. (2006). "Delito informático y su investigación", 93 y ss.

36 Sobre el concepto de red social *on-line* y sus características, véanse Soler Presas, A. (2011). "Am I in Facebook? Sobre la responsabilidad civil de las redes sociales on-line por la lesión de los derechos de la personalidad, en particular por usos no consentidos de la imagen de un sujeto", 3 y ss.; Moreno Navarrete, M. A. (2010). "Aspectos jurídico privados de las tecnologías Web 2.0 y su repercusión en el derecho a la intimidad", 339 y ss; Baym, N. K. (2010). "Social networks 2.0", 384 y ss.; Boyd, D./Ellison, E. (2007). "Social networks sites: definition, history, and scholarship", 1 y ss.; Vázquez de Castro, E. (2012). "Protección de datos personales, redes sociales y menores", 28-31. Sobre redes sociales, desarrollo de la personalidad en el ciberespacio y nuevos cibercrímenes, véase Miró LLinares, F. (2012). *El cibercrimen. Fenomenología y criminología de la delincuencia en el ciberespacio*, 122 y ss. En la Exposición de Motivos de la Ley 11/2007, de 22 de junio, de acceso electrónico de los ciudadanos a los Servicios Públicos (BOE de 23 de junio de 2007), ya derogada, se indicaba que «las tecnologías de la información y las comunicaciones están afectando también muy profundamente a la forma e incluso al contenido de las relaciones de los seres humanos entre sí y de las sociedades en que se integran».

novedosos se involucran bienes jurídicos tales como, por ejemplo, el patrimonio, la intimidad personal y familiar, los derechos de autor o la capacidad competitiva de la empresa, de manera que los sistemas de información y comunicación permiten también su desarrollo en las modernas sociedades[37]. Nuestra organización social (la Administración pública, el sistema financiero, el sistema sanitario, las infraestructuras básicas de transporte, las empresas, los particulares, etc.) ha pasado a depender de forma extraordinaria de unos sistemas y redes informáticos, de los que surgen unas amenazas para un amplio conjunto de bienes jurídicos por la realización de determinados comportamientos[38].

La expansión de las comunicaciones a través de las TIC ha supuesto una gran vulnerabilidad en el control de la publicidad de la información relativa a la persona y su familia lo que ha requerido, por una parte, una detenida reflexión sobre la oportunidad de establecer una protección más amplia y específica de las comunicaciones de forma que se garantice, incluso penalmente, que aquéllas puedan realizarse de manera pacífica[39]. Por otra parte, la mencionada expansión de las telecomunicaciones ha obligado a adoptar también unas medidas extraordinarias para controlar la difusión de los contenidos de las comunicaciones o el tratamiento de datos personales en el marco de las TIC. Podemos afirmar que la reforma del CP operada por la LO 1/2015 ha procurado superar las deficien-

---

37 Véase, por ejemplo, Rueda Martín, M. A. (2010). "Los ataques contra los sistemas informáticos: conductas de hacking. Cuestiones político-criminales", 369-374.

38 Véase una exposición de estos comportamientos en Romeo Casabona, C. M. (2006). "De los delitos informáticos al cibercrimen. Una aproximación conceptual y político-criminal", 1 y ss., y en Miró LLinares, F. (2012). *El cibercrimen. Fenomenología y criminología de la delincuencia en el ciberespacio,* 47 y ss., especialmente 84 y ss.

39 Véase Romeo Casabona, C. M. (2004). "Arts. 197, 198 y 201", marginal n.º 15.

cias que nuestra regulación penal presentaba en relación con la intimidad que abarca la vida privada de una persona, ante el avance de las TIC en nuestro desarrollo social y económico. En efecto, en el CP se ha incorporado la punición de una serie de comportamientos como la utilización no autorizada de datos personales de la víctima obtenidos para realizar las conductas de los apartados 1º y 2º del art. 197 del CP —apartado 4 b) de dicho precepto—, y la difusión, revelación o cesión no autorizada de grabaciones o imágenes íntimas obtenidas con el consentimiento de la víctima —apartado 7º del art. 197 del CP—, que atentan de un modo directo o indirecto contra el control de la publicidad o difusión de la información relativa a la persona y su familia o del tratamiento de datos personales en el marco de las TIC. La necesidad de establecer unas medidas extraordinarias para verificar la difusión legítima de los contenidos de las comunicaciones o el tratamiento de datos personales en el marco de las TIC, se encuentra también en la criminalización de los comportamientos aludidos. La expansión de las telecomunicaciones con la informática o con el desarrollo de tecnologías en diversos ámbitos conlleva un conjunto de amenazas, entre las que destacan por su gravedad aquellas que giran en torno a la intimidad o el derecho a la propia imagen, dada la facilidad de crear y recrear datos e imágenes a través del ciberespacio y por la rapidez en su difusión a cualquier parte del mundo. Así podemos recordar la noticia comentada por el diario digital *El País* el 22 de septiembre de 2012 bajo el título "*Sexting, sexo inseguro*", cuya persona afectada es mayor de edad[40]: «El último caso sonado ha sido el de la concejal de Los Yébenes, ..., cuyo vídeo sexual —difundido por un amigo— ha dado la vuelta al

---

40 Véase sobre este caso Rueda Martín, M. A. (2013). "La relevancia penal del consentimiento del menor de edad en relación con los delitos contra la intimidad y la propia imagen. (Especial consideración a la disponibilidad de la propia imagen del menor de edad en el ciberespacio)", 4, 5 y 6.

mundo y puede verse en páginas web extranjeras. "Esa foto te va a perseguir el resto de tu vida. Seguramente quede en Internet para los siglos", afirma Pérez San-José. El experto en nuevas tecnologías apunta la dificultad de borrar una imagen de la Red, que puede acabar alojada en un servidor en cualquier país. Eso sin contar las copias en sus dispositivos que pueden guardar millones de usuarios, aunque se haya retirado la información inicial»[41]. Con el fin de ofrecer una respuesta penal adecuada a este tipo de comportamientos, que suponen una grave intromisión en la intimidad personal, se introdujo en la LO 1/2015, de 30 de marzo, una nueva figura delictiva en el art. 197.7 del CP que, como se señala en la Exposición de Motivos de dicha LO, se centra en supuestos «en los que las imágenes o grabaciones de otra persona se obtienen con su consentimiento, pero son luego divulgados contra su voluntad, cuando la imagen o grabación se haya producido en un ámbito personal y su difusión, sin el consentimiento de la persona afectada, lesione gravemente su intimidad». Las características de este escenario agravan cualquier lesión del bien jurídico aludido por los siguientes factores. Por un lado, por las dimensiones colosales del número de usuarios, las frecuencias de acceso y uso por parte de los mismos que refleja el carácter asequible del ciberespacio, así como la libre circulación y navegación, tanto para emitir, transferir y difundir información como para acceder a ella por medio

---

41 Conductas como las descritas en las que un menor se fotografía o se graba por cualquier medio de forma desnuda o semidesnuda y su transmisión a otras personas —sobre todo a menores de edad— mediante las TIC, reciben actualmente el nombre de *Sexting*. Sobre las características de estos comportamientos, véase el estudio de Agustina Sanllehi, J. R. (2010). "¿Menores infractores o víctimas de pornografía infantil? Respuestas legales e hipótesis criminológicas ante el Sexting", 4 y ss. Sin embargo, esta denominación parece que se aplica ahora también a los mismos comportamientos realizados por adultos.

de la red, de forma anónima y cómoda[42]. El control sobre la publicidad de la información relativa a la persona desaparece absolutamente en este contexto, sin que sea posible establecer órganos o instituciones de control de la información que circula por el ciberespacio[43]. Esta falta de control produce una la lesión del bien jurídico intimidad personal y familiar porque el ciberespacio multiplica exponencialmente las posibilidades de emisión, transferencia y difusión de la información de forma extraordinariamente rápida a cualquier parte del mundo. Una vez que se ha puesto en circulación una imagen o una grabación a través del ciberespacio es prácticamente imposible frenar su acceso y difusión. Resulta más grave, entonces, la lesión del bien jurídico indicado si se utilizan las TIC, ya que el menoscabo de la intimidad personal tiene mayor permanencia en el tiempo y llega a todo el mundo, por lo que su dañosidad es más intensa[44]. Por la incidencia de las TIC en nuestra forma de comunicarnos actualmente el legislador se ha replanteado los límites de

---

42 Véanse expresamente Romeo Casabona, C. M. (2006). "De los delitos informáticos al cibercrimen. Una aproximación conceptual y político-criminal", 3 y Livingstone, S./Millwood, A. (2006). "Harmful to Children. Drawing Conclusions from Empirical Research on Media Effects", 26.

43 Véanse Romeo Casabona, C. M. (2006). "De los delitos informáticos al cibercrimen. Una aproximación conceptual y político-criminal", 3; Hernández Fernández, A./Ramón Fernández, F. (2009). "El derecho a la propia imagen de los menores en los medios de comunicación y redes sociales", 31.

44 Véanse Valeije Álvarez, I. (2009). "Intimidad y difusión de imágenes sin consentimiento", 1890 y 1891; Tomás y Valiente Lanuza, C. (2015). Comentarios prácticos al Código penal. Los delitos contra las personas, artículo 138-233, 670. Miró LLinares, F. (2012). *El cibercrimen. Fenomenología y criminología de la delincuencia en el ciberespacio,* 124 apunta también que el catálogo de comportamientos criminales en la Red que pueden afectar a las esferas más personales del individuo aumenta cuantitativamente y, en lo cualitativo, su dañosidad es significativamente superior.

la protección penal de la intimidad personal en el CP, dada la vulnerabilidad en la que se encuentra el bien jurídico intimidad personal y la gravedad de su lesión en este contexto. Los motivos que se han indicado explican y fundamentan la introducción del novedoso delito autónomo contra la intimidad y el derecho a la propia imagen en el art. 197.7 del CP[45].

Por otro lado, sin abandonar el marco de las TIC se han ampliado los límites sobre el objeto de protección de los delitos de descubrimiento y revelación de secretos con la incorporación de figuras delictivas adicionales, al transponerse tanto la Decisión Marco 2005/222/JAI, de 24 de febrero de 2005, relativa a los ataques contra los sistemas de información, como la Directiva 2013/40/UE del Parlamento Europeo y del Consejo de la UE, de 12 de agosto de 2013, relativa a los ataques contra los sistemas de información, que penalizan determinados ataques contra los sistemas de información y la interceptación de datos electrónicos cuando no se trata de una comunicación personal. En concreto en la Exposición de Motivos de la LO 1/2015 se concluye que «de acuerdo con el planteamiento recogido en la Directiva, se introduce una separación nítida entre los supuestos de revelación de datos que afectan directamente a la intimidad personal, y el acceso a otros datos o informaciones que pueden afectar a la privacidad pero que no están referidos directamente a la intimidad personal: no es lo mismo el acceso al listado personal de contactos, que recabar datos relativos a la versión de software empleado o a la situación de los puertos de entrada a un sistema. Por ello, se opta por una tipificación separada y diferenciada del mero acceso a los sistemas informáticos. Con el mismo planteamiento, y de acuerdo con las exigencias de la Directiva, se incluye la tipificación de la interceptación de transmisiones entre sistemas, cuando no se trata de transmisiones personales: la

---

45 Señala también el carácter autónomo de este nuevo delito Romeo Casabona, C. M. (2023). *Derecho penal. Parte Especial.* 3ª ed., 313 y ss.

interceptación de comunicaciones personales ya estaba tipificada en el Código Penal; ahora se trata de tipificar las transmisiones automáticas –no personales– entre equipos. Se tipifica la facilitación o la producción de programas informáticos o equipos específicamente diseñados o adaptados para la comisión de estos delitos». La introducción de diversos tipos delictivos en los arts. 197 bis[46] y ter[47] ha generado una crítica muy negativa por los problemas interpretativos que ocasionan y por vulnerar el principio básico político-criminal relativo a la intervención mínima del Derecho penal[48]. Por ejemplo, Anarte Borrallo/Doval País han señalado, en relación con el art. 197 bis 1 que «además de por razones de legitimidad (teniendo en cuenta el mero peligro que comportan semejantes hechos *desde la perspectiva de la intimidad*), se ha cuestionado tanto su necesidad técnica (ante las

---

46 En este precepto se dispone que «*1. El que por cualquier medio o procedimiento, vulnerando las medidas de seguridad establecidas para impedirlo, y sin estar debidamente autorizado, acceda o facilite a otro el acceso al conjunto o una parte de un sistema de información o se mantenga en él en contra de la voluntad de quien tenga el legítimo derecho a excluirlo, será castigado con pena de prisión de seis meses a dos años. 2. El que mediante la utilización de artificios o instrumentos técnicos, y sin estar debidamente autorizado, intercepte transmisiones no públicas de datos informáticos que se produzcan desde, hacia o dentro de un sistema de información, incluidas las emisiones electromagnéticas de los mismos, será castigado con una pena de prisión de tres meses a dos años o multa de tres a doce meses*».

47 En el art. 197 ter del CP se penalizan unos actos preparatorios específicos aplicables a los arts. 197.1 y 2 y 197 bis: «*Será castigado con una pena de prisión de seis meses a dos años o multa de tres a dieciocho meses el que, sin estar debidamente autorizado, produzca, adquiera para su uso, importe o, de cualquier modo, facilite a terceros, con la intención de facilitar la comisión de alguno de los delitos a que se refieren los apartados 1 y 2 del artículo 197 o el artículo 197 bis: a) un programa informático, concebido o adaptado principalmente para cometer dichos delitos; o b) una contraseña de ordenador, un código de acceso o datos similares que permitan acceder a la totalidad o a una parte de un sistema de información*».

48 Véase, a mero título de ejemplo, Morales Prats, F. (2016). *Comentarios al Código Penal Español. Tomo I (Artículos 1 a 233)*, 1434.

posibilidades que podían ofrecer modalidades del art. 197.1 para el castigo de estos hechos), como su idoneidad político-criminal (considerando las escasas posibilidades preventivas de la estrategia penal frente a estas acciones)», concluyendo que «esta disposición es, más bien, una consecuencia más de la imparable —pero inútil y contraproducente— escalada del Derecho penal hacia el "riesgo cero", que la reforma de 2015 confirma también en esta materia»[49]. Desde mi punto de vista, sin embargo, existen argumentos que justifican la necesidad de revisar los límites en la protección penal de la intimidad personal en el CP también en este ámbito centrado en los sistemas de información, lo que debe ser valorado como un progreso o un avance acorde a la adaptación del Derecho penal al desarrollo social y tecnológico. Como se ha apuntado anteriormente, nuestra organización social (la Administración pública, el sistema financiero, el sistema sanitario, las infraestructuras básicas de transporte, las empresas, los particulares, etc.) ha pasado a depender de forma extraordinaria de unos sistemas y redes informáticos, de los que surgen unas amenazas para un amplio conjunto de bienes jurídicos por la realización de determinados comportamientos. Para controlar estas amenazas se criminalizan tales comportamientos a través de un conjunto de figuras delictivas recogidas en los arts. 197 bis y 197 ter del CP, lo que ha conducido, además, a constatar la existencia de un bien jurídico diferente a la intimidad personal, pero estrechamente vinculados. Este nuevo bien jurídico definido como la confidencialidad, integridad y disponibilidad de los sistemas informáticos[50], por una parte, ejerce una función

---

49 Véanse Anarte Borrallo, E./Doval País, A. (2016). *Derecho penal. Parte Especial.* 2ª ed., 516.

50 Véase sobre este bien jurídico Rueda Martín, M. A. (2010). "Los ataques contra los sistemas informáticos: conductas de hacking. Cuestiones político-criminales", 362 y ss, asumiendo y desarrollando la formulación planteada por Rodríguez Mourullo, G./Alonso Gallo, J./Lascuraín Sánchez, J. A. (2002). "Derecho penal e internet", 260, 261, 262 y 269.

de barrera de contención de riesgos respecto de aquellos bienes jurídicos que se involucran en los sistemas y redes informáticos, como sucede con la intimidad personal y familiar; y, por otra parte, establece las condiciones necesarias y vinculantes para un correcto funcionamiento del sistema social en el marco de las TIC, lo que legitima la intervención del Derecho penal en su protección, así como en la represión de aquellos comportamientos que lo lesionen. El Derecho cuando protege las TIC reconoce su valor social positivo como necesario y vinculante para un correcto funcionamiento del sistema social. La necesidad de proteger los sistemas de comunicación e información por dicho valor social se ha reconocido también en la STC alemán de 27 de febrero de 2008 que establece en su parágrafo n.º 181 que: «c) De la importancia de la utilización de los sistemas tecnológicos de información para el desarrollo de la personalidad y de los peligros para la misma unidos a dicha utilización, resulta una importante necesidad de protección desde el punto de vista de los derechos fundamentales. Los particulares exigen que el Estado atienda las expectativas de confidencialidad e integridad de tales sistemas justificadas en el marco del libre desarrollo de la personalidad»[51]. Y, posteriormente, en el parágrafo 203 afirma

---

Véanse también Sieber, U. (1988). "Legal Aspects of Computer-Related Crime in the Information Society —Comcrime-Study—", 42, se refiere también a la integridad del sistema informático que resulta vulnerada con estas conductas de hacking. Carrasco Andrino, M. M. (2024). T*ratado de Derecho Penal. Parte Especial (I). Delitos contras las personas.* 4ª ed., 1700 y 1701; Morales Prats, F. (2016). *Comentarios al Código Penal Español. Tomo I (Artículos 1 a 233)*, 1478. De forma similar también González Cussac, J. L. (2022). *Derecho penal. Parte Especial.* 7ª ed., 316; Castelló Nicas, N. (2015). "Delitos contra la intimidad, el derecho a la propia imagen y la inviolabilidad del domicilio, y delitos contra el honor", 505.

51 Véase BVerfG, Urteil des Ersten Senats vom 27. Februar 2008–1 BvR 370/07–Rn. (1-333), disponible en la dirección http://www.bverfg.de/e/rs20080227_1bvr037007.html. La redacción original del parágrafo traducido es la siguiente: «c) Aus der Bedeutung der Nutzung

que: «Por otra parte, el derecho fundamental a la garantía de la integridad y confidencialidad de los sistemas tecnológicos de información hay que esgrimirlo cuando la facultad de injerencia afecte a un sistema, que por sí solo o en conexión con redes tecnológicas, en un contorno cerrado o amplio, pueda contener datos del afectado referentes a su persona, de modo que el acceso al sistema permitiría formarse una idea sobre aspectos esenciales de la vida de una persona o incluso obtener una imagen representativa de su personalidad»[52].

Una vez fundamentada la existencia y la autonomía del bien jurídico relativo a la confidencialidad, integridad y disponibilidad de los sistemas informáticos, debemos exponer argumentos que justifiquen la necesidad político-criminal de criminalizar aquellas conductas que supongan una lesión del bien jurídico señalado. Por una parte, elevar a la categoría de delito en nuestro CP esta clase comportamientos que suponen un ataque contra los sistemas de comunicación o información, supone una obligada armonización penal en este ámbito de nuestra legislación con lo dispuesto en otros estados de la Unión Europea, en consonancia con lo establecido tanto en la Directiva 2013/40/UE del

---

informationstechnischer Systeme für die Persönlichkeitsentfaltung und aus den Persönlichkeitsgefährdungen, die mit dieser Nutzung verbunden sind, folgt ein grundrechtlich erhebliches Schutzbedürfnis. Der Einzelne ist darauf angewiesen, dass der Staat die mit Blick auf die ungehinderte Persönlichkeitsentfaltung berechtigten Erwartungen an die Integrität und Vertraulichkeit derartiger Systeme achtet».

52 La redacción original del parágrafo traducido es la siguiente: «Das Grundrecht auf Gewährleistung der Integrität und Vertraulichkeit informationstechnischer Systeme ist hingegen anzuwenden, wenn die Eingriffsermächtigung Systeme erfasst, die allein oder in ihren technischen Vernetzungen personenbezogene Daten des Betroffenen in einem Umfang und in einer Vielfalt enthalten können, dass ein Zugriff auf das System es ermöglicht, einen Einblick in wesentliche Teile der Lebensgestaltung einer Person zu gewinnen oder gar ein aussagekräftiges Bild der Persönlichkeit zu erhalten».

Parlamento Europeo y del Consejo de la Unión Europea, de 12 de agosto de 2013, relativa a los ataques contra los sistemas de información, que derogó la Decisión Marco 2005/222/JAI, como en el Convenio del Consejo de Europa sobre Cibercriminalidad de 23 de noviembre de 2001. Dicha armonización es necesaria además porque en esta clase de ataques podemos encontrar una nota que le añade un especial grado de peligrosidad: su conexión internacional o transfronteriza, de modo que sus actuaciones pueden ir más allá de un ámbito geográfico concreto, y resulta sorprendente que en algún territorio un acceso ilegal a sistemas informáticos con independencia de la finalidad que haya tenido quien accede, resulte impune[53]. Por otra parte, hay que tener en cuenta que, como afirma Romeo Casabona, el ciberespacio presenta unos perfiles de gran interés para el Derecho penal entre los que destaca la potencialidad multiplicadora de las acciones ilícitas y de sus efectos lesivos para los bienes jurídicos afectados[54]. Esta característica se puede apreciar con especial intensidad en las conductas de acceso ilícito a sistemas informáticos, que como ha puesto de relieve un sector doctrinal tienen un efecto criminógeno[55]. Por ello y con carácter general,

---

[53] Véase sobre esta necesidad De la Mata Barranco, N. (2015). *Derecho penal europeo y legislación española: las reformas del Código penal. Actualizado a la reforma penal 2015,* 71 y ss.

[54] Véase Romeo Casabona, C. M. (2006). "De los delitos informáticos al cibercrimen. Una aproximación conceptual y político-criminal", 4. También destacan, con carácter general, el factor criminógeno del procesamiento electrónico de datos, Sieber, U. (1977). Computerkriminalität und Strafrecht, 158 y ss.; Mata y Martín, R. (2001). *Delincuencia informática y Derecho penal,* 17, 24 y ss.; Morón Lerma, E. (2002). *Internet y Derecho penal: Hacking y otras conductas ilícitas en la red.* 2ª ed., 75.

[55] Véase respecto de las conductas de hacking, Gutiérrez Francés, M. L. (1996). "El intrusismo informático (Hacking): ¿Represión penal autónoma?", 1179 y ss.; la misma. (1994). "Notas sobre la delincuencia informática: atentados contra la 'información' como valor económico de empresa", 206.

el ciberespacio se presenta en las sociedades modernas como una de las posibles fuentes de riesgos necesitados de control, y dada la gravedad de sus repercusiones sobre diferentes bienes jurídicos se legitima la intervención del Derecho penal[56].

En suma, podemos concluir en relación con la decisión político-criminal adoptada por nuestro legislador en las últimas reformas del CP que la tutela de la intimidad ha adaptado su regulación a los avances de las modernas tecnologías[57].

IV. ALGUNAS OBSERVACIONES CRÍTICAS A LA REGULACIÓN PENAL EN LOS DELITOS CONTRA LA INTIMIDAD Y LA PROPIA IMAGEN

No obstante, la regulación penal de la intimidad personal y familiar en el CP de 1995 adolece de deficiencias que deberían revisarse para que fuese más satisfactoria. Se apuntan las siguientes. En primer lugar, se evidencia en el legislador una grave carencia —o prácticamente inexistencia— de criterios sistemáticos, que permitan incardinar todas las figuras delictivas agrupadas en una

---

56 Véase ampliamente Rueda Martín, M. A. (2018). *La nueva protección de la vida privada y de los sistemas de información en el Código penal*, 47 y ss.

57 Véanse Morales Prats, F. (2016). *Comentarios al Código Penal Español. Tomo I (Artículos 1 a 233)*, 1432; Anarte Borrallo, E./Doval País, A. (2016). *Derecho penal. Parte Especial.* 2ª ed., 494; Jorge Barreiro, A. (1997). *Comentarios al Código penal*, 563; Díaz-Maroto y Villarejo, J. (1996). "Los delitos contra la intimidad, la propia imagen y la inviolabilidad del domicilio", 1190. Queralt Jiménez, J. (2015). *Derecho penal español. Parte Especial*, 294 señala también respecto de la reforma del CP del 2015 que «son en general cambios que abundan en la protección de esta parcela de la intimidad que tan expuesta queda a las agresiones provenientes de las TIC's.».

rúbrica más acorde con su objeto de protección[58]. La rúbrica "*del descubrimiento y revelación de secretos*" resulta absolutamente inadecuada, porque los delitos que engloba penalizan comportamientos que van más allá del simple descubrimiento y revelación de secretos. En relación con la criminalización de los ataques contra los sistemas de información el legislador puede operar de dos maneras distintas[59]. Por un lado, mediante tipos específicos o «tipos de equivalencia» que contemplen la incriminación de determinados ataques contra los sistemas de información y comunicación en cada figura de delito para suplir las posibles lagunas de punibilidad que pudieran evidenciarse. De esta forma se podría tipificar, por ejemplo, el comportamiento consistente en acceder de manera ilícita a sistemas informáticos en relación con las conductas de descubrimiento y revelación de secretos (art. 197 CP), de descubrimiento, revelación o cesión de datos reservados de personas jurídicas (art. 200 CP), estafas (art. 249.2 CP), de utilización de cualquier equipo terminal de telecomunicación (art. 256 CP), daños informáticos (arts. 264 y 264 bis CP), delitos relativos a la propiedad intelectual (arts. 270 y ss. CP), de descubrimiento de secretos de empresa (art. 278 CP) o de descubrimiento y revelación de secretos e informaciones relativas a la defensa nacional (art. 598 CP). Esta opción, sin embargo, plantea inconvenientes como el excesivo casuismo que conllevaría y la falta de adaptación a la rapidez de los avances tecnológicos que no se previeran en un determinado momento y que impediría

---

58 Véanse Morales Prats, F. (2016). *Comentarios al Código Penal Español. Tomo I (Artículos 1 a 233)*, 1433; Romeo Casabona, C. M. (2023). *Derecho penal. Parte Especial*. 3ª ed., 298; Anarte Borrallo, E./Doval País, A. (2016). *Derecho penal. Parte Especial*. 2ª ed., 511; Colás Turégano, A. (2015). "Nuevas conductas delictivas contra la intimidad (arts. 197; 197 bis; 197 ter)", 663.

59 Véase, con carácter general, sobre la tipificación de conductas relacionadas con agresiones en conexión con sistemas informáticos, Romeo Casabona, C. M. (1993). "Tendencias actuales sobre las formas de protección jurídica ante las nuevas tecnologías", 180 y 181.

aplicar este delito consistente en acceder de manera ilícita a sistemas informáticos a nuevos ámbitos[60]. Por otro lado, el sistema de criminalización de estas conductas se puede llevar a cabo a través del establecimiento de nuevos tipos penales genéricos que tipificaran como delito determinados ataques contra los sistemas de información y comunicación. Esta opción parece que resulta más idónea al adaptarse a las nuevas formas de criminalidad que pudieran surgir en el futuro, si bien es cierto que implica buscar y encontrar un adecuado lugar sistemático en nuestro CP. Desde un punto de vista sistemático decidirse por esta segunda opción supone plantearse, incluso, la necesidad de formular un nuevo título en el CP dedicado a la delincuencia informática[61], con una rúbrica, por ejemplo, sobre los "*Delitos contra los sistemas de información*", en el que se contemple la protección penal de los sistemas informáticos y que aglutinaría aquellas conductas que lesionan el bien jurídico relativo a la confidencialidad, integridad y disponibilidad de los sistemas informáticos[62]. ¿Qué sistema de

---

60 Véanse Romeo Casabona, C. M. (1993). "Tendencias actuales sobre las formas de protección jurídica ante las nuevas tecnologías", 181 y sobre la posible intervención del Derecho penal en la red, con carácter general, Álvarez Vizcaya, M. (2002). "Consideraciones político criminales sobre la delincuencia informática: el papel del Derecho penal en la red", 268 y ss.

61 Opción por la que se decanta Romeo Casabona, C. M. (2023). *Derecho penal. Parte Especial.* 3ª ed., 315. Entiendo que se muestra de acuerdo De la Mata Barranco, N. (2015). *Derecho penal europeo y legislación española: las reformas del Código penal. Actualizado a la reforma penal 2015*, 88.

62 Véase también en un sentido similar la opinión de Morón Lerma que estimaba que si se introdujera un tipo penal que castigara los accesos ilícitos a sistemas informáticos, habría que crear un título autónomo que castigue los atentados a los sistemas informáticos, en el que se ubicara éste y otros incidentes relativos a los mismos, como los daños a los datos y a los sistemas; véase Morón Lerma, E. (2007). "Delitos contra la confidencialidad, integridad y disponibilidad de datos y sistemas informáticos", 107.

criminalización ha asumido nuestro legislador? La penalización de determinados ataques contra los sistemas de información se ha introducido dentro del Título X del CP sobre los "*Delitos contra la intimidad, el derecho a la propia imagen y la inviolabilidad del domicilio*", por lo que el legislador los ha vinculado a la protección penal de la intimidad[63] en el sentido de que los sistemas de información deben poder albergar información relevante para la intimidad personal y familiar que abarca la vida privada de una persona en la que confluyen numerosos derechos vinculados a la propia personalidad[64], aunque sea de manera tangencial y no principal, de modo que en ellos se manifieste la pretensión de valor de este bien jurídico[65]. Se puede concluir con Piñar Mañas que «el dere-

---

63 Véanse Alonso de Escamilla, A. (2015). Delitos. La parte especial del Derecho penal. 3ª ed., 231; Bolea Bardon, C. (2024). *Comentarios al Código penal. Reformas LLOO 1/2023, 3/2023 y 4/2023*, 970 y 971.

64 Véase *supra.*

65 Como han afirmado en nuestra doctrina también Miró LLinares, F. (2010). "Delitos informáticos. Hacking. Daños", marginal nºs. 1436, 1437 y 1438; Anarte Borrallo, E./Doval País, A. (2016). "Efectos de la reforma de 2015 en los delitos contra la intimidad", 1257; De la Mata Barranco, N./Barina Ubiñas, D. (2014). "La protección penal de la vida privada en nuestro tiempo social: ¿necesidad de redefinir el objeto de tutela", 82; Sierra López, M. V. (2017). "Los delitos de descubrimiento y revelación de secretos en el Código penal de 2015: artículos 197, 197 bis, 197 ter, 197 quáter, 197 quinques y 198", 188. Aunque Morales Prats, F. (2016). *Comentarios al Código Penal Español. Tomo I (Artículos 1 a 233)*, 1481 se ha manifestado en contra de esta tesis sí estima que «en el art. 197 bis 1 basta con que el acceso se produzca en sistemas de información, que, a mi juicio, potencialmente pueden albergar datos personales, aunque sea de manera tangencial y no principal por respeto a la ubicación sistemática del precepto entre los delitos contra la intimidad».
En contra de esta restricción Morales Prats, F. (2016). *Comentarios al Código Penal Español. Tomo I (Artículos 1 a 233)*, 1481 quien concluye que se determina «una ampliación del ámbito de conductas tipificadas, pues en el nuevo precepto basta con la concurrencia de un acceso ilícito sin más matizaciones, que las propias exigencias de la

cho a la privacidad alcanza también a los dispositivos informáticos que utilizamos y que forman parte ya de nuestra propia vida, que contienen información que nos identifica y que puede dar una imagen de nuestra personalidad. Lo que supone para tal derecho, para la protección de datos, un desarrollo espectacular»[66].

En segundo lugar, con carácter general, la regulación penal de la intimidad personal y familiar del Código penal recogida en el art. 197 del CP resulta casuística, excesivamente prolija[67], y en torno a la que surgen insalvables dificultades interpretativas, lo que no ha sido valorado positivamente por la doctrina[68]. Las posibles causas

---

conducta dolosa, en el bien entendido de que ya no se exige un plus intencional en este precepto. Pero es que, además, tras la Reforma de 2015, el tipo proyecta el acceso a los sistemas de información; desaparece la referencia a los datos, de modo que la órbita del tipo se ha agrandado aún más». No obstante, finaliza con la exigencia apuntada en el párrafo anterior de esta misma nota; Morales García, O. (2010). "Delincuencia informática: intrusismo, sabotaje informático y uso ilícito de tarjetas (arts. 197.3 y 8, 264 y 248", 186 y 187; Romeo Casabona, C. M. (2023). *Derecho penal. Parte Especial.* 3ª ed., 316; Colás Turégano, A. (2015). "Nuevas conductas delictivas contra la intimidad (arts. 197; 197 bis; 197 ter)", 677.

66 Véase Piñar Mañas, J. L. (2009). "Protección de datos: origen, situación actual y retos de futuro", 101.

67 Véanse Muñoz Conde, F. (2023). Derecho penal. Parte Especial. 25ª ed., 302 y 303; Sáinz- Sáinz-Cantero Caparrós, J. E. (2016). *Sistema de Derecho penal. Parte Especial.* 2ª ed., 306; Carrasco Andrino, M. M. (2024). T*ratado de Derecho Penal. Parte Especial (I). Delitos contras las personas.* 4ª ed., 1627; Morales Prats, F. (2016). *Comentarios al Código Penal Español. Tomo I (Artículos 1 a 233),* 1436 quien considera que en este precepto se contemplan varios tipos «expresados a través de una atormentada e inacabable redacción»: Anarte Borrallo, E./Doval País, A. (2016). *Derecho penal. Parte Especial.* 2ª ed., 494.

68 Véanse Morales Prats, F. (2016). *Comentarios al Código Penal Español. Tomo I (Artículos 1 a 233),* 1434; Lozano Miralles, J. (1998). *Compendio de Derecho penal. (Parte Especial). Volumen II,* 193; Romeo Casabona, C. M. (2023). *Derecho penal. Parte Especial.* 3ª ed., 254.

de esta deficiencia pueden ser, por una parte, la falta de comprensión por parte del legislador tanto del concepto de intimidad y los diversos elementos que la integran como de sus modalidades de ataque; y, por otra parte, la falta de una política criminal cuyo objetivo persiga una adecuada sistematización de los ataques contra la intimidad y la propia imagen en el marco de las TIC.

V. BIBLIOGRAFÍA

Agustina Sanllehi, J. R. (2010). "¿Menores infractores o víctimas de pornografía infantil? Respuestas legales e hipótesis criminológicas ante el *Sexting*". *Revista Electrónica de Ciencia Penal y Criminología,* RECPC 12-11.

Alonso de Escamilla, A. (2015). *Delitos. La parte especial del Derecho penal.* 3ª ed. Lamarca Pérez Coord. Colex.

Alonso Pérez, F. (2001). *Intervención de las comunicaciones postales, telegráficas y telefónicas.* Dykinson.

Álvarez Vizcaya, M. (2002). "Consideraciones político criminales sobre la delincuencia informática: el papel del Derecho penal en la red". *Internet y Derecho penal.* Cuadernos de Derecho Judicial. Consejo General del Poder Judicial.

Alzaga Villaamil, O. (2008). *Derecho Político Español según la Constitución de 1978. II. Derechos Fundamentales y Órganos del Estado.* 4ª ed. Alzaga Villaamil, O./ Rodríguez-Zapata, J./Gutiérrez Gutiérrez, I. Dirs. Editorial Universitaria Ramón Areces.

Anarte Borrallo, E./Doval País, A. (2016). *Derecho penal. Parte Especial. Volumen I. La protección penal de los intereses jurídicos personales. (Adaptado a la reforma de 2015 del Código penal).* Boix Reig, J. Dir. 2ª ed., Iustel.

Anarte Borrallo, E./Doval País, A. (2016). "Efectos de la reforma de 2015 en los delitos contra la intimidad". *Diario La Ley,* n.º 8744, D-163.

Bajo Fernández, M. (1982). "Protección del honor y de la intimidad ". *Comentarios a la legislación penal, Tomo I, Derecho penal y Constitución.* Cobo del Rosal, M. Dir. Edersa.

Baym, N. K. (2010). "Social networks 2.0". *The Handbook of Internet Studies.* Burnet. Consalvo. Ess Eds. Wiley-Blackwell.

Bolea Bardon, C. (2024). *Comentarios al Código penal. Reformas LLOO 1/2023, 3/2023 y 4/2023.* 2ª ed. Corcoy Bidasolo/Mir Puig Dirs. Ramírez Martín/Rogé Such Coords. Tirant lo Blanch.

Boyd, D./Ellison, E. (2007). “Social networks sites: definition, history, and scholarship”. *Journal of Computer-Mediated Communication.* Volumen 13, n.º 1.

Carbonell Mateu, J. C./González Cussac, J. L. (1996). *Comentarios al Código Penal de 1995. Volumen I. (Arts. 1 a 233).* Vives Antón Coord. Tirant lo Blanch.

Carrasco Andrino, M. M. (2024). *Tratado de Derecho Penal. Parte Especial (I). Delitos contras las personas.* Álvarez García Dir. Ventura Püschel Coord. 4ª ed. Tirant lo Blanch.

Castelló Nicas, N. (2015). “Delitos contra la intimidad, el derecho a la propia imagen y la inviolabilidad del domicilio, y delitos contra el honor”. *Estudios sobre el Código penal reformado. (Leyes Orgánicas 1/2015 y 2/2015),* Dykinson.

Colás Turégano, A. (2015). “*Nuevas conductas delictivas contra la intimidad (arts. 197; 197 bis; 197 ter)*”. *Comentarios a la reforma del Código penal de 2015.* González Cussac Dir. Matallín Evangelio/Górriz Royo Coords. Tirant lo Blanch.

Cuerda Riezu, A. (2010). “El velo islámico y el derecho a la propia imagen”. *La protección jurídica de la intimidad.* Boix Reig, F. J. Dir. Jareño Leal, M. A. Coord. Iustel.

De la Mata Barranco, N./Barina Ubiñas, D. (2014). “La protección penal de la vida privada en nuestro tiempo social: ¿necesidad de redefinir el objeto de tutela”. *Revista de Derecho penal y criminología.* 3ª época, n.º 11.

De la Mata Barranco, N. (2015). *Derecho penal europeo y legislación española: las reformas del Código penal. Actualizado a la reforma penal 2015.* Tirant lo Blanch.

De la Mata Barranco, N. (2016). “Reflexiones sobre el bien jurídico a proteger en el delito de acceso informático ilícito (art. 197 bis CP). El concepto de privacidad informática y la tutela del buen funcionamiento de los sistemas de información y comunicación”. *Cuadernos de Política Criminal,* n.º 118.

Díaz-Maroto y Villarejo, J. (1996). “Los delitos contra la intimidad, la propia imagen y la inviolabilidad del domicilio”. *La Ley.* D-228.

Durán Seco (2025). *El delito de difusión no consentida de captaciones íntimas de la imagen consentidas. Art. 197.7 CP. Algunos problemas interpretativos del tipo.* Tirant lo Blanch.

Espín, E. (2022). *Manual de Derecho Constitucional. Volumen I. La Constitución y las fuentes del Derecho. Derechos fundamentales y garantías.* 1ª ed. López Guerra, L./Espín, E. Dirs. Tirant lo Blanch.

González Cussac, J. L. (2022). *Derecho penal. Parte Especial.* 7ª ed. González Cussac Coord., Tirant lo Blanch.

Gutiérrez Francés, M. L. (1996). "El intrusismo informático (Hacking): ¿Represión penal autónoma?". *Informática y Derecho. II Congreso Internacional de Informática y Derecho. Actas. Volumen II*, n.ºs 12-15.

Gutiérrez Francés, M. L. (1994). "Notas sobre la delincuencia informática: atentados contra la 'información' como valor económico de empresa". *Estudios de Derecho penal económico.* Tiedemann/Arroyo Zapatero editores. Ediciones de la Universidad de Castilla-La Mancha.

Hernández Fernández, A./Ramón Fernández, F. (2009). "El derecho a la propia imagen de los menores en los medios de comunicación y redes sociales". *Revista Aranzadi de Derecho y Nuevas Tecnologías,* n.º 20.

Huerta Tocildo, S./Andrés Domínguez, C. (2002). "Intimidad e informática". *Revista de Derecho penal,* n.º 6.

Jorge Barreiro, A. (1997). *Comentarios al Código penal.* Rodríguez Mourullo Dir. Civitas.

Livingstone, S./Millwood, A. (2006). "Harmful to Children. Drawing Conclusions from Empirical Research on Media Effects". *Regulation, Awareness, Empowerment. Young people and harmful media content in the digital age.* Carlsson Ed.

Lozano Miralles, J. (1998). *Compendio de Derecho penal. (Parte Especial). Volumen II.* Bajo Fernández Dir. Editorial Centro de Estudios Ramón Areces.

Lucena Cid, I. V. (2014). "El concepto de la intimidad en los nuevos contextos tecnológicos". *La protección jurídica de la intimidad y de los datos de carácter personal frente a las nuevas tecnologías de la información y comunicación.* Galán Muñoz Coord. Tirant lo Blanch.

Luzón Peña, D. M. (1988). "Protección penal de la intimidad y derecho a la información". *Anuario de Derecho penal y Ciencias Penales.* Vol. I.

Mata y Martín, R. (2001). *Delincuencia informática y Derecho penal.* Edisofer.

Miró LLinares, F. (2012). *El cibercrimen. Fenomenología y criminología de la delincuencia en el ciberespacio.* Marcial Pons.

Miró LLinares, F. (2010). "Delitos informáticos. Hacking. Daños". *Memento Experto. Reforma Penal 2010. Ley Orgánica 5/2010.* Ortiz de Urbina Gimeno Coord. Ediciones Francis Lefebvre.

Morales García, O. (2010). "Delincuencia informática: intrusismo, sabotaje informático y uso ilícito de tarjetas (arts. 197.3 y 8, 264 y 248". *La reforma penal de 2010: análisis y comentarios.* Thomson Reuters.

Morales Prats, F. (2016). *Comentarios a la Parte Especial del Derecho penal.* Quintero Olivares Dir. Morales Prats Coord. 10ª ed., Aranzadi Thomson Reuters.

Morales Prats, F. (2016). *Comentarios al Código Penal Español. Tomo I (Artículos 1 a 233).* Quintero Olivares Dir. Morales Prats Coord. 7ª ed. Thomson Reuters Aranzadi.

Morales Prats, F. (2015). "La reforma de los delitos contra la intimidad artículo 197 CP". *Comentario a la reforma penal de 2015.* Thomson Reuters Aranzadi.

Moreno Navarrete, M. A. (2010). "Aspectos jurídico privados de las tecnologías Web 2.0 y su repercusión en el derecho a la intimidad". *La protección jurídica de la intimidad.* Boix Reig Dir. Jareño Leal Coord. Iustel.

Morón Lerma, E. (2002). *Internet y Derecho penal: Hacking y otras conductas ilícitas en la red.* 2ª ed., Aranzadi.

Morón Lerma, E. (2007). "Delitos contra la confidencialidad, integridad y disponibilidad de datos y sistemas informáticos". *Delito e informática: algunos aspectos. Cuadernos penales José María Lidón,* número 4. Universidad de Deusto.

Muñoz Conde, F. (2023). *Derecho penal. Parte Especial.* 25ª ed. Revisada y puesta al día con la colaboración de Carmen López Peregrín conforme a las LLOO 13/2022, 14/2022, 1/2023 y 4/2023. Tirant lo Blanch.

Nicolás Jiménez, P. (1996). *La protección jurídica de los datos genéticos de carácter personal,* Cátedra Interuniversitaria Fundación BBVA-Diputación Foral de Bizkaia de Derecho y Genoma Humano, Comares.

Pardo Falcón, J. (2018). *Comentarios a la Constitución española, Tomo I, Conmemoración del XL aniversario de la Constitución.* Rodríguez-Piñero y Bravo-Ferrer/Casas Baamonde Dirs. Arnaldo Alcubilla/Remón Peñalver Eds. Pérez Manzano/Borrajo Iniesta Coords., Boletín Oficial del Estado, Ministerio de Justicia, Fundación Wolters Kluver, Madrid, 2018.

Paredes Castañón, J. M. (2002). *Enciclopedia Jurídica Básica.* Luzón Peña, D. M. Dir. Comares.

Piñar Mañas, J. L. (2009). "Protección de datos: origen, situación actual y retos de futuro". *El derecho a la autodeterminación informativa.* Fundación Coloquio Jurídico Europeo.

Queralt Jiménez, J. (2015). *Derecho penal español. Parte Especial.* 7ª ed. revisada y actualizada con las Leyes Orgánicas 1/2015 y 2/2015, de 30 de marzo, 1ª ed. en la Editorial Tirant lo blanch, Tirant lo Blanch.

Ribagorna Garnacho, A. (1996). "Seguridad de las tecnologías de la información". *Ámbito jurídico de las tecnologías de la información.* Consejo General del Poder Judicial.

Rodríguez Mourullo, G./Alonso Gallo, J./Lascuraín Sánchez, J. A. (2002). "Derecho penal e internet". *Régimen jurídico de internet.* Cremades/Fernández-Ordoñez/Illescas Coords. Editorial La Ley.

Romeo Casabona, C. M. (1988). *Poder informático y seguridad jurídica. La función tutelar del derecho penal ante las Nuevas Tecnologías de la Información.* Fundesco.

Romeo Casabona, C. M. (1993). "Tendencias actuales sobre las formas de protección jurídica ante las nuevas tecnologías". *Poder Judicial,* n.º 31.

Romeo Casabona, C. M. (2006). "De los delitos informáticos al cibercrimen. Una aproximación conceptual y político-criminal". *El cibercrimen: Nuevos retos jurídico-penales, nuevas respuestas político-criminales.* Comares.

Romeo Casabona, C. M. (2010). "Derecho penal y libertades de expresión y comunicación en Internet". *La adaptación del Derecho penal al desarrollo social y tecnológico.* Romeo Casabona/Sánchez Lázaro Eds. Armaza Armaza Coord. Comares.

Romeo Casabona, C. M. (2004). "Arts. 197, 198 y 201". *Comentarios al Código penal.* Díez Ripollés, J. L./Romeo Casabona, C. M. Coords. Tirant lo Blanch.

Romeo Casabona, C. M. (2023). *Derecho penal. Parte Especial.* 3ª ed. Romeo Casabona/Sola Reche/Boldova Pasamar Coords. Comares.

Rueda Martín, M. A. (2013). "La relevancia penal del consentimiento del menor de edad en relación con los delitos contra la intimidad y la propia imagen. (Especial consideración a la disponibilidad de la propia imagen del menor de edad en el ciberespacio)". *InDret Penal,* n.º 4.

Rueda Martín, M. A. (2010). "Los ataques contra los sistemas informáticos: conductas de hacking. Cuestiones político-criminales". *La adaptación del Derecho penal al desarrollo social y tecnológico.* Romeo Casabona/Sánchez Lázaro Eds. Armaza Armaza Coord. Comares.

Rueda Martín, M. A. (2004). *Protección penal de la intimidad personal e informática. (Los delitos de descubrimiento y revelación de secretos de los artículos 197 y 198 del Código penal,* Atelier.

Rueda Martín, M. A. (2018). *La nueva protección de la vida privada y de los sistemas de información en el Código penal,* Atelier.

Sáinz-Cantero Caparrós, J. E. (2016). *Sistema de Derecho penal. Parte Especial.* 2ª ed. revisada y puesta al día conforme a las leyes Orgánicas 1/2015 y 2/2015. Morillas Cueva Dir. Dykinson.

Salom Clotet, J. (2006). "Delito informático y su investigación". *Delitos contra y a través de las nuevas tecnologías. ¿Cómo reducir su impunidad?* Velasco Núñez Dir. *Cuadernos de Derecho Judicial.* Consejo General del Poder Judicial.

Serrano Alberca, J. M. (2001). *Comentarios a la Constitución.* Garrido Falla, F. Dir. 3ª ed., Civitas.

Sieber, U. (1988). "Legal Aspects of Computer-Related Crime in the Information Society —Comcrime-Study—", prepared for the European Commission by Frof. Dr. Ulrich Sieber, versión de enero de 1998.

Sieber, U. (1977). *Computerkriminalität und Strafrecht.* 1ª ed. Heymann.

Sierra López, M. V. (2017). "Los delitos de descubrimiento y revelación de secretos en el Código penal de 2015: artículos 197, 197 bis, 197 ter, 197 quáter, 197 quinques y 198". *Revista Penal,* n.º 39.

Soler Presas, A. (2011). "Am I in Facebook? Sobre la responsabilidad civil de las redes sociales *on-line* por la lesión de los derechos de la personalidad, en particular por usos no consentidos de la imagen de un sujeto". *InDret Derecho privado,* n.º 3.

Tomás y Valiente Lanuza, C. (2015). *Comentarios prácticos al Código penal. Los delitos contra las personas, artículo 138-233.* Gómez Tomillo Dir. Tomo II. 1ª ed. Thomson Reuters.

Valeije Álvarez, I. (2009). "Intimidad y difusión de imágenes sin consentimiento". *Constitución, Derechos fundamentales y Sistema penal. (Semblanzas y estudios con motivo del setenta aniversario del profesor Tomás Salvador Vives Antón).* Tomo II, Tirant lo Blanch.

Valls Prieto, J. (2016). "Nuevas formas de protección penal de la intimidad". *Cuadernos de Política Criminal,* n.º 120.

Vázquez de Castro, E. (2012). "Protección de datos personales, redes sociales y menores". *Revista Aranzadi de Derecho y Nuevas Tecnologías,* n.º 29.

De la "violencia recíproca" a la autodefensa "desproporcionada": discursos y experiencias sobre la participación de las mujeres en los cursos para agresores conyugales en Francia

ALICIA BROX SÁENZ DE LA CALZADA[1]
GLÒRIA CASAS VILA[2]

Este artículo está escrito en memoria de Elodie (1983-2023), víctima de violencia machista en la pareja acompañada por *SOS Violences conjugales* (Corrèze), condenada como agresora, que se quitó la vida en 2023.

1. INTRODUCCIÓN

A partir de los años 1990, bajo el impulso de los movimientos feministas, la violencia contra las mujeres ha ido paulatinamente

---

1 Alicia Brox Sáenz de la Calzada es Prof.ª Ayudante Doctora de Derecho en el Centro Universitario de la Defensa (Zaragoza), miembro del Laboratorio de Sociología Jurídica y del proyecto CODESEL.

2 Glòria Casas Vila es Prof.ª Titular de Sociología en la U. Toulouse II Jean Jaurès y miembro del Laboratorio CERTOP-CNRS.

convirtiéndose en una preocupación internacional, objeto de numerosas políticas públicas que actualmente la abordan como un fenómeno estructural y persistente. Sin embargo, esta *juridificación*[3] de la violencia, así como su posterior *judicialización* (Jouanneau, 2024) también han provocado en algunos países consecuencias imprevistas, como es el aumento de las llamadas «agresiones mutuas» o «denuncias cruzadas». En Francia, dos recientes casos mediáticos ilustran esta creciente tendencia: en diciembre de 2023, Mathias Vicherat, entonces director de *Sciences Po* París, prestigiosa universidad francesa, y su pareja Annissa Bonnefont fueron detenidos por «violencia conyugal recíproca». Un año más tarde, en febrero de 2024, Jean-Michel Maulpoix, profesor universitario y premio Goncourt de poesía, comparecía ante el tribunal de Estrasburgo junto a su esposa, Laure Helms, 35 años menor que él, por «violencia conyugal recíproca». En este segundo caso, en contra de la opinión del fiscal, ella fue absuelta y él condenado a una pena de prisión de dieciocho meses, cuya ejecución quedó finalmente suspendida[4]. Cabe precisar que, a diferencia del ordenamiento jurídico español, que asume la generoespecificidad de las violencias contra las mujeres en la pareja, en el país vecino estos episodios suelen ser tratados como «violencias conyugales»[5] a través de unos tipos penales que, aunque también se aplican cuando los hechos

---

3 Entendida como la elaboración de marcos y de categorías legales que aprehenden la violencia contra las mujeres.

4 Véase DesGranges, M. (2024). «Jean-Michel Maulpoix : une histoire de bleu(s)», *Zone Critique*. Recuperado de: https://zone-critique.com/critiques/jean-michel-maulpoix-une-histoire-de-bleus/, consultado el 30/08/2025.

5 En este articulo utilizamos la terminología francesa conforme a su derecho positivo, pese a considerar más precisas otras expresiones como «violencia machista» o «violencia de género» también usadas en el ámbito académico así como en el de las políticas públicas en España.

se cometen en el ámbito sentimental[6], no tienen en cuenta el carácter discriminatorio de las agresiones que en este contexto padecen las mujeres (Brox Sáenz de la Calzada, 2019). De esta manera, como mencionábamos previamente, es frecuente que los gestos defensivos que puedan cometer aquéllas sean jurídicamente calificados de «agresiones recíprocas».

Aun con todo, no es menos cierto que la imputación y posterior condena de mujeres ante los citados casos sigue siendo un tema controvertido y estrechamente vinculado a la conceptualización misma de las violencias (Delage, 2017). En ese sentido, un análisis con perspectiva de género plantea la necesidad de poner de manifiesto que las agresiones perpetradas por hombres contra mujeres en relaciones de pareja heterosexuales son difícilmente comparables con las que ellas pueden cometer contra ellos, ya sea a nivel cuantitativo (en cuanto a la prevalencia de casos), ya sea a nivel cualitativo (en relación con el tipo de agresiones, su duración en el tiempo, el impacto en la salud u otros ámbitos). De ahí que, en este contexto, la caracterización de la legítima defensa para las mujeres víctimas de violencia conyugal siga siendo crucial (Le Magueresse, 2016; Rueda Martín, 2023; Sheehy, 2014).

En 2014 entró en vigor el Convenio de Estambul, texto ratificado por Francia que reconoce la naturaleza generoespecífica de la violencia doméstica cometida contra mujeres, entre la que figura la conyugal, obligando de esta manera a que los países firmantes actúen con la debida diligencia. Cinco años después, entre 2019 y 2020, en un contexto de creciente movilización y de denuncia a raíz de las luchas (post)#metoo (Cavalin *et al.*, 2022), el Gobierno francés anunció el primer *Grenelle des violences conjugales*[7], perio-

---

6 Tanto el Código penal como la jurisprudencia al respecto entienden el término pareja en su sentido más amplio.

7 La palabra *Grenelle* hace referencia a los acuerdos que pusieron fin a la revuelta de mayo de 1968, firmados en el número 127 de la rue de Grenelle de París, sede del Ministerio de Trabajo. Desde entonces,

do de reflexión cuyo objetivo consistía en reforzar las políticas públicas en este ámbito. Sin embargo, en paralelo, la proporción de mujeres presuntamente autoras de violencia conyugal pasó de 5 a 10%[8], una realidad que las asociaciones que trabajan tanto con víctimas como con agresores también constataron.

Habida cuenta de lo expuesto, así como de la existencia de un consenso internacional cada vez mayor sobre la necesidad de denunciar y de reconocer las particularidades de la violencia contra las mujeres, este incremento plantea diversos interrogantes. ¿Podría tratarse de un aumento del número de mujeres que recurren a la violencia en un entorno íntimo, porque, como precisan Cardi y Pruvost (2012), ellas también son capaces? ¿Las cifras responderían más bien a un mayor porcentaje de mujeres actuando en legítima defensa? ¿Los operadores jurídicos serían actualmente menos «indulgentes» con ellas, históricamente menos condenadas por haber sido consideradas «menos peligrosas» que los hombres (Parent, 2012; Lelièvre, M., Léonard, T., 2012; Philippe, 2022)? ¿Podría, en último término, deberse a un mayor número de denuncias interpuestas por hombres contra sus parejas mujeres en contextos heterosexuales?

En Francia, estos datos todavía no han sido analizados por ninguna investigación científica. Para intentar colmar dichas lagunas, en 2023 pusimos en marcha un estudio cualitativo exploratorio sobre el estado de la cuestión en el país vecino, centrándonos en la prevalencia de mujeres condenadas a realizar

---

la palabra se utiliza para referirse a la reunión de representantes del gobierno, las organizaciones profesionales y la sociedad civil sobre un tema concreto, en este caso la violencia conyugal.

8 Repartición según el sexo de los presuntos autores de violencia conyugal procesados. Cartas 16 y 17 del *Observatoire des violences faites aux Femmes en France*, disponibles en: https://arretonslesviolences.gouv.fr/les-lettres-de-l-observatoire-national-des-violences-faites-aux-femmes, consultadas el 30/08/2025.

cursillos de intervención con agresores de violencia conyugal (en adelante, RAVC por sus siglas en francés: *stages de Responsabilisation pour Auteurs de Violences Conjugales*). Estos últimos, introducidos en 2014[9] y previstos en los artículos 131-5-1 y R131-35 del Código Penal, son a menudo dictados por la Fiscalía como medidas alternativas al proceso penal, aunque su contenido, duración y desarrollo varían considerablemente de una región a otra (Delaunay, 2023). A pesar de que el número de mujeres derivadas a estos cursos como autoras sigue siendo minoritario, no es menos cierto que su presencia ha aumentado considerablemente, pasando del 6 % en 2017 al 11 % en 2021[10]. En algunas regiones, la cifra puede ser incluso mayor, rozando el 16,4 %[11].

Como hemos mencionado, el Convenio de Estambul obliga a los Estados a introducir la perspectiva de género en el diseño de las medidas públicas para su implementación (Gil Ruiz, 2018), un mandato que también afecta a los programas de intervención con autores (art. 16). Sin embargo, garantizar la coherencia de este enfoque en la gestión y el desarrollo de dichas medidas puede convertirse en una ardua tarea, sobre todo cuando la población derivada es mixta. Cabe señalar que, en el transcurso de nuestra investigación, el tribunal judicial[12] de la ciudad investigada decretó, para todo el año 2024 y con carácter experimental, la segregación por sexo en el seno de los citados programas RAVC, evitando así que hombres y mujeres compartan el mismo espacio.

---

9 Ley francesa 2014-873 de 4 de agosto de 2014 sobre la igualdad real entre mujeres y hombres. Cfr. al respecto, Casas Vila, G.; Brox Sáenz de la C., A., «De victimes à "co-auteures" ? La place des femmes dans les stages de responsabilisation pour auteurs de violences conjugales en France», *Criminologie*, n. 58, 2, 2025.

10 Datos citados por Maëlle Stricot en su presentación en la Universidad de Otoño de la Fédération Nationale Solidarité Femmes (2025: 15-17).

11 Datos del tribunal judicial de la ciudad investigada, años 2022-2023.

12 Equivalente a los juzgados de primera instancia en España.

Nuestro estudio empírico se basa en 23 entrevistas semiestructuradas realizadas con profesionales sociojurídicos implicados en los cursillos RAVC (n = 18) así como con mujeres condenadas por violencia conyugal (n = 5). El objetivo era comprender las prácticas y discursos de los primeros sobre la presencia de las segundas entre la población afectada, así como entender de qué manera perciben las relaciones de género que pueden reproducirse durante el desarrollo de los cursos. Al mismo tiempo, nos interesaba ahondar en las narrativas de las mujeres condenadas, cómo vivieron y afrontaron los procedimientos judiciales en su contra, así como las posibles derivaciones a los RAVC. En este artículo presentaremos en primer lugar una breve revisión de la literatura sobre la judicialización de las mujeres víctimas y el contexto socio-jurídico de dichas medidas RAVC en Francia. A continuación, expondremos la metodología utilizada, las características de la muestra y los resultados obtenidos, que analizaremos en relación con la literatura científica existente.

2. ENCAUSAR A LAS MUJERES VÍCTIMAS DE VIOLENCIA EN LA PAREJA

La cuestión del enjuiciamiento de mujeres como autoras de violencia conyugal plantea diversos interrogantes: para algunos, sería la «prueba» de que son tan violentas como los hombres, una idea basada fundamentalmente en una concepción *gender-blind*[13] de la violencia doméstica. La comprensión de las características de este problema ha estado en el centro de un importante debate científico durante décadas, en particular en la discusión en torno a las cifras de victimización y al género de los agresores (Kimmel, 2002; Delage, 2017). A diferencia de

[13] Mediante el uso del anglicismo *gender-blind* nos referimos a la ceguera de los dispositivos jurídicos ante las particularidades de género que presenta la violencia ejercida contra las mujeres.

lo que ocurre en Francia, la literatura anglosajona documenta desde hace al menos dos décadas la persecución, detención y condena de mujeres víctimas de violencia en la pareja[14]. Estos estudios señalan que dichos casos suelen corresponder fundamentalmente a situaciones de autodefensa, con frecuencia precedidas de un largo historial de victimización (McMahon y Pence, 2003; Miller, 2001; Saunders, 1986). Sin embargo, para poder asumir estas particularidades es necesario romper con ciertos estereotipos sobre lo que es o debería ser una víctima, reconociendo, por ejemplo, que las mujeres también pueden actuar de manera defensiva, puesto que el estatus de víctima no es incompatible con el de sujeto activo (Romito, 2010).

En cualquier caso, la criminalización de mujeres por violencia en la pareja también ha sido objeto de análisis en Estados Unidos, en particular a raíz de la adopción de las llamadas leyes de «acusación automática» (*mandatory or pro-arrest laws*) y de «no retirada de la acusación»[15] (*prosecutorial non-drop policies*) (Miller, 2001: 1341). Entonces, las investigaciones demostraron que la aplicación indiscriminada de estos mecanismos conllevaba un aumento de las condenas de mujeres, procesadas ante el menor indicio de violencia por su parte (Parent, 2012). En algunos estados también se llegó a constatar un incremento de las dobles

---

14 Ver la lista constituida por la criminóloga australiana Molly Dragiewicz, disponible en: https://www.mollydragiewicz.com/women-s-use-of-violence. Consultado el 30/08/2025.

15 En Estados Unidos, ciertas políticas regionales promueven la judicialización de los casos de violencia doméstica para evitar que queden impunes, incluso cuando no existen testigos directos. Algunas de esas medidas son las citadas leyes «pro-arresto», que limitan la discrecionalidad de los agentes de policía y de los operadores jurídicos, obligándoles a arrestar a las partes involucradas en un presunto caso de violencia doméstica. Otras, como las llamadas políticas de «no retirada de la acusación», promueven la apertura y desarrollo del proceso judicial aunque la víctima no desee seguir adelante con el ejercicio de la acción penal.

detenciones, que en ocasiones supusieron casi el 20 % de los arrestos (Miller, 2001: 1341). Para hacer frente a esta situación, se introdujeron las llamadas leyes sobre el «agresor principal»[16] (*primary aggressor laws*), además de programas y de cursos de formación para los cuerpos de seguridad, permitiendo reducir las dobles detenciones en algunos estados como Los Ángeles, donde el número de mujeres arrestadas disminuyó de un tercio (Miller, 2001: 1341).

Como comentábamos previamente, a diferencia de los dispositivos de violencia conyugal en Francia, fundamentalmente neutros, en España, país precursor en la lucha contra la violencia de género en Europa, la Ley Orgánica 1/2004, de 28 de diciembre, de *Medidas de protección integral contra la violencia de género* incluyó en nuestro ordenamiento jurídico varios tipos penales previstos para ser aplicados cuando la violencia en las relaciones de pareja se comete contra una persona de sexo femenino, teniendo así en cuenta su trasfondo discriminatorio (Brox Sáenz de la Calzada, 2024). Sin embargo, con la entrada en vigor de la norma también se observó un aumento de lo que algunas autoras denominaron las «contradenuncias», interpuestas por los hombres contra sus (ex)parejas (Calvo García, 2007; Naredo, 2012; Ortubay, 2015). Frente a esta situación, en 2016, el Consejo General del Poder Judicial publicaba una Guía práctica de aplicación de la LO 1/2004 (CGPJ, 2016)[17] en la que advertía a los jueces de «la

---

16 Leyes mediante las que se obliga a los operadores jurídicos a investigar cuál de las dos partes en un caso de violencia doméstica ha iniciado las agresiones. Se trata, con ello, de filtrar los supuestos en los que una de las personas actúa en legítima defensa, evitando así su arresto como sujeto activo.

17 Disponible en: https://www.poderjudicial.es/cgpj/es/Temas/Violencia-domestica-y-de-genero/Actividad-del-Observatorio/Guias-practicas/Guia-practica-de-la-Ley-Organica-1-2004—de-28-de-diciembre—de-Medidas-de-Proteccion-Integral-contra-la-Violencia-de-Genero—2016-, consultado el 30/08/2025.

conveniencia de cribar la razonabilidad de la denuncia cruzada, como filtro antes de imputar sorpresivamente a [...una potencial] víctima» (CGPJ, 2016: 258). En ese sentido, el documento reiteraba el riesgo que suponía condenar injustamente a mujeres víctimas, recomendando «actuar con especial cautela para evitar que [...] puedan verse imputadas por [...] violencia doméstica ante cualquier manifestación meramente defensiva por su parte» (2016: 259). Desde entonces, entre 2012 y 2022, el número de condenas en estos supuestos se ha dividido por cinco[18].

Por último, es necesario precisar que no todas las mujeres se enfrentan de la misma manera al proceso penal (Mahon y Pence, 2003): en Estados Unidos, las que contradicen los estereotipos de género tienen más probabilidades de ser detenidas por violencia en la pareja, especialmente las afrodescendientes y las jóvenes (Miller, 2001: 1348). En España, las mujeres inmigrantes víctimas de violencia de género acusadas por sus agresores también han sido condenadas con más frecuencia que las españolas en situaciones similares (93% frente a 62%, respectivamente, en 2010) (Naredo, 2012: 81). En Francia, las investigaciones han demostrado que los hombres con bajos ingresos y escasa cualificación representan un mayor porcentaje entre la población derivada a los programas RAVC. Los descendientes de inmigrantes (de primera generación) procedentes de países del norte de África, del África subsahariana o de otros países de confesión mayoritariamente musulmana también están sobrerrepresentados (Oddone y Boué, 2023). Estas estadísticas demuestran la necesidad de movilizar un marco de análisis interseccional, capaz de contemplar la imbricación del sexismo con otros sistemas de dominación y poder como son el clasismo, el racismo, el validismo o el edadismo.

---

18 Según datos del CGPJ, en 2012, unas 500 mujeres habían sido condenadas en este contexto; en 2022, 109 mujeres fueron procesadas y 94 condenadas en juzgados especializados en violencia sobre la mujer.

3. EVOLUCIÓN Y CONTEXTO DE LOS CURSILLOS DE INTERVENCIÓN PARA AGRESORES DE VIOLENCIA CONYUGAL EN FRANCIA

En Francia, los primeros cursillos de intervención en materia penal se introducen en 2004 con la Ley 2004-204 de 9 de marzo, *de adaptación de la justicia a la evolución de la delincuencia*[19]. Conocidos en aquel momento como «cursillos para la ciudadanía» (*stages de citoyenneté*), pasan más tarde a ser denominados «cursillos o programas de responsabilización» (*stages de responsabilisation*, traducidos para este trabajo como «cursillos» o «cursos de intervención») con el objetivo de «lograr un equilibrio entre la educación, la prevención y la sanción, todo ello al servicio de una adaptación cualitativa de la respuesta penal a los delitos leves» (Gautron y Raphalen, 2013). Para poder ser derivado a estos programas, el interesado debe previamente haber reconocido los hechos constitutivos de delito, así como sufragar los costes que se derivan de la medida, que oscilan entre los 200-250 euros. No realizar el cursillo constituye un delito de quebrantamiento de condena, sancionado con dos años de prisión y una multa de 30.000 euros (art. 434-41 del Código Penal francés). Dichas medidas pueden ser impuestas como penas accesorias, requisitos para acceder a la libertad condicional, o como alternativa al proceso penal, y su tipología varía en función del contenido abordado, abarcando desde la lucha contra la compra y consumo de servicios sexuales[20], hasta la promoción de la seguridad vial o de la responsabilidad parental, pasando por la prevención y la sensibilización en materia de violencia doméstica. En este

---

19 Loi 2004-204 du 9 mars 2004 *portant adaptation de la justice aux évolutions de la criminalité.*

20 Francia dispone de una legislación abolicionista de la reglamentación de la prostitución que, entre otras medidas, penaliza a los clientes desde 2016 (Loi n° 2016-444 du 13 avril 2016 *visant à renforcer la lutte contre le système prostitutionnel et à accompagner les personnes prostituées*).

último caso, y según el Código penal, los cursillos tienen como objetivo «recordar al condenado el principio republicano de igualdad entre mujeres y hombres, la gravedad de la violencia, cualquiera que sea su forma, ya sea violencia conyugal o violencia sexista y, en su caso, el deber de respeto mutuo que implica la vida en pareja»[21].

Los cursos RAVC han sido objeto de investigaciones sociológicas recientes que abordan las experiencias de los hombres condenados (Delaunay, 2023; Oddone y Boué, 2023; Oddone, 2020; Oddone y Blouin, 2022). Dichos estudios señalan su ineficacia e insuficiencia a la luz de los estándares internacionales, fundamentalmente por la falta de formación en cuestiones de género de los profesionales que intervienen. También queda constancia de la ausencia de seguimiento tras la realización de la medida, ya que no existe ninguna evaluación posterior de la reincidencia, pudiendo darse situaciones de riesgo para las mujeres y los niños y niñas víctimas (Oddone y Blouin, 2022; GREVIO, 2019). Además, dichas investigaciones ponen de manifiesto graves situaciones de connivencia y complicidad entre los agresores que cursan los programas y algunos de los profesionales que los imparten, quienes, en ocasiones, pueden llegar a sugerirles estrategias para vulnerar las medidas de alejamiento y las prohibiciones de contacto con las víctimas (Oddone y Blouin, 2022). Todas estas deficiencias también fueron señaladas por el GREVIO en su primer informe de evaluación para Francia, según el cual la eficacia de los cursos «adolece de una falta de supervisión basada en los principios de seguridad, apoyo y respeto de los derechos humanos de la víctima» (GREVIO, 2019: 40). Sin embargo, ni el grupo de expertos se pronunció sobre la presencia simultánea de hombres y mujeres en los cursillos, ni los estudios mencionados abordan la cuestión específica de las mujeres condenadas, probablemente por ser un fenómeno relativamente reciente. En ese sentido, para Delau-

---

21 Previstos por el art. R131-35 del Código Penal.

nay, «la presencia de mujeres evidencia el carácter simétrico de la violencia doméstica y, para los hombres, es la prueba de que la responsabilidad del acto es compartida» (2023: 104).

4. CUESTIONES EPISTEMOLÓGICAS Y METODOLOGÍA ADOPTADA

Nuestro estudio empírico exploratorio se basó en 23 entrevistas semi-estructuradas con 18 profesionales socio-jurídicos vinculados a la gestión de los programas RAVC (incluyendo 3 entrevistas grupales) y 5 entrevistas con mujeres víctimas que habían sido condenadas como agresoras. La investigación se desarrolló en una ciudad francesa, situada fuera de la zona rural, con una población joven (más de un tercio del total tiene entre 15 y 29 años), un cierto dinamismo económico y una media de residentes extranjeros inferior a la de otras ciudades europeas de características similares.

Las mujeres víctimas fueron contactadas a través de una asociación local de apoyo y de acompañamiento. Ninguna de ellas fue seleccionada a través de los cursos RAVC, a pesar de nuestras múltiples demandas para asistir como observadoras. El criterio de inclusión en la muestra consistía en reunir la doble condición de víctima de violencia machista en la pareja y de haber sido considerada como agresora, derivada a los cursos RAVC. Con estas premisas, recogimos cinco testimonios, cuatro de ellos de mujeres condenadas que previamente habían denunciado a sus (ex) cónyuges por violencia; y uno de una víctima a la que finalmente se le eximió de responsabilidad por actuar en defensa propia. De las cinco, cuatro fueron detenidas y obligadas a permanecer en dependencias policiales. Todas ellas tenían edades comprendidas entre los 32 y los 55 años, eran de clase trabajadora y con profesiones ligadas a la cultura, a la artesanía y a los servicios de limpieza. En el momento de las entrevistas, dos de ellas estaban desempleadas, una en el paro y la otra, aunque había sido funcionaria en su país de origen en África, su partida y posterior instalación indefinida en Francia habían supuesto la pérdida de dicha condición, sufriendo un grave deterioro social y económico. Cuatro de las cinco tienen hijos e hijas, todos menores salvo en un caso. Tres de ellas tienen la nacionalidad francesa y dos son extranjeras con permiso de residencia.

Por otro lado, las profesionales de nuestra muestra, quince mujeres y tres hombres, tenían edades comprendidas entre los 24 y los 68 años, y seis de dieciocho (un tercio) contaban con una formación específica de nivel máster en temas de género. Entrevistamos a ocho personas que trabajaban directamente en los cursos RAVC: la jefa de servicio y la coordinadora, ninguna con formación específica en violencia; cinco animadores o interventores (en francés, *animateur* o *animatrice*), de los cuales tres sociólogas, un educador y una mediadora; y una estudiante de máster en estudios de género que había participado como observadora en varios cursos RAVC de una zona rural de Francia. También nos reunimos con dos miembros de la fiscalía: una fiscal adscrita adjunta[22] especializada en materia de violencia conyugal, y un delegado del fiscal[23], ambos respectivamente con una semana y tres días de formación en materia de violencia doméstica, impartida por la Escuela Judicial (*École Nationale de la Magistrature, ENM*). Por último, en lo que afecta a la asistencia y al acompañamiento de las víctimas, entrevistamos

---

22 *Procureur adjoint*: miembro de la fiscalía que asiste a un fiscal jerárquicamente superior.

23 *Délégué du procureur de la République*: ciudadano de a pie que, en determinadas condiciones, puede ejercer funciones básicas de gestión y de administración procesal en representación de la Fiscalía. Según la página oficial del Ministerio Fiscal francés, dichas funciones consisten, entre otras, en orientar a las partes hacia medidas alternativas al proceso en caso de delitos leves, notificar las resoluciones judiciales a las personas interesadas, o ejercer labores de mediador penal buscando un acuerdo amistoso entre víctima y agresor. Fuente: https://lajusticerecrute.fr/metiers/deleguee-du-procureur-de-la-republique, consultado el 30/08/2025.

seis profesionales de dos estructuras diferentes dependientes de la *Fédération Nationale Solidarité Femmes* (FNSF)[24], una abogada especializada en violencia y una jueza de familia.

Las 23 entrevistas se realizaron individualmente o en binomio durante el año 2023, y el contacto se formalizó a través de una carta de presentación de la investigación, en la que se detallaban los objetivos y las garantías de confidencialidad y anonimato. Todas las entrevistas, excepto tres, fueron cara a cara y duraron entre 30 y 120 minutos. Se transcribieron íntegramente, se codificaron y se analizaron y, por último, se anonimizaron los nombres propios de personas y lugares mediante el uso de pseudónimos. Cabe señalar que todas las entrevistas se realizaron en francés, de modo que las citas utilizadas para el presente articulo son traducciones nuestras. Utilizamos un software de libre acceso denominado *Taguette* para realizar el trabajo de codificación de forma colaborativa: anclados en nuestros datos como corpus textual, creamos 24 códigos que agrupan diferentes extractos recurrentes y significativos de las entrevistas. Nos basamos en el análisis crítico del discurso, situando los relatos de las entrevistadas en su contexto y en las relaciones de poder en las que se enmarcan (Lazar, 2007). Analizamos las entrevistas individualmente y de forma transversal, por separado para el grupo de profesionales y para el grupo de mujeres implicadas en procesos judiciales. Nos basamos en las reflexiones epistemológicas que propone la investigadora italiana Patrizia Romito, según la cual «un aspecto principal y revolucionario de la metodología feminista ha sido y es hasta ahora, el de escuchar a las mujeres, creerles y legitimar su punto de vista» (2007: 148). En el siguiente apartado presentamos los resultados más destacados de nuestra investigación, teniendo en cuenta que deben interpretarse con cautela dado el carácter no representativo y exploratorio del estudio.

---

24 La FNSF reagrupa las 81 asociaciones que acompañan y acogen cada año a más de 30.000 mujeres víctimas de violencia en la pareja en Francia.

5. PRINCIPALES RESULTADOS

Este apartado se estructura en cinco puntos: los cuatro primeros tratan de las prácticas y representaciones de género que los profesionales que trabajan con las mujeres pueden llegar a desarrollar en los programas RAVC, el quinto aborda los relatos de las víctimas.

5.1. El contenido heterogéneo y contradictorio de los cursillos RAVC

La organización de los programas en cuestión depende de la fiscalía, que trabaja en colaboración con varias asociaciones socio-jurídicas encargadas de la gestión y desarrollo de las sesiones. Estas se llevan a cabo bajo la supervisión de diversos equipos de interventores formados por psicólogos, trabajadores sociales y educadores, entre otros. Cabe precisar que a ninguno de ellos se les proporciona información sobre los antecedentes penales de las personas derivadas a los RAVC.

En cuanto a la duración, dichas medidas se desarrollan durante dos días, pero en algunas regiones pueden prolongarse hasta cuatro (Oddone y Boué, 2023). Los contenidos tratados incluyen temas ligados a la psicología, al derecho y a la sociología, aunque esta última no siempre está presente (Delaunay, 2023). A pesar de que el carácter pluridisciplinar de los equipos parece, a primera vista, una ventaja para abordar estas cuestiones, las interventoras entrevistadas señalan una falta de «cultura común» entre ellas, lo que a veces da lugar a discursos contradictorios, sobre todo por parte de los psicólogos, quienes a veces contradicen a los sociólogos. Por ejemplo, una de las entrevistadas parecía preferir el uso de la noción de conflicto conyugal en lugar de la de violencia:

> Les hablo de conflicto. ¿Qué es un conflicto? ¿Cómo podemos definirlo? ¿Qué tipos de conflicto existen? [...] Así que también les hablo de mediación familiar, conciliación, juicios [...]. Y luego les digo que también pueden organizar reuniones familiares o de pareja [...]. **(interventora, mediadora familiar, 42 años)**

Recordemos que, en Francia, tanto la mediación penal como la civil están formalmente prohibidas desde 2014 en casos de violencia conyugal[25]. Además, estos programas están diseñados para tratar con personas condenadas por haber cometido hechos delictivos, infracciones que superan la mera calificación de conflicto. Confundir ambas cosas refuerza la conceptualización de la agresión simétrica y recíproca y despolitiza la violencia (Casas Vila, 2024). Además, observamos una alta rotación entre estos profesionales: el jefe de departamento y el coordinador se marcharon después de solo un año de trabajo, al igual que la mayoría de los interventores con los que nos reunimos, situación que dificultó la estabilización de los contenidos. Para los miembros de la fiscalía entrevistados, los RAVC como alternativa al proceso son una «mano amiga», una especie de «justicia comunitaria» para la «violencia de menor entidad» que permite a los delincuentes sin antecedentes recibir una primera llamada de atención antes de ser condenados. No obstante, para otros interventores de nuestra muestra, estas medidas, lejos de contribuir a la reinserción, trivializan la gravedad de los delitos cometidos:

> Realmente se le ha restado importancia a la violencia hasta el punto de que es sólo un curso de dos días. De hecho, un joven monitor solía decir: «Bueno, si estáis aquí es que no habéis hecho nada muy grave» [...]. [...] Me parece realmente problemático [...]. **(entrevista en grupo, interventora, socióloga, 36 años)**

A este respecto, algunos entrevistados llegaron incluso a señalar cómo, durante el desarrollo de los RAVC, no es infrecuente

---

25 En Francia, hasta la entrada en vigor de la Ley 2014-873 para la igualdad real entre mujeres y hombres, la mediación penal se utilizaba con víctimas que habían denunciado casos de violencia física o sexual. Dicha norma prohibió su uso (art. 33), que desde entonces solo se puede llevar a cabo cuando la víctima lo solicita y el agresor no es reincidente. La mediación familiar esta vetada también en casos de violencia en la pareja, pero continúa siendo ampliamente utilizada. En ese sentido, cfr. el informe del GREVIO (2019).

que las mujeres denuncien haber sufrido agresiones graves por parte de sus parejas:

> ... se trata de casos de lo que llamamos «violencia de menor nivel», en los que no hubo delito grave por supuesto... Aunque hay mujeres que hablan de cosas mucho más graves que vivieron antes [...]. Hablan realmente de palizas, de violencias económicas, de secuestros [...]. **(interventor, formación en economía social, 61 años)**

5.2. Las mujeres, de víctimas a «co-agresoras»

En nuestra investigación, la creciente presencia de mujeres en los cursos no parece percibirse como un aumento de la violencia femenina[26]. La mayoría de las personas entrevistadas eran más proclives a reconocer que las condenadas eran, más bien, víctimas. Por ejemplo, según la coordinadora de los RAVC, abogada de formación, 24 años, «*las mujeres que estaban allí como agresoras -de hecho, todas las del curso- eran víctimas de violencia*». Esta situación provoca a veces cierto malestar entre los profesionales, que las apartan y remiten a asociaciones y estructuras de apoyo para víctimas, o que incluso adaptan el contenido del curso. No obstante, no podemos asegurar que todos los equipos que trabajan en los RAVC utilicen la misma estrategia. Al revés, algunos ni siquiera modifican el contenido del programa en función del sexo de las personas a las que se dirigen. Otros, por su parte, evitan abordar la cuestión:

> ... tenemos mujeres que [...] nos cuentan que sufrieron malos tratos durante mucho tiempo y que nunca lo denunciaron. Después, ellas mismas habían ejercido violencia contra su pareja, y ésta presenta una denuncia y por eso se encuentran aquí. Así que hay un sentimiento muy real y encarnado de injusticia que intentamos dejar un poco de lado. **(coordonadora, 24 años, jurista)**

---

26 Como también ha quedado constancia en otras investigaciones. Cfr. Miller. (2001). ob. cit.

Para conseguir que la presencia de las víctimas en estas medidas, pensadas para agresores, resulte más coherente con la praxis profesional muchos interventores hablan de «co-autoras» o de «co-agresoras», conceptos que parecen estar ganando terreno. Cuando les preguntamos sobre su uso entre los equipos pluridisciplinares, varios profesionales nos respondieron de esta manera:

> Primera entrevistada: Es un término que se utiliza en todas partes. [...] Es el término que se utiliza en la (asociación socio-judicial) pero no es mi término. **(animadora, socióloga, 35 años)**
>
> Segunda entrevistada : ... al final, pude decir que estaba muy sorprendida de que hubiera mujeres víctimas de violencia conyugal presentes y ella (la fiscal) simplemente respondió que no, que de hecho, no había mujeres víctimas o, que en todo caso, sólo había "coautoras", así que si una mujer estaba presente, significaba que había habido agresiones mutuas, que los tribunales no podían equivocarse y que, en cualquier caso, daba igual que una mujer maltratara o que fuese un hombre, es lo mismo y se trata de la misma manera. **(entrevista grupal, animadora, socióloga, 36 años)**

Este discurso es un ejemplo más de la neutralidad sobre la que se ha construido el derecho penal francés a la hora de aprehender las particularidades de las violencias cometidas contra las mujeres (Brox Sáenz de la Calzada, 2020). En nuestro caso, el término «co-agresor» avala una simetría a la hora de establecer la responsabilidad penal, contribuyendo a invisibilizar la condición de víctima y equiparando los actos puntuales y defensivos de violencia que pueden cometer las mujeres con los actos graves y repetitivos perpetrados por la mayoría de los agresores (Brown, Debauche, Hamel y Mazuy, 2021). Así, mediante un giro terminológico, se invisibiliza la particular situación de las mujeres víctimas, llegando incluso a ser negada (Romito, 2007).

5.3. Relaciones de género y publico mixto

Según el sociólogo estadounidense Michael Kimmel (2002), hombres y mujeres viven y perciben la violencia de forma diferente: mientras que ellos tienden a sobrestimar tanto la violencia que cometen las mujeres como su propia victimización, ellas, a la inversa, subestiman su condición de víctimas y sobrestiman la gravedad de sus propias agresiones. En nuestro trabajo de campo también hemos podido observar cómo las mujeres son más propensas que los hombres a admitir su responsabilidad. Como relata una trabajadora de una asociación de apoyo:

> Esto ya ha pasado, vemos mujeres que enseguida admiten mucho más que los hombres, «sí, le he dado una bofetada, sí, le he arañado», en situaciones de defensa propia [...], dicen «sí, sí», lo admiten enseguida, son súper sinceras y se sienten culpables, mientras que ellos están en la negación total. **(entrevista de grupo 1)**

Aunque la mayoría de los participantes en los cursos son hombres, como decíamos a lo largo de este trabajo, la presencia femenina entre el público parece haber aumentado en los últimos años. En el transcurso de nuestra encuesta, en 2023, el tribunal de primera instancia de la ciudad analizada decidió, a título experimental y durante un año, segregar por sexo a las personas derivadas a los RAVC. Como nos explicó un miembro de la fiscalía:

> ... nunca se deja a una mujer sola en un curso de violencia conyugal rodeada solo de hombres. Así que hemos tenido sesiones mixtas en las que la mitad de los participantes eran mujeres y la otra mitad hombres. Y como hay menos mujeres que tienen que hacer estos cursos, hay sesiones mixtas en las que realmente no hay muchas mujeres [...]. **(delegado del fiscal, 68 años)**

Sin embargo, esto no es extensible a todo el país: a veces las mujeres se encuentran solas, o, incluso, en el mismo curso que sus (ex)parejas[27], cuestión que debería ser examinada con más ahínco para comprender si se trata de situaciones sistemáticas o aisladas. En cualquier caso, a nivel oficial y normativo no existen directrices organizativas en materia de RAVC que impidan que miembros de

[27] Información recogida en las Universidades de otoño de la FNSF, 2024.

la misma pareja, objeto de denuncias cruzadas, participen en el mismo grupo. Para algunos interventores, el hecho de tener un público mixto fomentaría «una dinámica de grupo constructiva», en la medida en que la presencia de mujeres «facilitaría la comunicación», «apaciguaría a los hombres» y crearía un «mejor ambiente»:

> Y, de todos modos, me pareció que tener un público mixto realmente añadía un plus, al menos en estos grupos. Porque, en general, los hombres se comportaban de manera más cuidadosa. No porque estuvieran frente a mujeres, sino porque creo que también esto les obligaba a enfrentarse a las víctimas que ellos mismos eran... Así que, aunque fuese por estrategia, pero no querían parecer unos brutos. **(interventor, educador especializado, 43 años)**

Ahora bien, para otras trabajadoras, el carácter mixto del curso genera todavía mayores dificultades para las mujeres:

> ... Te diré lo que me dicen: lo que es violento, al menos para ellas, es precisamente estar en medio de hombres de los que han sido víctimas. **(abogada, 36 años)**

> Lo que me resultaba difícil en estos cursos mixtos era que teníamos mujeres que venían aparte a contarnos sus dificultades para estar en estos espacios con hombres, sabiendo que algunas de ellas también habían sido víctimas de violencia grave, algunas incluso de violencia sexual. Y que estar en presencia de hombres que no eran necesariamente agresivos, pero que, en cualquier caso, también expresaban esta relación un tanto dominante, podía ponerlas en grandes dificultades y que no se sentían necesariamente seguras. **(coordinadora, abogada, 24 años)**

5.4. De la violencia «recíproca» a la autodefensa «desproporcionada»

Según algunos entrevistados, la presencia de las mujeres en los cursos contribuye a poner en valor una concepción neutra de la violencia conyugal, basada en la simetría entre mujeres y hombres (Delaunay, 2023). En ese sentido, la resistencia a integrar una perspectiva de género en el análisis de la violencia también está presente entre los profesionales del derecho, que la perciben como una ruptura de la igualdad. Como explica la fiscal adjunta,

> Y nuestras (sic) asociaciones feministas ven con muy malos ojos que nos «atrevamos» a encausar a las mujeres violentas. Para nosotras, la ley no hace distinción entre los sexos. Así que sería ilegal decir «nuestro principio es que no perseguimos a las mujeres por violencia conyugal». La ley nos lo prohíbe formalmente. No debemos hacer distinciones de género. **(fiscal adjunta especializada en violencia en la pareja, 32 años)**

Para otros profesionales, sin embargo, la presencia de mujeres en los RAVC respondería más bien a situaciones de legítima defensa:

> Lo que es una completa locura es que, a menudo, las mujeres que son procesadas lo son por violencia conyugal. Así que, la mayoría de las veces, conocemos los porcentajes, se trata simplemente de gestos en defensa propia. Así que, en realidad, [en estos cursos] se encuentran rodeadas de agresores. **(abogada, 36 años)**

En ese sentido, en Francia, es la Fiscalía quien, en un primer momento, filtra los asuntos que pasan posteriormente a los jueces de instrucción (art. 40-1, Código de Procedimiento Penal). En dicha tarea entra en juego el principio de oportunidad de la acción penal (*principe de l'opportunité des poursuites*), particularidad francesa que le otorga al fiscal la competencia de decidir discrecionalmente si sigue adelante con el ejercicio de la acción penal, deriva a las partes hacia una medida alternativa, o si, en su lugar, sobresee el caso. Ante las situaciones expuestas, podría contemplarse la eximente de legítima defensa (art. 122-7, Código Penal francés), circunstancia que juega un papel crucial para las mujeres víctimas (Le Magueresse, 2016). Sin embargo, para poder ser aplicada, el Código Penal exige la concomitancia de un ataque injustificado, contra uno mismo o contra otros, con una defensa proporcional, inmediata y necesaria (art. 122-5 al. 1), condiciones de estricta interpretación. Según el delegado del fiscal entrevistado:

> La mayor parte de la violencia cometida por las mujeres contra los hombres es recíproca. Así que estamos casi más en la tesitura de valorar la legítima defensa desproporcionada, en la que la mujer se toma la justicia por su mano, que la violencia inicial. Es decir, es realmente excepcional que una mujer sea violenta, físicamente al menos, con su pareja. **(delegado del fiscal, 68 años)**

Como decimos, jurídicamente, calificar la legítima defensa en estas situaciones sigue siendo una tarea pendiente. Tanto es así que, según nuestras entrevistas, en ciertas condiciones, algunos profesionales pueden llegar incluso a animar a las víctimas a no defenderse ante las agresiones:

> ... lo que llama la atención es que hay una violencia inicial en la que ella se defiende y es procesada, y luego hay nuevos actos de violencia por parte del hombre, en los que le llega a herir en el ojo, por decirlo suavemente (le tuvieron que operar 4 veces por desgarros en la retina), y ahí ella me dice, literalmente: «Ya está, no me defendí porque pensé en lo que me había dicho la fiscal». Una grave consecuencia fue que asumió que no debía defenderse, porque la fiscal le había dicho que eso era violencia, que había sido violenta. **(entrevista de grupo 1)**
>
> Una mujer nos dijo que no nos defendiéramos. Que si alguien nos pega, no hagamos nada, que llamemos a la policía. Le digo: pero espera, o sea, ¿cómo lo hago? Primero tengo que quitarme de encima al que me está pegando para que pueda llamar a la policía. «Pues no, no hacéis nada» porque si no, nosotras también somos culpables, si empujamos, si nos defendemos... Nada, culpables. **(Houria, 55 años, 3 hijos)**

5.5. Las consecuencias de los cursillos RAVC en las mujeres entrevistadas

Cursar un programa de intervención para agresores, permanecer detenida en dependencias policiales como supuesta autora de violencia, o, de manera general, acabar inmersa en un proceso judicial de forma inesperada impacta gravemente en la vida de las mujeres. A partir de las cinco entrevistas realizadas, esta sección presenta algunas de dichas consecuencias.

5.5.1. La pérdida de confianza en la justicia

Las trayectorias de las mujeres entrevistadas varían: mientras que algunas fueron obligadas a cursar un programa de intervención a pesar de haber denunciado previamente a sus maridos; otras habían sido citadas y detenidas directamente por la policía como autoras de violencia, a veces incluso por agresiones que nunca habían cometido. A pesar de estas diferencias, sus relatos coinciden en una profunda sensación de abandono por parte de la justicia, sentimiento vinculado al no reconocimiento de su condición de víctimas. Por ejemplo, Cindy, agredida por su marido, tuvo que realizar un curso RAVC, al mismo título que su agresor. Como decíamos previamente, estas medidas no contemplan un seguimiento de la reincidencia. El caso de nuestra entrevistada refleja las consecuencias de dichas lagunas: unas semanas después del cursillo, su marido volvió a agredirla, dejándole esta vez graves secuelas (hematomas de más de 10 cm, varias operaciones oftalmológicas). Tras este segundo episodio violento, relataba:

> Las consecuencias me habían traumatizado y, sobre todo, lo que más me dolió de toda la situación fue la forma en que reaccionó la gendarmería... De hecho, tengo la impresión de que, desde fuera, pensaron que éramos un poco como dos chavales que se habían reñido y luego, "venga, eso será la atracción del día, estarán un rato en comisaría y luego les vendrá bien un cursillo". Y el hecho de que acabara teniendo que hacer el curso, sabía que era otra humillación más. **(Cindy, 32 años, sin hijos)**

De manera similar, Lamya nos explicaba:

> Así que, de hecho, no tuve otra opción que aceptar esta mierda de cursillo. Y lo peor de todo, es que la señora te mira y te lo recita todo. No te queda más remedio que ponerte a llorar y quedarte petrificada de miedo. Te lo juro, salí de allí, e incluso yo estaba muerta de miedo todo el rato, sabes, estás allí, ¡ves a gente que es violenta, que usa armas y esas cosas! Y yo era la única idiota que estaba allí en defensa propia, si no, habría tenido que esperar a que me mataran. **(Lamya, 42 años, 2 hijos)**

Estos relatos son también un ejemplo de cómo, más allá de las cuestiones de «legitimidad» que pueda plantear la defensa propia, como apunta la filósofa francesa Elsa Dorlin, se trata de una cuestión vital, ya que «lo único que está en juego es la vida: que no te maten directamente» (Dorlin, 2019: 17-18).

La obligación de pasar por un cursillo RAVC también deteriora su relación con la justicia en materia de protección. En los relatos estudiados, la desconfianza en el sistema judicial y en las fuerzas del orden disuade a las mujeres de presentar una nueva denuncia si vuelven a ser agredidas. Por ejemplo, el hecho de haber sido condenada como autora condujo a Cindy a no pedir ayuda a la policía tras el segundo incidente:

> La primera vez que estuve en el curso, en realidad yo no era la víctima. Como consideran que es "violencia recíproca", yo no estaba en la posición de una víctima, así que cuando me volvió a pegar, y que aquí fue realmente muy grave y que realmente tenía heridas incluso sangre... Tenía tanto miedo de las consecuencias porque como no me creyeron la primera vez, pues claro, dije que no pasaba nada. **(Cindy, 32 años, sin hijos)**

Maryam, extranjera que ejercía de funcionaria en su país natal, se casó con un hombre francés con el que se mudó unos meses después. A partir de entonces fue agredida psicológica y sexualmente hasta que, un día, cuando intentaba abandonar el domicilio conyugal, él la denunció falsamente por una autolesión. Como consecuencia, fue detenida por la policía:

> Así que eso fue todo, estuve detenida, me llamó el fiscal, me dijo que como era su palabra contra la mía, me iban a remitir a las dependencias policiales de (la ciudad investigada), y me presenté ante el fiscal por la mañana. Pensé para mis adentros, este es mi mundo derrumbándose [...]. ¿Cómo es posible que yo venga de mi país, que nunca he tenido problemas con la justicia, y vaya ahora a tener antecedentes penales en Francia, sólo porque este hombre quiere librarse de mí? Empecé a llorar, a sacar toda mi rabia. **(Maryam, 45 años, 2 hijos menores de edad)**

Además, una vez bajo custodia policial, es frecuente que los profesionales inciten a las partes a testificar en el mismo lugar para así poder contrastar sus versiones[28]. No obstante, es sabido que en los casos de violencia machista las víctimas suelen arrastrar un largo historial de amenazas, coacciones y control psicológico. En estos supuestos, reunir las partes acentúa esta asimetría, induciéndoles a ellas a asumir una mayor responsabilidad, lo que a menudo conlleva un reconocimiento de los hechos y, de rebote, de su culpabilidad. Es el caso de Marie-Lou, quien, tras haberse defendido mordiendo a su ex marido cuando éste la estrangulaba, es trasladada a comisaría y la policía le propone un careo que contribuirá a generar una sensación de desamparo judicial:

> Me detuvieron. Esa noche, hacia medianoche, me llevaron a un despacho y me pidieron mi versión de los hechos. Expliqué exactamente lo que había pasado. Habíamos tenido una fuerte discusión, él me había estrangulado y yo le había mordido para defenderme, para quitármelo de encima [...]. A la mañana siguiente, hubo un careo [...] Le tenía mucho miedo, y dada la situación en la que nos encontrábamos, el poder que tenía sobre mí, me había amenazado de muerte, con quitarme a mis hijos, había intentado estrangularme.... Estaba muy asustada. Así que, delante de él, le dije que sí a todo lo que me dijo que había hecho. Así que, de hecho, reconocí mi culpa. **(Marie-Lou, 39 años, 2 hijos menores de edad)**

Por otro lado, a nivel civil, cuando la mujer tiene hijos menores de edad en común con su ex pareja, acudir a los tribunales puede alterar el régimen de guarda y custodia, y, en último término, el ejercicio de la patria potestad. Unos meses después de ser detenida por la policía, Marie-Lou recibió una carta de los servicios sociales:

> Me arriesgo a perder la custodia de mis hijos porque él los llevó a comisaría [...] declarando contra mí que era una madre maltratadora. Recibí una carta de protección de la infancia y de los servicios sociales diciendo que mis hijos corrían peligro por mi culpa. **(Marie-Lou, 39 años, 2 menores)**

---

[28] Según la terminología francesa, este método de investigación se denomina *confrontation* y consiste en reunir a los supuestos agresores con las víctimas para contrastar las versiones de los hechos y aclarar la verdad.

En este caso, aunque finalmente se declaró inocente a Marie-Lou por haber actuado en defensa propia, en el momento en el que realizamos la entrevista la cuestión de la custodia de sus hijos era todavía incierta.

5.5.2. Inseguridad jurídica y precariedad económica

En otro orden de cosas, los resultados obtenidos también nos permiten afirmar que las mujeres inmigrantes son víctimas por partida doble: además de la falta de apoyo en un país que no es el suyo, verse obligadas a cursar un programa de intervención puede llegar a poner en entredicho su permiso de residencia, habida cuenta de los posibles procedimientos judiciales en su contra. Por ejemplo, Maryam, de un país africano:

> Eso es lo que realmente me asusta, porque él es francés... Tengo miedo de que los tribunales no fallen a mi favor, y estoy amenazada con ser deportada porque el juicio ya está previsto para marzo del año que viene, pero ahora mi visado expira en octubre, y podrían deportarme. No sé por dónde voy a empezar. Si me deportan, será una catástrofe para mí. **(Maryam, 45 años, 2 hijos menores)**

Por último, desde el punto de vista económico, el artículo 131-5-1 del Código Penal estipula que el coste de los cursillos corre a cargo del interesado. En el caso de nuestras entrevistadas, el hecho de tener que pagar entre 200 y 250 euros, añadidos a los gastos diarios de manutención de los hijos, contribuye a agravar su situación de precariedad económica. Tal y como nos relataba Houria:

> Sí, 200 euros es mucho para mí. Cobro una pensión por invalidez y solo trabajo 14 horas a la semana. Y tengo tres hijos, incluso mis hijos mayores, trabajan un poco, me ayudan, me ayudan un poco a pagar el agua, la luz, pero por lo demás, todo lo demás depende de mí. **(Houria, 55 años, 3 hijos)**

6. CONSIDERACIONES FINALES

Los resultados presentados se basan en una investigación sociojurídica exploratoria realizada a lo largo del año 2023, con el objetivo de comprender la creciente presencia de mujeres en los cursillos RAVC. En Francia, las encuestas de victimización han mostrado la asimetría de género que caracteriza la experiencia y el impacto de la violencia conyugal en hombres y en mujeres (Brown, *et al.*, 2020). Las profesionales entrevistadas también parecen ser conscientes de estas diferencias, ya que coinciden en que muchas de las mujeres derivadas a los cursos en cuestión son, en realidad, víctimas. Sin embargo, los resultados obtenidos también revelan divergencias en la praxis profesional, y ponen de relieve la centralidad que todavía poseen los discursos sobre la neutralidad de la ley francesa en la aprehensión de la violencia conyugal (Brox Sáenz de la Calzada, 2024).

A este respecto, según Oddone y Boué (2023: 133), en Francia, la dimensión de género en el estudio de la violencia masculina parece haber quedado relegada a un segundo plano. En el caso de la intervención con hombres violentos, este enfoque ni siquiera se incluiría entre las categorías relevantes de análisis, dificultando así la toma en consideración de las particularidades de las agresiones cometidas por mujeres «maltratadas» y favoreciendo, paradójicamente, su posterior enjuiciamiento (Mahon y Pence, 2003). Creemos que estas incongruencias pueden estar en el origen del «malestar» señalado por nuestros entrevistados. En ese sentido, los interventores parecen tener distintas opiniones y formación sobre las cuestiones de género que se abordan en los cursos RAVC, hasta el punto de que algunos, conscientes de que buena parte de las mujeres condenadas son, en realidad, víctimas, desarrollan estrategias de acompañamiento para poder ayudarlas a pesar de haber sido condenadas. La decisión de la fiscalía del tribunal estudiado de experimentar durante un año con cursillos RAVC no mixtos, o la inclusión en el contenido del curso de la perspectiva sociológica en materia de género son sólo algunos ejemplos. Nuestro estudio muestra la existencia de las brechas y contradicciones provocadas por un enfoque neutro que pretende ser ciego al género de la violencia, pero que sin embargo contribuye a generar mayores desigualdades de género. Por otro lado, este trabajo también revela una falta de reflexión entre los operadores jurídicos sobre la aplicabilidad de la legítima defensa en los procesos penales que afectan a las mujeres víctimas, aspecto que, habida cuenta de la rigidez con la que se interpretan las condiciones de esta eximente, no es del todo sorprendente (Laurenzo, 2020; Le Magueresse, 2016).

La introducción en 2014 de los cursos RAVC para autores de violencia conyugal respondía a una loable intención: reforzar el aspecto preventivo y educativo del sistema penal para aquellos casos de agresiones de «menor gravedad» cometidas por personas no reincidentes. Concebidos como una alternativa al proceso penal, estos programas o cursos (*stages*), en su sentido más amplio, se han ido imponiendo progresivamente en el panorama nacional, hasta el punto de estar hoy en día previstos para un gran número de delitos.

De las entrevistas realizadas para este proyecto pueden extraerse varias conclusiones. En primer lugar, todas las mujeres entrevistadas y condenadas como autoras de violencia son víctimas habituales de sus (ex)cónyuges. No reconocerles esta condición es todavía más gravoso si se tiene en cuenta el carácter esencialmente masculino de la población derivada, legitimando un sentimiento de impunidad en ellos, y de abandono en el caso de las mujeres. Además, éstas, revictimizadas por la obligación de tener que asumir la responsabilidad de los hechos y de escuchar los relatos de los agresores, pierden la confianza en el sistema judicial, a veces hasta el punto de no denunciar nuevas agresiones. La eficacia de estos cursos, concebidos para actuar en fases previas a la escalada de violencia y brindar apoyo psicológico, es claramente cuestionable cuando las víctimas no son reconocidas como tales. Sus efectos colaterales, a veces inevitables, socavan el objetivo último de estas medidas y cristalizan las asimetrías de género, especialmente graves cuando se trata de mujeres migrantes en situación de precariedad económica. Por todo ello, en términos generales, orientar a las mujeres víctimas hacia dichas medidas podría, a largo plazo, comprometer la norma de la debida diligencia asumida por Francia al ratificar el Convenio de Estambul (Brox Sáenz de la Calzada, 2024: 166-177). Condenar penalmente a las mujeres víctimas podría constituir incluso una forma de discriminación cuando su participación en la comisión de un delito está vinculada a situaciones de extrema vulnerabilidad (Laurenzo, 2020). La inclusión de la perspectiva de género en la interpretación del derecho penal es, por tanto, una exigencia del principio de no discriminación y no debe confundirse con una aplicación benevolente hacia las mujeres (Laurenzo, 2020). En último término, sería deseable que estas situaciones de victimización secundaria, ejemplos de violencia institucional de género (Bodelón, 2014; Casas Vila, 2022), fuesen analizadas a mayor escala.

7. REFERENCIAS BIBLIOGRÁFICAS

Bodelón, E. (2014). "Violencia institucional y violencia de género". *Anales de la Cátedra Francisco Suárez, 48*, 131–155.

Brown, E., Debauche A., Hamel, C. et Mazuy, M. (dir.). (2021). *Violences et rapports de genre. Enquête sur les violences de genre en France*, INED.

Brox Sáenz de la Calzada, A. (2019). «Una aproximación al concepto de género en Derecho penal francés y español. De la polémica a su validez». *Cuadernos Electrónicos De Filosofía Del Derecho*, n.º 40 (junio), 23-44. Disponible en: https://doi.org/10.7203/CEFD.40.13751. Consultado el 30/08/2025.

Brox Sáenz de la Calzada, A. (2020). «El Convenio de Estambul en Francia y en España: tareas pendientes». *Cuadernos Electrónicos De Filosofía Del Derecho, 43*, 46–64. Disponible en: https://doi.org/10.7203/CEFD.43.16780. Consultado el 30/08/2025.

Brox Sáenz de la Calzada, A. (2024). *Aspectos sociojurídicos de la violencia de género. Estudio comparado entre Francia y España.* REUS.

Calvo García, M. (2007). «La violencia de género ante la administración de justicia: primeros apuntes sobre la implementación de la LO 1/2004». *Cuadernos de derecho judicial*, 9, 75-100.

Casas Vila, G. (2022). «De l'injonction à porter plainte à la dénonciation des violences institutionnelles en Espagne: Quelles avancées après presque 20 ans de loi-cadre contre les violences de genre ? «. *Empan*, 128, 19-30. Disponible en: https://doi.org/10.3917/empa.128.0019. Consultado el 30/08/2025.

Casas Vila, G. (2024). «Une analyse féministe de la médiation familiale : des inégalités de genre aux violences machistes». *Revue des Médiations, 4*, 79-84.

Cardi, C., Pruvost, G. (dir.). (2012). *Penser la violence des femmes.* La Découverte.

Cavalin, C., Da Silva, J., Delage, P., Despontin Lefèvre, I., Lacombe, D. et Pavard, B. (2022). *Les violences sexistes après #MeToo.* Presses des Mines.

Delage, P. (2017). *Violences conjugales. Du combat féministe à la cause publique.* Les Presses de Sciences Po.

Delaunay, M. (2023). «La responsabilisation des auteurs de violences conjugales à l'épreuve de leurs stratégies de contestation des décisions pénales». *Déviance et Société* 2023/3, *3*(47), 401- 433. Disponible en: https://doi.org/10.3917/ds.473.0401, consultado el 4/09/2025.

Dorlin, E. (2019). *Se défendre. Une philosophie de la violence.* La Découverte.

Fédération Nationale Solidarité Femmes. (2025). *Défendre les droits des femmes : comment répondre collectivement aux mouvements réactionnaires et anti-droits ?* Actes écrits, Universités d'Automne, document interne.

Gautron, V. et Raphalen, P. (2013). «Les stages : une nouvelle forme de pénalité ? «. *Déviance et Société, 1*(37), 27-50. Disponible en: https://doi.org/10.3917/ds.371.0027, consultado el 04/09/2025.

Gil Ruiz, J.- Mª. (2018). *El convenio de Estambul: como marco de derecho antisubordiscriminatorio.* Dykinson.

GREVIO (2019). *Rapport d'évaluation* (de référence), France. Conseil de l'Europe.

Jouanneau, S. (2024). *Les femmes et les enfants d'abord ? Enquête sur l'ordonnance de protection.* CNRS Editions.

Kimmel, M. (2002). "'Gender symmetry' in Domestic Violence. A Substantive and Methodological Research Review". *Violence Against Women, 8*(11), 1332-1363. Disponible en: https://doi.org/10.1177/107780102237407. Consultado el 30/08/2025.

Laurenzo, P. (2020). "La responsabilidad penal de mujeres que cometen delitos en contextos de violencia de género o vulnerabilidad extrema". En Laurenzo, P., Laura Segato, R., Asensio, R., Di Corleto, J. y González, C. (2020). *Mujeres imputadas en contextos de violencia o vulnerabilidad. Hacia una teoría del delito con enfoque de género.* Programa EUROsociAL, 153-183.

Lazar, M. (2007). "Feminist critical discourse analysis: Articulating a feminist discourse praxis". *Critical Discourse Studies, 4*(2), 141-164.

Le Magueresse, C. (2016). «Les femmes victimes des violences de leur conjoint et la légitime défense». En Pichard, M. y Viennot, C. (dir.). *Le traitement juridique et judiciaire des violences conjugales.* (p. 217-232). Mare & Marin.

Lelièvre, M., Léonard, T. (2012). «Une femme peut-elle être jugée violente ? Les représentations de genre et les conditions de leur subversion lors des procès en comparution immédiate». En Cardi, C. y Pruvost, G. (dir.). *Penser la violence des femmes.* (p. 314-329). La Découverte.

McMahon, M. et Pence, E. (2003). "Making Social Change. Reflections on Individual and Institutional Advocacy With Women Arrested for Domestic Violence". *Violence Against Women, 9*(1), 47-74.

Miller, S. (2001). "The Paradox of Women Arrested for Domestic Violence. Criminal Justice Professionals and Service Providers Response". *Violence Against Women,* 7(12), 1339-1376.

Naredo, M. (2012). *¿El principio de "no discriminación" es un elemento esencial en la lucha contra la violencia de género?* Informe Anual 2012 sobre el racismo en el estado español. SOS Racismo.

Oddone, C. (2020). "Perpetrating violence in intimate relationships as a gendering practice: An ethnographic study on domestic violence perpetrators in France and Italy". *Violence: An International Journal, 1*(2), 242-264. Disponible en: https://doi.org/10.1177/2633002420962274, consultado el 04/09/2025.

Oddone, C. et Blouin, J. (2022). «Prise en charge des auteurs de violences conjugales: normes internationales et limites françaises». *Empan, 128,* 112-119. Disponible en: https://doi.org/10.3917/empa.128.0112, consultado el 04/09/2025.

Oddone, C. et Boué, M. (2023). «Action publique, gouvernementalité et violences conjugales. Enjeux de genre, classe, «race» dans la prise en charge des auteurs de violences en France». *Revue des sciences sociales, 70,* 130-143. Disponible en: https://doi.org/10.4000/revss.10211, consultado el 04/09/2025.

Ortubay, M. (2015). «Cuando la respuesta penal a la violencia sexista se vuelve contra las mujeres: las contradenuncias». *Oñati Socio-legal Series, 5*(2), 645-668.

Parent, C. (2012). «La criminologie féministe et la question de la violence des femmes». En Cardi, C., Pruvost, G. (dir.). *Penser la violence des femmes* (273-285). La Découverte.

Philippe, A. (2022). *La fabrique des jugements. Comment sont déterminées les sanctions pénales.* La Découverte.

Romito, P. (2007). *Un silencio ensordecedor. La violencia ocultada contra mujeres y niños.* Montesinos.

Romito, P. (2010). «Du silence au bruit : l'occultation des violences masculines contre les femmes». *Nouveaux Cahiers du Socialisme,* 4, 144–154.

Rueda Martin, M.A. (2023). «La Legítima defensa de la mujer frente a la violencia habitual en su relación de pareja o expareja con un hombre». *Revista General de Derecho Penal, 40.*

Saunders, D. (1986). "When battered women use violence: husbands abuse or self defense? ". *Violence & Victims,* 1.

Sheehy, E. (2014). *Defending battered women on trial: Lessons from the transcripts.* UBC Press.

How do you care? *Operadores sociales en la justicia de menores, entre el cuidado y los derechos*

MARÍA JOSÉ BERNUZ
(Universidad de Zaragoza)

JENNEKE CHRISTIAENS
(Vrije Universiteit of Brussels)

«uno deja de ser resistente ante la injusticia cuando pierde la capacidad de empatía. Por ello es preciso que el cuidado complemente la justicia» (Camps 2013, 9)

1. INTRODUCCIÓN

Desde sus orígenes, el debate político y la discusión sobre la finalidad de los sistemas de justicia de menores en Europa han estado íntimamente unidos a la tensión entre «educar» o «castigar», o la de lograr ambos objetivos a la vez. Esta dualidad forma parte de su caracterización *sui generis,* así como de las contradicciones que envuelven la actividad de esta institución específica para niños, niñas y adolescentes[1] que cometen delitos antes de la mayoría de edad penal (Fernández Molina 2008). Resolver esta tensión central entre aprovechar la ocasión para educar e integrar a la persona que todavía no ha llegado a la madurez, o castigar el delito cometido, condiciona la materialización de los derechos de la infancia o la respuesta al interés superior del niño, esenciales en la práctica diaria de las instituciones judiciales de menores. Esta tensión que define la propia institución se acaba traduciendo en exigencias paradójicas a quienes intervienen a diario con menores infractores e implementan las medidas judiciales. Deben promover y ejecutar medidas educativas, que los menores deben cumplir coercitivamente.

Además de esta tensión que deriva de las pretensiones contradictorias hacia la justicia de menores, tenemos las que proceden de las exigencias que se vuelcan sobre esta institución especializada. Las medidas impuestas judicialmente, no solo pretenden responder al delito, sino que aspiran a evitar la reincidencia y la consolidación de carreras delictivas en los menores de edad. De nuevo, la responsabilidad sobre el logro de estas pretensiones de largo alcance se vuelca en los operadores sociales que deben intervenir con las medidas, los recursos y en los tiempos decididos judicialmente. Lo que resulta adecuado para responder a la proporcionalidad con el delito cometido, puede no serlo cuando se trata de intervenir

---

1 Dado que una inmensa mayoría de quienes pasan por la justicia de menores son chicos, me referiré a los menores, sin ánimo de excluir a las chicas que cometen delitos.

educativamente con el menor. Se podría decir que los operadores sociales[2] se ven constreñidos por el logro de resultados, pero no siempre cuentan con los medios ni la estructura oportunos.

En tercer lugar, la confluencia del intervencionismo y del managerialismo ha hecho que las prácticas de los operadores sociales hayan cambiado mucho en términos de evaluación y cuantificación de su trabajo. En ocasiones parece que casi debe quedar registrado el número de casos atendidos, los informes realizados, o definidos el número de minutos por visita. Este control más cuantitativo del trabajo genera una pérdida de «valor» del propio carácter de las prácticas asistenciales de los operadores sociales. Su trabajo se convierte en una rutina en la que prima más la cantidad que la calidad y choca con la motivación principal de su trabajo, que tiene que ver con la intervención, más que con la gestión burocrática de la población.

Por ello, nos parece interesante reflexionar sobre las experiencias de los implicados en las prácticas de la justicia de menores y con un trato más próximo con los adolescentes: los operadores sociales. Son ellos quienes sufren más las tensiones de tener que educar en un contexto coercitivo y restrictivo de derechos, como lo es todo sistema penal. Para ello, es preciso revisar la bibliografía sobre la compleja, por contradictoria, labor de los operadores sociales (trabajadores sociales, educadores sociales, psicólogos o terapeutas ocupacionales) que conforman la justicia de menores. Todos ellos, dentro del marco jurídico que regula de manera relativamente flexible el funcionamiento de la institución, «hacen» la justicia juvenil en cada decisión que adoptan. Por eso nos parece esencial centrar la atención en los conflictos que se generan en ese *law in practice*. Sabiendo que, en ocasiones, nos encontraremos con formas de *action with (or without) law* cuando la ley constriñe tanto

---

2 Se hace referencia a los operadores sociales como categoría frente a los operadores jurídicos, sin hacer referencia al género de las personas que desempeñan esa función.

que impide al operador social realizar la función educativa que la misma normativa le encomienda y que su deontología le impone[3].

La relevancia de prestar atención a las prácticas y a los prácticos del sistema de justicia juvenil ha sido avalada por los resultados de investigaciones previas sobre los profesionales en este campo o en ámbitos asimilables. Trabajar en el contexto de la infancia en general y de la justicia de menores en particular, no sólo es muy exigente, sino que puede determinar una alta incidencia de *burnout* y de rotación de personal. Algunas entrevistas preliminares y exploratorias con trabajadores sociales de la justicia juvenil en Bélgica indican la presencia de angustia moral (*moral distress*) generada por los límites y obstáculos estructurales con que se encuentran a la hora de resolver y tratar casos individuales (relacionados con menores y sus familias) o desarrollar las intervenciones que entienden correctas. El capítulo aborda aspectos que permitan comprender el origen de estas tensiones y angustia moral que perjudica al operador social y a sus usuarios. Así, avanzamos de qué manera la formación recibida, la deontología profesional y las diferentes éticas de intervención pueden incrementar la tensión de hacer «trabajo de cuidado» en un contexto judicial penal o generar resistencias en los operadores sociales que deben actuar integrando tanto la ética del cuidado como la de la justicia, siendo conscientes de que ambas pueden resultar irreconciliables.

2. *BURNOUT*: EL DILEMA ÉTICO, LA FATIGA POR COMPASIÓN Y EL *MORAL DISTRESS*

El *burnout*, la fatiga o desgaste laboral ha sido reconocida como enfermedad profesional y afecta a un número cada vez mayor de personas y de sectores laborales. Algunos destacan que se produce

---

3 Kaminski (2015) hace referencia a esa *action with law* por parte de los profesionales que trabajan con el derecho en el ámbito penal.

el *burnout* principalmente cuando hay una tensión entre lo que uno espera del propio trabajo y lo que percibe que está ofreciendo (Lizano y Barak 2015, 19). Estos autores destacan, entre los síntomas que permiten identificar a una persona con *burnout*, el desgaste emocional por la sobrecarga, la despersonalización o cinismo, que actúan como mecanismos de defensa frente al agotamiento y la estimación negativa de los logros personales (Lizano y Barak 2015, 19). La importancia de detectar, prevenir y tratar el *burnout* es doble ya que una reducida o limitada satisfacción por el trabajo afecta, tanto al bienestar de la propia persona que lo sufre, como a su rendimiento y a los resultados de la organización para la que trabaja. Cuando, además, ese profesional trabaja de cara al público y con personas, éstas se van a ver afectadas por la actitud del trabajador-a que presenta síntomas de desgaste laboral y retendrán una imagen negativa de la institución u organización de la que el profesional es cara visible.

Es claro que las causas del *burnout* son de muy distinto tipo, tanto individuales, como organizacionales y estructurales. Entre los factores individuales, se hace referencia a la historia personal de cada uno, a la formación específica para desarrollar el trabajo o la capacidad para hacer frente a las situaciones complejas que deba gestionar en el desempeño laboral (MacFadden et alt. 2014, 5-7). Se apunta, no obstante, que las que mejor explican tanto el *burnout* como su contraparte, la satisfacción profesional, son las variables organizativas o estructurales (Stalker at al. 2007). Entre las cuestiones organizativas que condicionan una situación de *burnout* o su opuesto de satisfacción profesional están el compromiso con la profesión, la posibilidad o no de asumir retos profesionales, el apoyo o no del equipo de trabajo y de los supervisores, la ambigüedad o claridad en las funciones a realizar, la autonomía para desarrollar las funciones, el conflicto con las funciones a cumplir, la cantidad de trabajo o las mayores o menores posibilidades de promoción laboral. En trabajadores que intervienen con una población vulnerable, como puede ser la infancia en conflicto con la norma, las dificultades individuales y estructurales tienen una dimensión ética. De hecho, se ha analizado ampliamente la relación entre estrés ético y *burnout* (Imboden 2020).

Más concretamente, es preciso considerar varias cuestiones de ética en el trabajo que pueden acabar generando una situación de *burnout*: el conflicto ético (*ethical conflict* o *ethical stress*), la fatiga por compasión (*compassional fatigue*) o la angustia moral (*moral distress*), que analizaremos más en profundidad. Aunque lo dejaremos de lado en este estudio, baste apuntar que el conflicto ético puede producirse cuando no se tiene claro, a la vista de las circunstancias del caso, qué es lo correcto o para quién resulta realmente justa la decisión que se toma. De manera que, como indica Mänttäri (2019), sea cual sea la decisión que se toma, siempre se va a ver frustrado alguno de los principios éticos pudiendo producir un sufrimiento en quien debe tomar la decisión. Ahora bien, aunque tiende a entenderse el conflicto ético como algo negativo porque genera una cierta ansiedad el no saber qué actuación privilegiar, también se ha reivindicado su aspecto positivo dado que motiva una reflexión sobre las consecuencias éticas del propio trabajo, permite oponerse a las exigencias poco adecuadas y exige dejar de lado la apatía ética o la falta de responsabilidad moral (Mänttäri 2019, 9, 20). Cuestión distinta, que solo apuntamos en este momento, es la fatiga por compasión que puede producirse cuando existe una implicación personal muy intensa con la problemática a tratar y con las personas y colectivos que la sufren y que requieren una respuesta urgente pero difícilmente realizable por diferentes razones (Bride y Figley 2007). Esta excesiva empatía con la cuestión a resolver acaba generando impotencia y estrés para el operador.

Nos interesa más la cuestión de la angustia moral (*moral distress*), según la nomenclatura de Jameton (1984), que se produce cuando «uno sabe lo que hay que hacer, pero las limitaciones institucionales hacen casi imposible seguir el camino correcto». Se produce una tensión irresoluble entre «lo que sé que tengo que hacer y lo que puedo hacer». Como apuntan Austin et al., «cuando las opciones morales y las acciones se frustran por condicionamientos», se acaba generando angustia moral (Austin, Bergum and Goldberg 2003, 177). El propio Jameton (1984) hace referencia a tres elementos que están presentes en las situaciones de *moral distress*: 1) algún tipo de sufrimiento de una persona a su cargo; 2) una prestación de servicios profesionales que no mitigan el sufrimiento o que generan más angustia; 3) una prestación inadecuada o abusiva que es resultado de su falta de poder de decisión (en Brend 2020, 2). Además, He et al. (2021, 2) han mostrado que no solo se produce una angustia moral inicial ante la situación de tensión (frustración, ira y ansiedad), sino que también hay una de carácter reactivo o persistente, consecuencia de no haber podido resolver la situación.

Las gravosas consecuencias para trabajadores y usuarios hacen que sea esencial identificar las causas de la angustia moral para poderlas evitar y gestionar sus efectos. Entre las causas externas (organizativas y estructurales) que impiden hacer «lo correcto», se apunta a la valoración errónea por parte de otros profesionales, a una carga de trabajo inasumible, a la intervención de agencias externas que causan problemas a los usuarios, a normas y protocolos específicos del lugar de trabajo que pueden perjudicar a los usuarios o al miedo a las represalias por «saltarse las normas» para evitar todo lo anterior (Brend 2020, 2). Mänttäri (2019) plantea que lo que realmente hay tras una situación de angustia moral y de sufrimiento laboral es una limitación en la agencia ética.

Aunque advierte Mänttäri sobre la relación tan próxima entre la agencia ética y la estructura, se ha alegado que «las estructuras por sí solas no tienen el poder para determinar la forma de acción de los profesionales» (Weinberg 2009, 146). Si bien, recuerda Openshaw (2011), hay que reconocer que no siempre es fácil actuar de forma valiente (con *moral courage*), resistiendo a la autoridad de la institución para la que se trabaja y menos cuando el trabajador se siente solo o poco respaldado por el resto del equipo. Por ello, la autora propone el fomento de entornos de trabajo en los que se discutan en grupo las cuestiones éticas que permitan avalar la decisión del trabajador individual y establezcan formas de actuación a futuro consensuadas[4]. También se apunta que no se puede lanzar a los trabajadores a un planteamiento valiente (y resistente) cuando no se les ha dado herramientas para desarrollar habilidades y prácticas colectivas (Lynch y Forde 2016, 104). Los autores miran hacia elementos individuales y estructurales para salir de esa situación: «el fomento de su propio bienestar físico y emocional, el apoyo en el lugar de trabajo por parte de compañeros, una actitud optimista, la experiencia o el establecimiento de límites personales adecuados» (Attrash-Najar y Strier 2020, 23).

Sea por la razón que sea, lo cierto es que las situaciones de angustia moral con el posible *burnout* que genera son a tener en cuenta por las consecuencias para el trabajador y para los usuarios del servicio. Los estudios sobre el tema indican que se acaba generando en el trabajador un sentimiento de estrés y culpabilidad (Jameton 1984). Brend (2020, 2) apunta algunos indicadores individuales y laborales fácilmente identificables: «agotamiento; dificultad para dormir; sentimientos negativos (como ira, frustración o tristeza); dudas sobre uno mismo y alejamiento de amigos, familiares y relaciones positivas; ganas de dejar el trabajo o de rotar de puesto». Además, el *moral distress* también se ha denominado *emotional distress* por su afección a las emociones, que se concreta en «sentimiento de soledad e invisibilidad, de estar subestimada y frustrada, impotente, sin autoridad y menospreciada» y que puede llegar a la incapacidad para olvidar el trabajo fuera del horario laboral (Openshaw 2011). También se apunta al impacto que tienen sobre los usuarios todas esas cuestiones mencionadas que puede llegar a «la falta de habilidad para cuidar a los pacientes o evitar el contacto con ellos» (Attrash-Najar y Strier 2020, 23). Algo a considerar especialmente en trabajos «emocionales» en los que la relación y el trato con el usuario es esencial, como ocurre con infancia y juventud, que valoran es-

4 Cada vez hay más certeza de la relación entre sensibilidad ética, clima ético del lugar de trabajo y angustia moral (Lützén et al. 2010).

pecialmente la relación con sus profesionales (su honestidad o durabilidad, entre otras) de referencia (McLeod 2010).

3. EL ROL DE LA FORMACIÓN ÉTICA EN EL *MORAL DISTRESS* DE LOS OPERADORES SOCIALES

Mänttäri apunta que la angustia moral es un fenómeno complejo, consecuencia de una confluencia de factores. A medio camino entre los determinantes individuales e institucionales, apunta hacia las carencias en la formación para resolver conflictos éticamente, que se traduce en una falta de habilidades para reconocer cuestiones morales en la práctica diaria. Reconoce que esa falta de competencias puede dar lugar, tanto a una situación de angustia moral, como de insensibilidad moral, con dramáticas consecuencias para el servicio y el usuario, dado que la intervención debe resolverse éticamente (Mänttäri 2019, 16ss). En ese sentido, Banks (en Openshaw) destaca que «una situación que para una persona puede ser un simple dilema (porque se trata de una elección complicada entre dos vías de acción), para otra puede ser un dilema ético (la situación es compleja, pero es claro lo que hay que hacer) o puede ser visto como sin contenido ético» porque no todo el mundo se preocupa por hacer lo correcto. De ahí, la importancia de una formación que enseñe a pensar éticamente los conflictos y a resolverlos de una manera más previsible y menos dependiente del operador que toma la decisión.

En la resolución de conflictos morales en entornos laborales con población vulnerable, Oliver (2014) otorga un papel central a la formación de los operadores sociales. Decidir qué es «lo correcto» en un caso concreto no siempre es un asunto sencillo y no resulta fácil plantear soluciones en abstracto. Mänttäri (2019, 12ss) hace algunas indicaciones sobre qué debe ser entendido como «lo correcto» ante un conflicto de posiciones. Así, considera que lo correcto podría ser aquello que está de acuerdo con los principios deontológicos propios de la profesión, pero también con los de la institución o la organización para la que se trabaja. Y puede que unos y otros sean incompatibles entre sí. Por ello, la autora considera que es preferible hacer referencia a «lo que el profesional considera correcto», que a «lo correcto» en abstracto. La formación debe preparar a los profesionales para poder valorar qué es lo correcto en cada momento y en casos precisos. Siendo conscientes de que hay que partir de una distinción entre «el trabajo social 'aspiracional' que se enseña en la universidad, que está en línea con prácticas de trabajo social creativas y críticas y un trabajo social estatutario sobre el terreno que presenta una perspectiva mucho más restrictiva» (Lynch y Forde 2015, 95).

Hay dos vectores que parecen orientar esta formación: la deontológica *versus* consecuencialista; y la ética del cuidado *versus* ética de los derechos. Oliver plantea que el trabajo social ha formado a sus estudiantes en el marco de la ética deontológica y la consecuencialista. Destaca que tradicionalmente se empuja a pensar «en términos de reglas universales o en el cálculo de consecuencias, que a menudo son insuficientes para gestionar la complejidad de los problemas morales a los que se enfrentan» (Oliver 2014, 204). La ética deontológica identifica unos principios absolutos que asume como correctos y que deberían permitir resolver cualesquiera cuestiones particulares. Por su parte, el consecuencialismo/utilitarismo valora una decisión como correcta o no, en función de las consecuencias para las partes o para el mayor número de personas. Ahora bien, el razonamiento de seguir simplemente las normas o de hacer cálculos del beneficio obtenido con la decisión puede hacer perder de vista el hecho de que uno mismo es un agente moral implicado en la solución del problema (MacBeath and Webb 2002). En ese caso, el operador social es percibido y se auto percibe como un burócrata o un técnico alejado de la función social que aspiraban a realizar. Algo que, a la postre, puede provocar angustia moral o incluso distancia hacia la población usuaria del servicio.

Precisamente, habría que analizar si la formación les prepara para superar o gestionar esa distancia entre lo que esperaban ser y ofrecer y lo que pueden procurar en el marco institucional, evitando situaciones de tensión, frustración o angustia moral. Y, en relación con ello, también se les debe formar para mediar entre lo que esperan sus usuarios de ellos y lo que la institución que representan puede o debe ofrecerles, siendo capaces de ofrecer una motivación solvente y creíble. En el ámbito de infancia y juventud vulnerable, los expertos apuntan que los menores esperan implicación personal de los operadores sociales (que sea un amigo y un igual), que les trate como persona y los respete como individuos, que sea confiable y que haga esfuerzos por acortar el espacio que los separa (McLeod 2010, 775-778) porque entienden que la distancia no funciona en ese tipo de trabajo más social. Parece claro que alguien ajeno al mundo del derecho, más si es un niño, entiende más fácilmente la calidad de trato que la calidad del procedimiento (Fernández Molina 2025; Bernuz 2014).

Cuando estamos ante menores que han cometido delitos, la integración de la intervención en las dinámicas propias de la justicia penal ha fomentado que se haga prevalecer una ética de la justicia asentada en los valores de autonomía, universalidad y reconocimiento de derechos y garantías procesales y han dejado de lado cuestiones más relacionadas con el cuidado emocional (Holland 2010, 1665). No obstante, se apunta que están ganando campo éticas, como la de las virtudes o la del cuidado, que promueven la sensibilidad moral en relación con los otros y visibiliza la responsabilidad de los operadores sociales. Para Oliver (2014, 209), la ética de la virtud reivindica la figura del operador social como alguien que posee virtudes y está dispuesto a hacer lo correcto moralmente porque entiende que las soluciones no siempre se encuentran en normas, en la medición de resultados, en la lógica o en los protocolos. Por su parte, la ética del cuidado comprende la virtud, no de manera individual, sino relacional, en función de cómo asumimos nuestra responsabilidad hacia los demás (Oliver 2014, 209). Ahora bien, esta ampliación del abanico ético, interesante en cuanto ayuda a analizar los problemas desde distintas perspectivas, también puede suponer un mayor nivel de estrés, tanto interno como externo. Interno porque el operador social tiene mayores opciones éticas ante las que posicionarse, lo que le generará estrés y una cierta angustia moral si, además, no cuenta con medios o formación para resolverlo. Externo cuando las instituciones no admiten discusión moral, no hay posibilidad de resolver la cuestión conforme a una determinada posición moral por falta de medios, falta de tiempo o diferencias profesionales, o se impone una resolución algorítmica o simplemente protocolizada (Oliver 2014, 205).

En todo caso, es preciso insistir en la importancia de una formación que establezca claramente las distintas líneas éticas de solución de conflictos y muestre a los operadores sociales cómo gestionar oportunamente el choque entre esa ética individual y la ética de la organización en que se integra, la deontológica y la consecuencialista, la de la justicia o la del cuidado. Asimismo, a la vista de la distancia entre las éticas teóricas y la práctica diaria, es preciso apostar por la conformación de los espacios de trabajo como comunidades morales en las que «cada uno apoya al otro en su angustia, desarrolla su propio sentido moral comprometiéndose con las perspectivas de los otros y se trabaja para desarrollar un marco moral colectivo y una intervención congruente con los valores individuales» (Oliver 2014, 213). Asegura Houston (2003, 823), que se trata de institucionalizar las condiciones para que todos los implicados en la toma de decisiones morales tengan la libertad para expresar su posición, puedan cuestionar la posición de los demás y desarrollen juntos una forma de resolver.

4. ÉTICA DE LAS PROFESIONES: ENTRE LA ÉTICA DEL CUIDADO Y LA ÉTICA DE JUSTICIA

El ejercicio de las profesiones en general y de las sociales (de cada una de ellas) en particular se desarrolla en un marco deontológico de principios que permiten definir una actuación como ética y como correcta. Baste un apunte para distinguir las distintas acepciones de la deontología profesional, como ética aplicada y como ética normativa. La deontología profesional, entendida como ética aplicada, «es una aplicación de la ética normativa que investiga los deberes morales de conducta en el ejercicio de una determinada profesión» y lo hace «guiándose por la razón práctica» (Rodríguez-Toubes 2010, 94, 95). De otro lado, la deontología profesional es normativa en cuanto que «las obligaciones deontológicas, tal y como se plasman en los códigos de conducta aprobados corporativamente, llegan a ser obligaciones jurídicas» (ibíd., 95). En este trabajo nos interesa fundamentalmente centrarnos en la reflexión sobre los deberes profesionales y en cómo razonan los profesionales sobre estos deberes en el marco de una estructura institucional determinada.

La literatura ha mostrado una tensión, aparentemente irreconciliable, entre la ética de los profesionales jurídicos y la propia de los operadores sociales. Así, se diría que la ética de los primeros es esencialmente una ética de la justicia (formal) y de los derechos y la de los profesionales sociales una ética del cuidado y de la atención al contexto y a las circunstancias de sus usuarios. Dicho de otra manera, los operadores jurídicos parecen sentirse más cómodos con una concepción formal de la justicia, que se produce cuando solo se toman en cuenta las normas aplicables al caso, que son generalizables. Los operadores sociales, por su parte, miran hacia una justicia material y asumen que la decisión solo será justa cuando se han tenido en cuenta las circunstancias y el contexto en el que se producen los hechos.

La referencia a la ética del cuidado, más próxima a esa idea de la justicia material, se suele relacionar con el cuestionamiento que realiza Gilligan de las generalizaciones y conclusiones a las que llega Kohlberg sobre la evolución moral en infancia y adolescencia a partir de un estudio realizado sin contar con niñas. Lo que Kohlberg interpretó como síntoma de inmadurez, Gilligan, en su obra *In a different voice* (1982), lo entiende como una necesidad de interpretar la percepción de la moralidad por las mujeres de una manera distinta y no necesariamente inferior.

Barnes (2012, 1278) sintetiza muy bien los planteamientos de Kohlberg y los de Gilligan: "Se había afirmado que, a medida que se acercaban a la madurez, los individuos pasaban de tomar decisiones morales basadas en relaciones con otras personas a una moral autónoma e independiente en la que sus decisiones morales se basaban en principios de derechos y reglas (Kohlberg, 1981). Gilligan (1982) encontró en sus estudios que las mujeres basaban las decisiones morales, como la del aborto, en el contexto, en la conexión con los demás, la interdependencia y las relaciones, y argumentó que esto no se debía a la inmadurez, sino a que las consideraciones sobre el cuidado eran centrales para una moralidad plena». De manera que para entender la evolución en los razonamientos morales había que englobar y tener en cuenta las dos éticas dado que, por un lado, las personas son, en mayor o menor medida, seres relacionales que toman decisiones en un determinado contexto y, por otro lado, el discurso de los derechos resulta indiscutible en las sociedades actuales.

Pese a que el punto de llegada en la práctica sea el de la complementariedad entre la ética del cuidado y la de la justicia, lo cierto es que la tendencia más generalizada ha sido la de seguir marcando diferencias entre una ética y otra para construir modelos ideales. Kelly (2005, 386-387) ya identifica tres elementos sobre la ética del cuidado en las teorías de Gilligan: a) se construye sobre las responsabilidades y las relaciones y no tanto sobre los derechos y las normas; b) es contextual y está vinculada a una situación concreta más que cimentarse sobre lo formal y abstracto; c) se expresa como una actividad moral o como una actividad práctica de cuidado. Held contrapone la ética de la justicia y la del cuidado cuando afirma que la primera se apoya en «reglas universales que se aplican imparcialmente a casos particulares, considera la justicia y los derechos y obligaciones de todos y entiende cada persona implicada como un agente libre e igual»; mientras que, desde la perspectiva del cuidado, «se atiende con sensibilidad a otros individuos en el contexto de sus circunstancias reales, se busca una relación satisfactoria entre uno mismo y los demás, se cultiva la confianza, se responde a las necesidades, reforzando y aportando lo mejor al bienestar de los demás junto con el de uno mismo» (Held 2015, 21).

Algunos autores tienden a pensar que ética de justicia y de cuidado provienen de tradiciones culturales diferentes en la comprensión de las virtudes: la griega, más centrada en el carácter interior del actor, o la judeo-cristiana, que mira más hacia lo relacional, a cómo las virtudes son vividas en relaciones y situaciones concretas (Benner 1997, 48). Obviamente, esta diversa manera de entender las virtudes se correlaciona con una distinta forma de entender la persona y sus acciones: como agentes libres y racionales las éticas de la justicia, en tanto que las éticas del cuidado asumen que las emociones también participan en la toma de decisiones. Desde una perspectiva filosófica, la ética de cuidado parece apartarse de las teorías morales kantianas y utilitaristas a las que conciernen «principios y reglas universales, juicios imparciales, derechos y obligaciones o el interés de uno mismo por contraposición al interés de todos» (Held 2015 19). Por ello, éticas como la de cuidado, que piensan lo correcto en la individualización de la respuesta, no encajan bien con teorías morales, que aspiran a generalizar sus premisas y principios.

Algunos autores, teniendo en cuenta las diferencias entre ambas formas de ética -compasión, sentimientos y emociones frente a racionalidad, consideración de la perspectiva del otro frente a la aplicación de principios universales- avanzan que la ética del cuidado se desarrolla más cómodamente en el ámbito privado y familiar y la de la justicia en el ámbito público. No obstante, como todo modelo ideal, no existe en la realidad, ni es deseable en estado puro y podemos encontrar una u otra en el ámbito público o privado. Como indica Enomoto (1997, 367), una ética basada exclusivamente en el principio de la justicia resulta inflexible y puede resultar ampliamente punitiva, sin dejar espacio para el error o para la atención a circunstancias excepcionales. Una ética del cuidado puede resultar inconsistente, demasiado indulgente y subjetiva en función de quién toma la decisión. Por ello entiende que la prevalencia de una ética u otra debe depender de las circunstancias. En consecuencia, el hecho de que la decisión sobre qué ética es la correcta resulte controvertida y las posiciones a defender por cada actor sean negociables (Enomoto 1997, 368), pueden generar angustia moral.

En la búsqueda de líneas convergentes entre la ética del cuidado y la de la justicia, así como la diversa forma de entender las personas, como seres relacionales o autónomos respectivamente, también se puede hacer confluir las dos éticas, si entendemos las raíces comunitarias de buena parte de los derechos, en la solidaridad, el cuidado o el respeto al otro. Asimismo, como asegura Benner (1997, 48-49), «la ética del cuidado ofrece una corrección al etnocentrismo que se produce con una ética de la virtud normativa en la que las normas compartidas crean falsas expectativas que impiden encontrarnos con el otro en su contexto». A la vista de la conexión entre dos formas de entender el comportamiento ético, quizás podamos acordar que no es necesario ni deseable asociar cada una de las éticas a un género (femenino o masculino), sino que pueden ser entendidas como diferentes actitudes a la hora de resolver cuestiones y conflictos en función de las circunstancias[5].

Muestra Holland (2010), que esta interrelación entre éticas debe producirse necesariamente en las políticas de infancia, a la vista de que los menores prefieren las relaciones informales de cuidado a las relaciones normativas de cuidado (educación o salud) (Holland 2010, 1671, 1675). Defiende que, si la finalidad última de las políticas de infancia es la de lograr la autonomía individual, lo mejor es promover los derechos de protección y participación, así como cultivar las relaciones interpersonales de cuidado (Holland 2010, 1678). En el caso más preciso de la res-

---

5 No obstante, el feminismo ha criticado esa filosofía de los derechos, la presunción de que el individuo liberal, racional y autónomo sea un ideal deseable, que anteponga los derechos sobre las relaciones y la ley sobre la práctica o porque se respete al otro no por la relación existente sino porque el derecho marca el límite (Kelly 2005, 382-383).

puesta a la delincuencia juvenil, la tensión entre las dos éticas nos permite hacer una relectura crítica de la vinculación de cada una de ellas con los distintos modelos (ideales) que han conformado la historia de la justicia de menores: un modelo tutelar (de protección) que considera a niños, niñas y adolescentes como sujetos pasivos y en el que los adultos deciden sin contar con ellos ni ellas; y un modelo de justicia, que adapta el sistema penal ordinario y sus garantías a las especificidades de la adolescencia y responde de manera proporcional al delito cometido.

5. ÉTICAS DE CUIDADO Y DE JUSTICIA EN LOS MODELOS DE INTERVENCIÓN CON DELINCUENCIA JUVENIL

Ubicar los modelos de intervención con la infancia y adolescencia que ha cometido delitos en las éticas de justicia y la de cuidado puede permitir verificar lo que hay, o no, de cada una de esas éticas en los modelos clásicos de intervención con delincuencia juvenil, concluir que son modelos ideales inexistentes en la práctica y entender las situaciones de tensión a las que se enfrentan los operadores sociales que trabajan en un modelo protector (Bélgica) o de justicia (España) tratando de integrar ambas éticas en la intervención que llevan a cabo.

La doctrina hace referencia principalmente a dos modelos puros (y otros tantos híbridos) de intervención con delincuencia juvenil que se construyen sobre diferentes maneras de entender la infancia, su comportamiento (delictivo o no) y la respuesta al mismo: el modelo de protección o tutelar y el garantista o de los derechos. El modelo de protección tiende a percibir a los niños, niñas y adolescentes (en adelante, NNA) como ciudadanos en formación, que cometen delitos impulsados por sus circunstancias sociales, educativas y familiares y que reclaman una respuesta que intervenga en esas circunstancias para evitar la reincidencia. En este modelo, son los adultos quienes deciden de acuerdo con sus criterios e intereses. El modelo garantista (o de derechos) se apoya en la idea liberal del individuo como ser racional, independiente y autónomo, que es responsable penalmente a partir de una edad, se debe imponer una medida acorde con la gravedad y circunstancias de comisión del delito y es preciso garantizar el derecho a participar y a ser escuchado en las decisiones trascendentes. Como asegura Kelly (2005, 376), ninguno de los dos modelos es perfecto. De hecho, considera que «el modelo proteccionista es paternalista, ignora la voz del niño a la hora de tomar decisiones y tiende a entender la infancia como un problema de población que necesita disciplina y control, mientras que el modelo de los derechos vincula a niños y niñas a la abstracción del individuo racional, autónomo liberal, le saca de su contexto y devalúa la relación de cuidado que les rodea».

Se trata de modelos que, como decimos, esconden una forma precisa de entender la infancia y la adolescencia, su comportamiento y la manera de responder al mismo. El modelo proteccionista percibe a los menores como «pequeños salvajes o demonios que necesitan una guía fuerte y una mano civilizada» (Kelly 2005, 378). Tiene como defectos esenciales el no escuchar al niño y aislarle de las circunstancias (de género, raza, etnia o religión) que lo condicionan y determinan su comportamiento. El modelo de los derechos propone una protección del niño mediante la promoción de los derechos y de su participación protocolizada en la vida social. Sin embargo, este modelo ha sido percibido con suspicacia, como una intrusión en la vida de las familias y un cuestionamiento de la autoridad paternal, así como una negación de las relaciones entre las personas que integran ese grupo familiar. Algo que resulta poco oportuno porque niños, niñas y adolescentes no son totalmente autónomos y necesitan el cuidado de su familia y de otros adultos con los que se relaciona (Kelly 2005, 389). Por ello, Kelly indica que los derechos deberían servir, no solo para proteger a las personas individualmente consideradas, sino también para preservar las relaciones con su entorno (Kelly 2005, 385). Sobre todo, cuando hablamos de derechos de la infancia que cubren necesidades específicas y de un grupo de población que depende de sus adultos de referencia.

Asimismo, Holland apunta que una consideración de la ética del cuidado aislada de la ética de la justicia y de los derechos podría impulsar una política paternalista propia de modelos tutelares de la infancia, que entienden a NNA como objetos sobre los que se toman decisiones y que resultan poco conformes con la Convención de los Derechos de la Infancia. Asimismo, una ética de la justicia ajena a la ética del cuidado dejaría de lado el aspecto relacional de los adolescentes con su familia y sus pares. Considerar la ética del cuidado en el marco de una ética de los derechos resulta inevitable para no perjudicar al adolescente y realizar su interés superior (en Barnes 2012, 1276 y 1288). Por ello, Barnes entiende que, en algunas partes de Europa, los pedagogos sociales están formados en un «enfoque personal y relacional» que se basa en una «comprensión de los derechos de los niños» (Barnes 2012, 1289).

Como comentábamos, hay una tendencia a pensar que una ética del cuidado sirve para gestionar los conflictos en un entorno familiar en el que los implicados están vinculados afectivamente. O, al menos en un entorno institucional de protección de la infancia. En sentido contrario, se asegura que «la violencia parece llamar al brazo duro de la ley y el orden y no el suave del cuidado» (Held 2010, 116, 118). En esa línea, se podría pensar que la ética de cuidado es más propia de las políticas de protección de la infancia y la de la justicia adecuada a las de gestión de la delincuencia juvenil. Sin embargo, la respuesta a la delincuencia juvenil no se integra con claridad en una de las dos éticas y reclama equilibrar la ética del cuidado y la de la justicia. Responder al delito de manera garantista, proporcionada y al mismo tiempo atenta a la edad y a la situación psicosocial del menor, mediante una intervención educativa y responsabilizadora con los adolescentes supone un reto añadido. Sobre todo, porque la justicia de menores se encuentra a medio camino entre las políticas de infancia y las criminales. Se identifica más con las políticas de seguridad cuando la respuesta y la medida judicial son proporcionales a la gravedad y las circunstancias de comisión del delito. Sin embargo, las políticas de infancia le reclaman que aspire a responsabilizar al menor individualizando la respuesta teniendo en cuenta su situación personal y social.

Esta contradicción entre las políticas de infancia y las de seguridad, y la ética del cuidado y la de la justicia se traslada a los operadores sociales que deben decidir e intervenir con los adolescentes que cometen delitos. De hecho, un estudio de Barnes muestra cómo los operadores sociales parten de una perspectiva más centrada en la ética del cuidado, pero reconocen tener dificultades para ponerla en práctica cuando se les exige gestionar los expedientes de acuerdo con una normativa muy específica y unos fines, procedimiento y un tiempo, relativamente rígidos. A eso se añade que una cultura mercantilista, que les exige gestionar un número importante de expedientes, les quita tiempo para establecer las relaciones de confianza con ellos que les permita desarrollar medidas individualizadas, más próximas a una ética del cuidado y más acordes con el interés superior del menor (Barnes 2012, 1279; McLeod 2010). Son situaciones que pueden acabar generando angustia moral por no poder hacer lo que consideran correcto o lo que les pide la normativa (individualización de la respuesta y responsabilización del menor). Como muestra baste un ejemplo: se pretende que el castigo, que se impone de manera coactiva, sea educativo; o, para evitar una criminalización de las circunstancias desfavorables del menor, se limita su duración en función principalmente de la gravedad del delito[6].

---

6 Barnes hace referencia a la figura de los "consejeros jurídicos" que asesoran a los menores cuando quieren presentar una queja y que, por su propia función y porque la normativa les exige que sean la voz del menor, tienden a asumir una posición más de cuidado. Según Jane Boylan (2005, 3) los define como "profesionales pagados que representan la opinión y los derechos de los adolescentes y que les apoyan cuando éstos quieren presentar una queja sobre algún aspecto de su cuidado o al servicio de provisión del mismo".

También es interesante conocer la posición de los menores ante la materialización de una ética u otra. El estudio de Barnes (2012, 1282) muestra que para los menores es importante el cuidado y «la forma en que los tratan los profesionales y valoran tanto el proceso de intervención como el propio resultado». Aprecian especialmente que les escuchen y valoran que se les tenga en cuenta a la hora de tomar decisiones que les puedan afectar y, por ello mismo, que las decisiones no estén ya tomadas de antemano (Barnes 2102, 1283). Los propios operadores son conscientes de que, para los niños y adolescentes, por su tendencia a vivir el corto plazo y su incomprensión del sentido de algunas normas procedimentales, lo más importante es «la relación». Así lo muestra también el estudio de McLeod (2010), que apunta a que los adolescentes en situación de desprotección reclaman relaciones duraderas, que se les trate como personas y les respeten como individuos. Asegura que esa relación genera mejores resultados a largo plazo. Sin embargo, si identificamos la ética del cuidado con la justicia material y la de los derechos con la justicia formal, no está claro si los menores entienden como más justa la primera o la segunda. Posiblemente dependerá de cuál de las dos les resulte más beneficiosa, pero parece que comprenden más fácilmente una justicia formal que da la misma solución a casos iguales, que una justicia material que discrimina según las circunstancias[7]. Además, los operadores deben ser conscientes de que la relación está condicionada por la posición de superioridad que ocupan en relación con los adolescentes, por formar parte de la institución

---

7 La LO 5/2000 establece que el juez dictará la medida atendiendo a la gravedad del delito cometido y a la situación psicosocial del menor. Algo que puede fomentar que, en el caso de un delito cometido por varios menores, el juez imponga distintas medidas en función de la situación de cada uno de los implicados. Esa individualización de la medida acorde con la finalidad educativa y responsabilizadora de la justicia de menores puede no ser acorde con la idea de justicia formal y proporcionalidad con el delito que esperan.

que enjuicia y también por su posición de adultos. Poder del que son conscientes los menores y que puede ser utilizado positiva o negativamente por ellos (McLeod 2010, 777).

También se ha destacado que, para que los operadores sociales puedan cuidar, es importante que tengan buenas condiciones de trabajo: recursos personales suficientes y una carga de trabajo burocrático ajustado. Si no es así, los operadores sociales tienen la sensación de ser burócratas, no poder trabajar directamente con los menores, no tener tiempo para establecer esa relación de confianza que mejora su trabajo y, de alguna manera, produce una cierta satisfacción personal (Barnes 2012, 1284; McLeod 2010, 779-782).

6. FATIGA Y ANGUSTIA MORAL EN LA JUSTICIA DE MENORES

Los deberes profesionales de los operadores sociales en el marco de la justicia de menores se ejercen en un contexto que les coloca ante diversas tensiones que pueden generarle angustia moral (y también personal). De un lado, se encuentra entre unos principios deontológicos propios de su profesión que indican lo que se debería hacer y unas exigencias institucionales, policiales y judiciales que no siempre son concordantes con ese código de conducta profesional. De otro lado, se le exige orientar la toma de decisiones de acuerdo al interés del menor, en un marco de política criminal que atiende esencialmente a la reinserción del agresor y a la prevención de la delincuencia y la reincidencia.

A esas tensiones propias de la intervención en la jurisdicción de menores, hay que añadir que se produce en entornos con un alto grado de interdisciplinariedad. Deciden profesiones distintas con códigos éticos diferentes y con posiciones múltiples sobre cómo actuar. Sea cual sea la profesión o disciplina, parece claro que todos estos dilemas éticos y la angustia moral se van a observar e incrementar en trabajos de carácter «emocional» que son aquellos que reúnen tres características: contacto visual o de voz con el usuario, requieren que el trabajador produzca un estado emocional en el usuario y permiten al empleador ejercer cierto control sobre las actividades emocionales de los trabajadores» (Wharton 1993, 208). Desde una perspectiva feminista sobre la ética de cuidado, Tronto (1993) se cuestiona sobre las razones por las que una trabajadora de cuidados remunerada tendría que implicar el afecto en su trabajo. De un lado, indica que el cuidado puede chocar con que los trabajadores podrían querer preservar su compromiso afectivo. De otro lado, cabe preguntarse si el trabajo de cuidado, sin una implicación afectiva, sigue siendo cuidado. Se podría interpretar como una estrategia política para lograr que los individuos suplan lo que no logra la institución.

Y es quizás esa emocionalidad lo que también puede explicar el curioso dato de profesionales con alto estrés emocional en su trabajo pero que, pese a todo, experimentan satisfacción laboral. Son los *swimming* a los que se refieren Mandell y su equipo. Son casos anecdóticos en contraposición a los casos más habituales de los *sinking*, que tienen mucho nivel de estrés emocional y bajo nivel de satisfacción laboral; o los *sailing* que tienen bajo nivel de estrés emocional y alta satisfacción laboral (Mandell et al. 2013, 388-390)[8]. Otros estudios que observan este mismo fenómeno indican que tiene que ver con el compromiso con la profesión y con la implicación con el bienestar de los niños con que se interviene, con la satisfacción que genera el sentimiento de que se está ayudando a las personas, de que se está siendo útil y está generando un cambio en sus vidas (Stalker et al. 2007). Algo que, como se ha comentado, puede ser aprovechado por la institución para no plantear mejoras y seguir con una dinámica que acaba generando frustración, estrés y agotamiento de sus profesionales.

---

8 Stalker et al. (2007, 185-186), por ejemplo, apunta a la cuestión de género y destaca cómo la satisfacción laboral se produce especialmente en mujeres con trabajos que suponen una implicación emocional.

Es preciso insistir en que analizar, evidenciar y solucionar todas estas situaciones que llevan al *burnout* es esencial en profesiones que intervienen con una población vulnerable, por el impacto que puede tener en el trato y la relación con ella. Para esta población y, en particular, los menores en conflicto con la norma, se ha verificado que es especialmente importante el trato que reciben de los profesionales que trabajan en las instituciones que los reciben. La psicología social (Tyler 1990) ha mostrado que una de las cuestiones que condicionan la percepción de legitimidad institucional de los ciudadanos es el trato que reciben de quienes los atienden. Esta imagen de instituciones legítimas que promueven decisiones justas acaba favoreciendo la colaboración, del ciudadano en general y de los menores en particular, con la institución y la consiguiente mejora en los procesos de integración social. El educador social debe ser consciente de que en el marco de la justicia de menores no se cuenta con un 'público' idóneo ni interesado en esa tarea educativa, sino que cumple la medida por coerción. Pese a ello, se alienta al profesional a que aproveche este tiempo que dura la medida para fomentar la autonomía del adolescente y lograr un cambio de actitud y comportamiento. En ese contexto, resulta complejo integrar el aprendizaje y la ética profesional, con la ética personal y la ética institucional.

Es fácilmente imaginable que los operadores sociales que intervienen con menores en la justicia juvenil afrontan a diario muchas situaciones de dilema y angustia moral. A veces, porque la intervención con una población resistente a la misma no resulta gratificante. En otras, porque no tienen claro qué es lo correcto en cada caso concreto. Pero, sobre todo, porque teniendo claro lo que consideran correcto, no tienen competencia para decidir y deben ejecutar medidas que se imponen judicialmente (aunque con asesoramiento del equipo técnico), o se encuentran con obstáculos institucionales (tiempos reducidos o demasiado amplios, educación en situación de internamiento, falta de personal especializado o de recursos específicos, ...) que condicionan su eficacia educativa[9]. También se encuentran con que, principios normativos que deben regular todas las actuaciones con infancia, como es la atención al interés superior del niño, es interpretado de distinta manera según que ese niño sea sujeto de protección o, por el contrario, haya cometido un delito (sobre todo si el delito es grave); o según si quien interpreta el principio es un operador jurídico o uno del ámbito social. Asimismo, ya comentábamos que es complejo integrar los principios de una justicia de menores como política criminal en los estándares propios de una política de infancia[10]. Algo que les exigirá gestionar y asumir los límites de la intervención en el ámbito judicial, que son límites temporales, pero también axiológicos, relacionados con la finalidad de la institución y de su respuesta a la delincuencia juvenil (He et al, 2021, 7).

Si la rigidez en los objetivos de la justicia de menores y el contexto en que deben lograrse no ayudan al desarrollo de las funciones del educador social, la relativa discrecionalidad legal en la justicia de menores tampoco mejora la situación. El recurso a conceptos jurídicos indeterminados puede resultar positivo porque ofrece mayores márgenes para desarrollar proyectos y lograr objetivos educativos, pero también responsabiliza en mayor medida a quien puede y debe decidir. Esa mayor

---

9 Los educadores sociales deben desarrollar medidas educativas en un marco judicial que, ni en condiciones, ni en contenido, ni en espacio, ni tiempo hacen que esa sea una tarea fácil ni percibida como legítima por sus destinatarios (Viscarret et alt. 2018). Por ello hay que insistir en la idea de que para lograr fines educativos a medio plazo es preciso contar con la connivencia del mejor.

10 Apuntan Expósito y Fine (1985, en Stalker 2007, 189) que el *burnout*, el estrés emocional y la angustia moral en trabajadores de intervención familiar en realidad están camuflando las contradicciones del propio sistema de intervención con infancia que, a la vez debe abstenerse de intervenir para promover las dinámicas familiares e intervenir cuando se producen situaciones de abuso o negligencia.

discrecionalidad, si no va acompañada de los medios, el tiempo o el refuerzo suficientes, le puede generar angustia difícil de gestionar. En concreto, el interés superior del menor aparece como un criterio que ayuda a interpretar la literalidad de las normas y ponerlas en situación. Sin embargo, la encrucijada en que se encuentra la justicia de menores hace que haya que compatibilizar el interés del menor, tanto con las pretensiones de una política criminal que aspira a responsabilizar e integrar al menor a través de las medidas judiciales, como de una política de infancia que se orienta al logro de su autonomía.

También contribuye a la angustia moral de los operadores sociales la promoción de políticas de seguridad neoliberales restrictiva de derechos: derecho a la seguridad frente a la seguridad de los derechos. El estudio de Attrash y Brier (2020) destaca que «la privatización de los servicios ha reducido la autonomía moral de los trabajadores, ha cambiado la naturaleza de la profesión hacia un trabajo de resultados, burocrático, a veces a costa del trato directo con los usuarios». Así, cuando se tiene la sensación de que «las prácticas institucionales que regulan el trabajo con sus usuarios se apoyan en criterios económicos, se desarrolla un sentido profundo de frustración y se sienten impotentes para ayudar a los usuarios» (Attrash y Brier 2020, 35).

7. CONCLUSIONES

La justicia de menores en Europa afronta, a través de dos modelos, el reto de responder educativamente a la delincuencia cometida por adolescentes, de equilibrar la balanza entre educar al adolescente y castigar el delito. Esta ambivalencia no solo afecta la implementación efectiva de los derechos de la infancia y la realización del principio del interés superior del menor, sino que determina la labor cotidiana de los operadores sociales —trabajadores sociales, psicólogos, educadores y terapeutas—, que se ven forzados a desempeñar un rol educativo en un contexto institucional marcado por la imposición de medidas restrictivas de derechos. Esta contradicción genera una serie de dilemas éticos que derivan en malestar profesional, desgaste emocional y una creciente "angustia moral", al verse limitados para actuar conforme a sus convicciones éticas debido a barreras normativas, organizativas o de recursos.

Se ha expuesto el conflicto entre la ética del cuidado, centrada en las relaciones, la empatía y la atención contextualizada y la ética de la justicia, basada en principios universales, derechos y procedimientos formales. Es una tensión en la que no encajan los modelos ideales de intervención con menores que delinquen: modelo de protección, más centrada en la justicia material, y modelo de justicia, más tendente a apostar por la justicia formal. Las diversas éticas y los diferentes modelos conforman dicotomías que no son meramente teóricas. Más bien se traduce en prácticas concretas que los operadores deben negociar y gestionar constantemente en el marco de la normativa que regula la justicia de menores. La prevalencia de lógicas burocráticas y de gestión puede dificultar el establecimiento de vínculos significativos con los adolescentes que, a su vez, debilita el componente educativo y responsabilizador de la intervención. Por ello, ambas éticas no deben ser vistas como excluyentes, sino como complementarias, y los operadores sociales deben contar con la formación suficiente que les permita mediar entre estas perspectivas en contextos institucionales (y corporativos) que reconozcan, apoyen y legitimen su agencia moral.

Finalmente, el capítulo pretende visibilizar la necesidad de repensar el funcionamiento de la justicia juvenil poniendo en el centro, tanto las condiciones laborales, como las dimensiones éticas del trabajo de quienes la realizan cada día. En un contexto de "tiempos revisionistas" —marcado por el repliegue de derechos, el predominio de lógicas punitivas y la reducción de las políticas sociales—, se vuelve imprescindible proteger el sentido ético y social de la intervención con menores. Esto implica no solo mejorar la formación ética de los operadores y fortalecer su agencia moral, sino también promover entornos laborales que favorezcan el cuidado, la deliberación colectiva y la construcción de vínculos significativos. Ante los riesgos de instrumentalización y burocratización del trabajo 'social', el texto reivindica una justicia juvenil que, más allá del castigo, recupere su potencial transformador a través del reconocimiento del otro, la escucha activa y la atención al contexto relacional del adolescente.

No obstante, el estudio presenta un límite claro, derivado de la ausencia de un trabajo de campo sistemático. Aunque se recogen testimonios provenientes de un estudio preliminar en Bélgica, se reconoce la necesidad de una investigación empírica en profundidad para comprender en detalle cómo viven, negocian y resisten los operadores sociales las tensiones éticas en la práctica cotidiana. Son tensiones que van más allá de los modelos éticos o de justicia, pero que determinan la eficacia de la justicia de menores y la realización de los derechos de los adolescentes.

Bibliografía citada

Austin, W., Bergum, V., & Goldberg, L. (2003). Unable to answer the call to our patients: Mental health nurses' experiences of moral distress. *Nursing Inquiry*, 10(3), 177–183.

Attrash-Najjar, A., & Brier, R. (2020). Moral distress and privatisation: Lost in neoliberal transition. *Ethics and Social Welfare*, 14(1), 21–38.

Barnes, V. (2012). Social work and advocacy with young people: Rights and care in practice. *British Journal of Social Work*, 42, 1275–1292.

Benner, P. (1997). A dialogue between virtue ethics and care ethics. *Theoretical Medicine*, 18, 47–61.

Bernuz Beneitez, M. J. (2014). La legitimidad de la justicia de menores: entre justicia procedimental y justicia social. *Indret: Revista Para El Análisis Del Derecho, 1*, 14–25.

Boylan, P. J. (2005). "Seen but not heard" – Young people's experience of advocacy. *International Journal of Social Welfare*, 12, 2–12.

Brend, D. M. (2020). Residential childcare workers in child welfare and moral distress. *Children and Youth Services Review*, 119, 1-8.

Bride, B., & Figley, C. (2007). The fatigue of compassionate social workers: An introduction to the special issue on compassion fatigue. *Clinical Social Work Journal*, 35, 151–153.

Camps, V. (2013). Presentación. *Cuadernos de la Fundación Víctor Grífols i Lucas*, 30, 7–9.

Enomoto, E. (1997). Negotiating the ethics of care and justice. *Educational Administration Quarterly*, 33(3), 351–370.

Fernández-Molina, E. (2025). Jóvenes en el sistema penal: ¿una oportunidad de socialización legal? *InDret*, 25 (2) 232-261. https://doi.org/10.31009/InDret.2025.i2.10

Fernández Molina, E. (2008). *Entre la educación y el castigo: un análisis de la justicia de menores en España*. Tirant lo Blanch.

Gilligan, C. (1982). *In a different voice: psychological theory and women's development*. Harvard University Press.

He, A., Lizano, E., & Stahlschmidt, M. J. (2021). When doing the right thing feels wrong: Moral distress among child welfare caseworkers. *Children and Youth Services Review*, 122, 1-10.

Held, V. (2015). Care and justice, still. In D. Engster & M. Hamington (Eds.), *Care ethics and political theory* (pp. 19–36). Oxford University Press.

Held, V. (2010). Can the ethics of care handle violence? *Ethics and Social Welfare*, 4(2), 115–129.

Holland, S. (2010). Looked after children and the ethic of care. *British Journal of Social Work*, 40, 1664–1680.

Houston, S. (2003). Establishing virtue in social work: A response to McBeath and Webb. *British Journal of Social Work*, 33(6), 819–824.

Imboden, R. (2020). Exploring the relationship between ethics stress and burnout. *Journal of Social Work Values and Ethics*, 17(7), 16–24.

Jameton, A. (1984). *Nursing practice: The ethical issues*. Prentice-Hall.

Kaminski, D. (2015). *Condamner. Une analyse des pratiques pénales*. Erès.

Kelly, F. (2005). Conceptualising the child through an "ethic of care": Lessons for family law. *International Journal of Law in Context*, 1(4), 375–396.

Lizano, E., & Mor Barak, M. (2015). Job burnout and affective wellbeing: A longitudinal study of burnout and job satisfaction among public child welfare workers. *Children and Youth Services Review*, 55, 18–28.

Lützén, K., Blom, T., Ewalds-Kvist, B., & Winch, S. (2010). Moral stress, moral climate and moral sensitivity among psychiatric professionals. *Nursing Ethics*, 17(2), 213–224.

Lynch, D., & Forde, C. (2016). "Moral distress" and the beginning practitioner: Preparing social work students for ethical and moral challenges in contemporary contexts. *Ethics and Social Welfare*, 10(2), 94–107.

Mandell, D., Stalker, C., Wright, M., Frensch, K., & Harvey, C. (2013). Sinking, swimming and sailing: Experiences of job satisfaction and emotional exhaustion in child welfare employees. *Child and Family Social Work*, 18, 383–393.

Mänttäri-van der Kuip, M. (2019). Conceptualising work-related moral suffering: Exploring and refining the concept of moral distress in the context of social work. *British Journal of Social Work*, 50(3), 741–757. (Self-archived version used)

McBeath, G., & Webb, S. A. (2002). Virtue ethics and social work: Being lucky, realistic, and not doing one's duty. *British Journal of Social Work*, 32(8), 1015–1036.

McFadden, P., Campbell, A., & Taylor, B. (2014). Resilience and burnout in child protection social work: Individual and organisational themes from a systematic literature review. *British Journal of Social Work*, 1–18.

McLeod, A. (2010). "A friend and an equal": Do young people in care seek the impossible from their social workers? *British Journal of Social Work*, 40, 772–788.

Oliver, C. (2014). Including moral distress in the new language of social work ethics. *Canadian Social Work Review*, 30(2), 203–216.

Openshaw, L. (2011). Moral distress and the need for moral courage in social work practice. *Paper presented at the North American Association of Christians in Social Work.*

Rodríguez-Toubes, J. (2010). Deontología de las profesiones jurídicas y derechos humanos. *Cuadernos Electrónicos de Filosofía del Derecho*, 20, 92–118.

Stalker, C., Mandell, D., Frensch, K., Harvey, C., & Wright, M. (2007). Child welfare workers who are exhausted yet satisfied with their jobs: How do they do it? *Child and Family Social Work*, 12, 182–191.

Tronto, J. C. (1993). *Moral boundaries: A political argument for an ethic of care.* Routledge.

Tyler, T. R. (1990). *Why people obey the law.* Yale University Press.

Viscarret, J. J., Idareta, F., Ballestero, A., & Úriz, M. J. (2020). Ethical dilemmas and areas of social work intervention in Spain. *Journal of Social Service Research*, 46(1), 55–70.

Weinberg, M. (2009). A missing but relevant concept for ethics in social work. *Canadian Social Work Review*, 26(2), 139–151.

Wharton, A. S. (1993). The affective consequences of service work. *Work and Occupations*, 20, 205–232.

Una aproximación a la Victimología narrativa. *Las narrativas en el contexto de la atención y las políticas públicas victimales como objeto de estudio*

JORGE GRACIA IBÁÑEZ
Visiones Interdisciplinares sobre el Patrimonio (VIP). Universidad San Jorge
Centro de Investigação Interdisciplinar em Justiça. Universidade do Porto
Laboratorio de Sociología Jurídica. Universidad de Zaragoza

1.- INTRODUCCIÓN: EL GIRO NARRATIVO

En las últimas décadas, hemos asistido a un reconocimiento de la narración como una forma legítima de conocimiento, interpretación y construcción de sentido en la investigación social. Lo que ha venido a dar forma al denominado *giro narrativo* en las ciencias sociales.

Este giro narrativo, aunque algo tardíamente[1], ha acabado alcanzando a la criminología y a otros campos afines. La consideración creciente de la narración como un elemento capaz de proporcionar conocimiento sobre el crimen y sus consecuencias ha ido generando una *criminología narrativa,* especialmente preocupada por la motivación de los comportamientos de los sujetos delincuentes y desviados, pero también por sus procesos de desistencia, a partir del análisis de su propia narración. Con posterioridad ha emergido una *victimología narrativa,* que trata de profundizar en la experiencia personal de ser injustamente dañado y los procesos de victimización, revictimización y desvictimización vividos por las propias víctimas de delitos tal y como ellas mismas (y las personas que las atienden y apoyan) los narran.

La posición social, cada vez más central, de las víctimas, con las subsecuentes transformaciones en las políticas criminales[2], aupada por el desarrollo de la victimología como disciplina académica y el auge de los movimientos de apoyo victimales, ha hecho necesario el reconocimiento de sus voces. Como apuntó David Garland en su análisis de las políticas criminales contemporáneas[3], en ese *retorno de la víctima,* el nuevo imperativo es que estas deben ser protegidas, sus voces deben ser escuchadas, su memoria debe ser honrada, deben poder expresar su ira y sus miedos tienen que ser atendidos.

---

1 Pemberton, A., Mulder, E. y Aarten, P. G. M. (2019). "Stories of injustice: Towards a narrative victimology". *European Journal of Criminology,* 16(4), 391–412.

2 *Vid.* Gracia Ibáñez, J. (2024). "Algunas reflexiones desde la victimología acerca del papel de la víctima en el sistema penal. ¿Hacia un derecho victimal?". *Los límites del Derecho. Ocho reflexiones sobre algunas limitaciones del Derecho* (pp. 143–184). Tirant lo Blanch.143-184

3 Garland, D. (2005). *La cultura del control. Crimen y orden social en la sociedad contemporánea.* Gedisa.

A ello se une, en el caso de la victimología, la superación de abordajes teóricos iniciales centrados en el análisis factual de la participación de la víctima en su propia victimización *(victim precipitation),* que han sido, al menos en parte, reinterpretados como culpabilizadores de esta *(blaming the victim)*[4]. La aparición de la *victimología radical* y la *victimología crítica,* y dentro de esta de una *victimología feminista,* han potenciado el uso de las metodologías cualitativas en la investigación al tiempo que, dado el sesgo activista que iba adquiriendo la disciplina, para los movimientos de apoyo, las historias de las víctimas se convertían en un instrumento clave en la toma de conciencia social sobre sus necesidades y derechos. Al fin y al cabo, las narraciones permiten dotar de sentido a los problemas que enfrentan las personas y a las soluciones que tratan de encontrar[5].

En este capítulo abordamos en primer lugar, partiendo del giro narrativo experimentado por las ciencias sociales, una genealogía de la *victimología narrativa* derivada de la *criminología narrativa.* Analizaremos los elementos comunes y las diferencias de enfoque que implica el centrarse en la narración de las víctimas en lugar de los victimarios. Este abordaje nos llevará, en un segundo momento, a ahondar en las dimensiones dónde aparecen las narrativas de las víctimas y sus usos desde la perspectiva de constituir objetos de estudio válidos. Esta multiplicidad implica una serie de retos, suscitando algunas cuestiones metodológicas y éticas de relevancia que también son analizadas en el apartado final.

---

4 Dussich, J. (2015). "The evolution of international victimology and its current status in the world today". *Revista de Victimología,* 1, 37–81.

5 Walklate, S., Maher, J, Beavis, K. (2019). "Victim stories and victim policy: Is there a case for a narrative victimology?". *Crime, Media, Culture,* 15(2), 199–215.

2.- UNA GENEALOGÍA DE LA *VICTIMOLOGÍA NARRATIVA*

En España, el despegue de los estudios cualitativos se produjo a partir de los inicios de los años 90 del pasado siglo, siguiendo una evolución paralela a la de otros países europeos, aunque con una década de retraso respecto de los ambientes francófonos y anglófonos. La crisis del funcionalismo, del estructuralismo y de los enfoques cuantitativos ha permitido el desarrollo de paradigmas cualitativos como la investigación acción, la etnografía y las historias de vida[6]. Este *giro narrativo* parte, como ocurre en el resto de las ciencias sociales, de la premisa de que conocemos el mundo y le damos forma a través de historias y de narraciones circunscritas a nuestro contexto cultural[7].

En palabras de la novelista y ensayista Carmen Martín Gaite[8], cuando algo vivido, reclama su derecho a no ser olvidado, el que siente esa llamada acuciante "primero quiere revivir aquello como acontecimiento, pero después comprenderá que lo que tiene que hacer para salvarlo es revivirlo como narración". De este modo, como concluyó Bruner[9], parece que no tenemos otra forma de describir nuestro tiempo de vida salvo en la forma de narración.

Pero, a pesar de ser esencial y universal en la experiencia humana, el concepto de narrativa resulta complejo de definir. No obstante, hay algunos elementos sobre los que existe cierto consenso: narrar es una forma de ordenar los acontecimientos en el tiempo, partiendo de la comprensión de que dos sucesos

---

6 González-Monteagudo, J., Ochoa Palomo, C. (2014). "El giro narrativo en España. Investigación y formación con enfoque auto/biográfico". *Revista Mexicana de Investigación Educativa,* 19(62), 809–829.

7 Presser, L. (2009). "The narratives of offenders". *Theoretical Criminology,* 13(2), 177–200.

8 Martin Gaite, C. (1983). *El cuento de nunca acabar.* Anagrama.

9 Bruner, J. (2004). "Life as narrative". *Social Research.*,71 (3). 691-710.

tienen relación y uno es consecuencia del otro[10]. Por eso es más que establecer una mera cronología o simplemente describir unos hechos objetivos. Como aclaran Sommers y Gibbon, "las narrativas son constelaciones de relaciones (partes conectadas) que se inscriben temporal y espacialmente y que están constituidas a partir de una construcción causal de la trama"[11].

Narrar, por lo tanto, no es lo mismo que comunicar. Para explicar esta diferencia, Maruna y Liem[12] se valen de un microrrelato atribuido a Hemingway: *"Se venden zapatos de bebé, sin usar"*[13]. Con unas pocas palabras se ordena temporalmente una secuencia trágica de acontecimientos, con un mensaje poderoso sobre la precariedad de la vida. Los *zapatos* nunca han sido usados porque el *bebé* ha muerto. Una historia, una narrativa, es capaz de transmitir muchas cosas incluso sin necesidad de que sean dichas o totalmente explicitadas. Si eliminamos la expresión "nunca usados", esta historia se convierte en un simple acto de comunicación. Sigue siendo discurso, pero no narración: no hay relato, no hay trama, no hay tema y no hay moral que pueda analizarse[14].

---

10 Copeland, S. (2019). "Telling stories of terrorism: a framework for applying narrative approaches to the study of militant's self-accounts". *Behavioral Sciences of Terrorism and Political Aggression,* 11(3), 232–253.

11 Somers, M. y Gibson, G. (1994). "Reclaiming the epistemological 'other': narrative and the social constitution of identity". Social theory and the politics of identity. Blackwell. 37-99, p.27.

12 Maruna, S., Liem, M. (2021). *Where is this story going? A critical analysis of the emerging field of narrative criminology. Annual Review of Criminology, 4,* 125-146.

13 *For sale: baby shoes, never worn (traducción propia).* Con todo, parece que la atribución de este excelente microrrelato al escritor norteamericano es dudosa. *Vid.* Haglund, D. (2013). "Did Hemingway Really Write His Famous Six-Word Story?". Slate. https://slate.com/culture/2013/01/for-sale-baby-shoes-never-worn-hemingway-probably-did-not-write-the-famous-six-word-story.html. *Recuperado el 8 de septiembre de 2025.*

14 Copeland (2019), cit.

Por lo tanto, no debemos equiparar narrativa a discurso: la narrativa sería solo una de las formas de discurso, existiendo otras no narrativas. Tampoco debería equivaler al lenguaje o a la comunicación verbal porque hay formas de narrativa no basadas en el lenguaje, sino, por ejemplo, en las imágenes[15].

Con frecuencia se habla también de *narrativa del yo* o *narrativas personales (self- narratives)* para referirse a las historias que una persona cuenta sobre sí misma para construir y dar sentido a su identidad y experiencias. Esas narrativas representan la *autoidentidad (self)* de la persona, pero no son necesariamente lo mismo que se cuenta a un/a psicólogo/a en una terapia, a un operador jurídico en un tribunal o, incluso a un investigador/a social[16]. La construcción de la narración implica interacción y va acomodándose al otro o a los otros receptores. Por seguir con una terminología manejada también por Martín Gaite, quien narra se ve impelido a la "búsqueda del interlocutor"[17]. Lo que, como veremos después con más detalle en relación con las víctimas, viene influenciado por la cultura, la presión social de lo esperable y los propios mitos personales. En cualquier caso, "la mejor manera de acceder a esa narrativa interna del yo es escuchar la narrativa externa que el narrador o la narradora realiza habitualmente acerca de él o de ella misma"[18].

Desde esta perspectiva psicológica y culturalista, asumiendo un modo de simbólico y compartido de comunicación en el mundo humano, no podemos eludir el problema del significado, que tiene un carácter situado, lo que permite tanto su negociabilidad como su comunicabilidad[19]. En definitiva, la narrativa es la forma en

---

15 Maruna, S., Liem, M. (2021), cit.

16 Maruna, S., Liem, M. (2021), cit.

17 Martín Gaite, C. (2006). *La búsqueda del interlocutor y otras búsquedas.* Anagrama.

18 Maruna, S., Liem, M. (2021), cit.

19 González-Monteagudo, J., Ochoa Palomo, C. (2014), cit.

que los seres humanos dan sentido a las vidas humanas (o similares a las humanas) y las hacen significativas y comprensibles[20].

Esta vertiente de análisis cualitativo centrada en la narración se conecta, en el campo del estudio de la conducta criminal, con la emergencia de la *criminología cultural*[21]. De este modo, el nuevo objetivo se centra "en identificar el modo en que la cultura infunde sentido social y estiliza las manifestaciones personales y colectivas suscitadas en torno a un evento criminal"[22]. Siempre teniendo en mente que, para la criminología, el delito y la desviación se explica tanto en términos de comportamiento como de criminalización[23]. Por eso, desde la perspectiva de la *criminología narrativa*, en un sentido amplio, interesan los relatos cuyos agentes son los infractores, las víctimas, el *ius puniendi* y la comunidad[24].

El análisis de las narrativas no ha sido una cuestión completamente ajena a la historia de la teoría criminológica. Podemos encontrar antecedentes de la relevancia epistemológica de la narración en algunas de las aportaciones de la *Escuela de Chicago*[25] o en la *teoría de la neutralización*[26]. No obstante, la *criminología na-*

---

20 Bruner, J. (2004), cit.

21 Herrera Moreno, M. (2019). "Narrativas subjetivas, políticas y normativas sobre víctimas y victimidad: Aproximación a las problemáticas victimales desde un nuevo paradigma". Un sistema de sanciones penales para el siglo XXI. Tirant lo Blanch.677-708

22 Herrera Moreno (2019), cit. p.679.

23 Presser, L. (2009), cit.

24 Presser, L. (2009), cit.

25 Por ejemplo, por su énfasis en relatos de vida y experiencias cotidianas textos clásicos de los años 30 como *The Jack-Roller* de Clifford R. Shaw pueden considerarse antecedentes directos de la criminología narrativa. Shaw, C. R. (1930). *The Jack-Roller: A Delinquent Boy's Own Story*. University of Chicago Press.

26 La teoría de la neutralización de Sykes y Matza (1957), al mostrar cómo los infractores relatan y justifican sus actos mediante técnicas discursivas, constituye otro antecedente clave de la criminología na-

rrativa se distingue de otras tradiciones como la *etnografía crítica* en varios aspectos: más que focalizarse en señalar la falsedad de las narrativas dominantes (y dominadoras) se centra en estudiar cómo se construyen y funcionan *todas las historias.* De hecho, es la asunción de que las narrativas son valiosas en sí mismas, independientemente de si reflejan o no la verdad, lo que ha hecho consolidarse a esta disciplina[27]. En lugar de asumir que los individuos cuentan sus propias historias de forma libre, se reconoce que los relatos están condicionados por la cultura y por sus interlocutores, reales o imaginados. Además, se entiende que las narrativas no solo reflejan la realidad, sino que la moldean: pueden empoderar y ser liberadoras, pero también constreñir y aumentar el daño, dependiendo del contexto y de cómo se difunden[28].

Lois Presser[29] enumera varias razones por las que la narración es un objeto de estudio útil para la criminología. En primer lugar, abarca narrativas individuales y colectivas por lo que es capaz de explicar el delito desde una perspectiva tanto individual como grupal. En segundo lugar, apela a los perpetradores, pero también a los espectadores, por lo que puede aportar conocimiento sobre la tolerancia pasiva al daño social. La narrativa, en tercer lugar, se puede relacionar con la cultura de la violencia, enriqueciendo los estudios sobre subculturas criminales. Finalmente, en cuarto lugar, es metodológicamente viable y puede ser fácilmente recogida y analizada a través del desarrollo de métodos cualitativos capaces de complementar, y también desafiar, el tradicional predominio *cuantitativista* de los estudios criminológicos, añadiendo nuevas perspectivas y enfoques.

---

rrativa. Sykes, G. M. y Matza, D. (1957). "Techniques of Neutralization: A Theory of Delinquency". *American Sociological Review,* 22(6), 664–670.

27 Pemberton, A., Mulder, E., Aarten, P. G. M. (2019), cit.

28 Presser L, Sandberg S (2015). "Introduction: What is the story? *Narrative Criminology.* York University Press, pp. 1–12.

29 Presser, L. (2009), cit.

Desde este renovado abordaje de la *criminología narrativa,* han ido apareciendo estudios y trabajos sobre una variedad de tópicos[30] —como el narcotráfico, la reincidencia criminal, los asesinatos múltiples, el terrorismo— enfocados en las narrativas individuales de los implicados, conectados con marcos narrativos más amplios de carácter cultural o comunitario[31, 32].

La *victimología narrativa* – *a*sumiendo una parte esas premisas, pero desde *ese otro lado del espejo* en el que se posiciona la disciplina respecto a la criminología – se ha convertido en una disciplina hermana, aunque paralela, a esta *criminología narrativa.* Como explica Walklate, "si la criminología narrativa se pregunta por el comportamiento y por los motivos de los delincuentes para hacer daño a las personas, la victimología narrativa se ocupa de la experiencia de ser dañado" [33].

Gema Varona describe la *victimología narrativa* como una corriente reciente "centrada en las percepciones y las experiencias

---

30 Para una revision, al menos en el mundo anglosajón del desarrollo de la Criminología narrativa, *vid.* Fleetwood, J., Presser, L., Sandberg, S., Ugelvik, T. (eds.). (2019). *The Emerald Handbook of Narrative Criminology.* Emerald Publishing.

31 Pemberton, A., Mulder, E. y Aarten, P. G. M. (2019), cit.

32 Por ejemplo, uno de los campos de mayor desarrollo de la *criminología narrativa* es el estudio de la desistencia: es decir, la comprensión de por qué un individuo que se había involucrado en comportamientos delictivos o desviados en el pasado es capaz de abstenerse de implicarse de nuevo en los mismos de cara al futuro.Vid. Maruna, S. (2001). *Making good: How ex-convicts reform and rebuild their lives.* American Psychological Association; Maruna, S. (1997). "Going straight: desistance from crime and self-narratives of reform". *Narrative Study of Lives,* 5, 59–97.

33 Walklate, S. (2024). "Are Victim Stories Human Rights Stories? Towards an Ethics and Politics of Listening and Seeing for Victimology". *A Research Agenda for a Human Rights Centred Criminology.* Palgrave Macmillan.175-188, p. 180.

de las víctimas a través de sus propias voces"[34]. Experiencias que pueden recogerse directamente, por ejemplo, en entrevistas realizadas en investigaciones propias o de forma indirecta, a través del análisis de declaraciones, autobiografías u otros testimonios existentes en otras investigaciones.

Como ha ocurrido con la criminología, también en la victimología han dominado los estudios cuantitativos, especialmente las encuestas de victimización, y los abordajes más cualitativos se han visto frenados por la cuestión de la veracidad de los testimonios y el recelo a que, en última instancia, favorecieran usos populistas y punitivos de las políticas criminales[35]. Lo que no significa que las historias de las víctimas, especialmente como fuente de conocimiento – por ejemplo, del Holocausto y otras formas de victimización a gran escala – no hayan jugado un papel en la historia de la victimología. Pero el empleo de un enfoque narrativo, hasta ahora, ha sido limitado, en general, y mucho menos utilizado para el análisis de la victimización a menor escala[36].

En cualquier caso, la especialización de la victimología, o su enfoque del fenómeno criminal desde la perspectiva de la víctima, implica diferencias evidentes respecto a un conocimiento criminológico más genérico. Parece adecuado entonces, antes de continuar, preguntarnos en qué se distinguen las narraciones o las historias de las víctimas respecto de las de los victimarios.

Por un lado, debemos referirnos a los contextos en los que encontramos esas historias de las víctimas. Los espacios narrativos de

---

34 Varona, G. (2022). "On victim's narratives: some parallelisms between terrorism victims and victims of other serious crimes in terms of epistemic justice and resilience". *Araucaria. Revista Iberoamericana de Filosofía, Política, Humanidades y Relaciones Internacionales*, 24(50), 11–35, p.12.

35 *Vid.* Elias, R. (1996). "Paradigms and Paradoxes of Victimology". *International Victimology: Selected papers from the 8th international symposium* Australian Institute of Criminology, 9-34.

36 Pemberton, A., Mulder, E., Aarten, P. G. M. (2019), cit.

las víctimas abarcan, aunque no se limitan a ellos, ámbitos formales como los contextos judiciales —como la justicia restaurativa, las declaraciones de impacto o el papel de defensores de las víctimas— pero se extienden hasta formas más informales de testimonio. Estas incluyen libros del género *true crime* (o el emergente *true victim*)[37], memoriales digitales, *blogs, videoblogs (vlogs),* series audiovisuales y campañas impulsadas por organizaciones sociales de apoyo[38].

Por otro lado, hay que advertir que el cambio de énfasis para centrarse en lo que significa ser dañado no implica que la victimología narrativa asuma que las víctimas son sujetos pasivos, ni que el enfoque principal se centre en el agresor y sus acciones. De hecho, para este enfoque, los aspectos relacionados con el yo, incluyendo la comprensión de uno mismo, el respeto propio y la autonomía, son fundamentales [39].

Desde la perspectiva de la víctima, el hecho vivido representa algo que no debería haber ocurrido, pero que, sin embargo, sucedió y, además, como resultado de decisiones humanas, no como parte de una secuencia causal inevitable[40]. Las víctimas tienden a interpretar el acontecimiento como una injusticia, enfatizar su impacto, minimizar el contexto y ampliar su duración tanto hacia el pasado como hacia el futuro[41]. En contraste, los perpetradores

---

37 Herrera Moreno, M. (2025). "True re-victimization: el expolio de historias victimales por la industria del ocio multimedia". *Revista de victimología.* 123-162.

38 Green, S., Kondor, K. y Kidd, A. (2020). "Storytelling as memorialisation: Suffering, resilience and victim identities". *Oñati Socio-Legal Series,* 10(3), 563–583.

39 Pemberton, A., Mulder, E., Aarten, P. G. M. (2019), cit.

40 Pemberton, A., Mulder, E., Aarten, P. G. M. (2019), cit.

41 Pemberton, A., Aarten, P. G. M.,Mulder, E. (2019). "Stories as property: Narrative ownership as a key concept in victims' experiences with criminal justice". *Criminology & Criminal Justice,* 19(4), 404–420.

suelen justificar sus actos, atribuirlos a factores externos, minimizar el daño causado y percibir el evento como algo puntual y aislado.

Para referirse a estas diferencias Pinker acuñó el término *brecha de moralización (moralization gap),* pero hay que ser cauteloso con el uso de este concepto, porque parece abrazar una visión esencialista y dicotómica entre víctimas y victimarios[42] que no tiene en cuenta que, en muchas ocasiones, puede haber una sobreposición e incluso ser posiciones potencialmente intercambiables. Además, las narrativas de los ofensores, como demuestra el desarrollo de la *criminología narrativa*, son variadas y van más allá de la *neutralización* incluyendo en muchos casos en sus relatos un fuerte sentido de la propia victimización[43].

La victimización grave puede interpretarse también como una ruptura en la narrativa vital de la víctima. Una pérdida que daña su sentido de agencia y de comunión con la sociedad[44]. La desconexión social que implica la victimización grave acostumbra a dejar en suspenso su historia vital sustituyéndola por la narrativa del daño y el sufrimiento que pareciera querer ocuparlo todo. Para Herrera, "devenir víctimas es narrarse víctimas" y "es por vía narrativa cómo la víctima se remonta frente al caos"[45].

Finalmente, al trazar esta genealogía es preciso, más allá de los delitos comunes, hacer una referencia, por su peculiaridad, al contexto de la *justicia transicional*[46], objeto de estudio sobre el que, como hemos indicado, ha habido tradicionalmente un

---

42 Tamarit considera el pensamiento dicotómico como una de las patologías de la victimidad. *Vid.* Tamarit, J. M.ª (2013). "Paradojas y patologías en la construcción social, política y jurídica de la victimidad". *InDret. Revista para el análisis del Derecho,* 1, 1–31.

43 Pemberton, A., Aarten, P. G. M., Mulder, E. (2019), cit.

44 Pemberton, A., Aarten, P. G. M., Mulder, E. (2019), cit.

45 Herrera Moreno, M. (2019), cit. p.687.

46 Para un análisis reciente del marco normativo internacional de la justicia de transición, *vid.*

especial interés en los enfoques narrativos. La justicia de transición coloca a las víctimas y sus historias de sufrimiento en el centro. Por eso, entre sus objetivos irrenunciables para conseguir que los procesos transicionales culminen en una paz duradera destaca la reparación. En este contexto, la narración testimonial de graves violaciones de derechos humanos transciende el plano individual y se convierte en un acto de *memorialización.* La práctica de escuchar, acoger y ritualizar las voces de las víctimas no solo responde, en estos casos, a un deber de verdad y reparación, sino que posibilita la construcción de subjetividades resistentes y el fortalecimiento de la cohesión social en sociedades que enfrentan un pasado de violencia y conflicto.

En definitiva, las historias de las víctimas, de todas las víctimas, constituyen un terreno fértil de exploración para la *victimología narrativa,* al ofrecer valiosas perspectivas sobre experiencias de daño, injusticia, así como de resiliencia y recuperación[47].

3.- USOS Y DIMENSIONES DE LA NARRATIVA RELACIONADOS CON LAS VÍCTIMAS

De la abundante literatura científica internacional acerca de las necesidades de las víctimas puede extraerse un cierto consenso: necesitan apoyo emocional, quieren ser oídas, compensadas y reconocidas[48]. Como señala Reyes Mate, "para hacerse cargo

---

Garcia Casas, M. (2022). *El Derecho internacional de la justicia transicional. La construcción del marco normativo de las transiciones.* Wolters Kluwer.

47 Cook, E. A., Walklate, S. (2019). "Excavating victim stories: Making sense of agency, suffering and redemption". *The Emerald Handbook of Narrative Criminology.* Emerald Publishing, 239–258.

48 ten Boom, A., & Kuijpers, K. F. (2012). "Victims' needs as basic human needs". *International Review of Victimology, 18*(2), 155-179).

del otro hay que atenderle, escucharle" y, en ese sentido, "la vía del conocimiento no es la visión, sino el oído"[49].

La noción contemporánea de *victimidad*[50] se ha construido a través de la relevancia social de una narrativa del sufrimiento, la creciente visibilidad de las víctimas, el rechazo cada vez mayor de la violencia, la intolerancia hacia el dolor y la convicción de que las autoridades públicas pueden (y deben) responder a ella.

Estas narrativas victimales muestran dos dimensiones que abarcan diferentes usos que se entrecruzan y que están relacionados entre sí, siendo objeto de estudio de la *victimología narrativa.*

En primer lugar, una *dimensión personal* o *individual*, en la que, a pesar de la exposición, se mantiene un carácter mucho más íntimo y una difusión restringida. En esta dimensión la narración de la víctima se puede inscribir, entre otros, en un contexto terapéutico o jurídico.

En segundo lugar, una *dimensión social.* Los relatos de las víctimas, al alcanzar una mayor audiencia e ir tomando un carácter más público, por ejemplo, a través de los medios de comunicación o campañas de concienciación de asociaciones y organismos de apoyo, van construyendo la *victimidad* asociada a determinadas formas de victimización.

---

49 Mate, R. (2018). *El tiempo, el tribunal de la historia.* Trotta.p.145.

50 Para Myriam Herrera, en un sentido descriptivo, la victimidad se entiende como "concentración, en una persona o colectivo victimizado, de un conjunto de rasgos y condiciones precisas para el refrendo comunitario, político y jurídico de la injusticia sufrida". En una dimensión social más amplia, "se despliega, en estos términos, como *lugar de sentido* donde la persona dañada asume y adquiere identidad, por la consolidación cívica de su perfil de víctima (así, en la comunidad, en la sociedad amplia, en los medios de comunicación) y la correlativa admisión normativa de la injustica padecida". Herrera Moreno, M. (2014). "¿Quién teme a la victimidad? El debate identitario en victimología". *Revista de Derecho Penal y Criminología,* 3ª Época, 12, 343–404, pp. 345-346.

En cualquier caso, estas dimensiones y usos se interrelacionan. En este apartado vamos a profundizar sobre cada una de estas dimensiones de la narratividad en relación con las víctimas y sobre sus conexiones, teniendo en mente la perspectiva de la posibilidad de su análisis desde el enfoque de la *victimología narrativa.*

3.1.- Dimensión personal: narración como elemento terapéutico y judicial

En su contacto con los sistemas institucionales de atención a la víctima, lo más probable es que quienes han pasado por un proceso de victimización acaben contando su historia numerosas veces. Y a diferentes personas: ya sea a un terapeuta, a un policía, a un sanitario, o a un operador jurídico. Se trata de contextos muy diversos en los que puede haber una discrepancia entre las expectativas de la víctima y el funcionamiento de la institución.

Todo esto se enmarca en el proceso de intervención, complejo y multicausal, que debería procurar, en la medida de lo posible, la desvictimización: esto es, la restitución o resarcimiento del impacto o secuelas que haya podido generar el hecho criminal en la figura de la víctima[51]. Para Caravaca Llamas este proceso de desvictimización pretende, de un lado "fundamentar y justificar una actuación específica de la política social para las víctimas; pero por otro busca normalizar, en la medida de lo posible, la situación de estas en el conjunto de la sociedad, eliminado toda posibilidad de estigmatización, de instalación crónica en la victimización, o la generación de una comunidad de víctimas cerrada en sí misma"[52].

---

51 Morillas Fernández, D. L., Patró Hernández, R. M. y Aguilar Cárceles, M. M. (2014). *Victimología: Un estudio de la víctima y los procesos de victimización (2ª ed. revisada).* Dykinson. p.123.

52 Caravaca Llamas, C. (2011). "Política Social y asistencia a las víctimas de delitos en España: del reconocimiento legal a la protección social". Contribuciones a las Ciencias Sociales, marzo 2011, 3 y ss, p.5.

De este proceso, por su especial relación con las narrativas victimales y por su carácter más personal e íntimo, nos centraremos en algunos aspectos de la intervención psicológica y en ciertas consideraciones acerca del contacto de las víctimas con la administración de justicia.

En relación con el apoyo psicológico hay que advertir que no todas las víctimas son iguales, por lo que no tienen las mismas necesidades y, en consecuencia, no todas van a precisar de este en la misma medida. Habría que distinguir aquí entre la *intervención en crisis* y el *apoyo psicológico continuado*[53]. También deberíamos ser cautelosos para no caer en una visión simplista que suponga una *patologización* de la victimización al tratarla, en lugar del fenómeno complejo y multicausal que es, como una enfermedad que puede superarse con una terapia o con un tratamiento[54].

No vamos a profundizar sobre este tema, limitándonos a plantear algunas cuestiones, en torno a la denominada *terapia narrativa*[55], por su especial conexión con nuestro objeto de análisis. Según este enfoque, en el ámbito terapéutico, la narración permite reorganizar la experiencia traumática, dotándola de sentido y coherencia. Este proceso facilita la recuperación de la agencia personal, la externalización del sufrimiento y la integración del trauma en la identidad sin que esta quede definida por él. Así, la persona deja de ocupar poco a poco exclusivamente el lugar de víctima para convertirse en sujeto activo de su propia reconstrucción.

Uno de los sentidos fundamentales de este enfoque terapéutico es la recuperación de la agencia personal. Ya que implica el acceso a "un mundo en que volver a contar una historia es contar una historia

---

53 Morillas Fernández, D. L., Patró Hernández, R. M. y Aguilar Cárceles, M. M. (2014), cit.

54 Vid. Tamarit, J. M.ª (2013).

55 White, M. y Epston, D. (1993). *Medios narrativos para fines terapéuticos.* Paidós. p. 93.

nueva, un mundo en el que las personas participan con sus semejantes en la *reescritura*, y en el moldeado, de sus vidas y relaciones"[56].

Recuperar la agencia empieza por recuperar la voz, porque la victimización grave "pone en peligro la coherencia de la historia de vida antes y después de la victimización, la posibilidad de mantener una sensación de continuidad y previsibilidad para avanzar y hacer planes para el futuro, y la coherencia con las narrativas construidas por el entorno social"[57]. El proceso de desvictimización debe favorecer ese "recuperar el hilo" de la propia historia, integrando el evento traumático. Incluso, como sugiere la literatura disponible sobre el crecimiento personal *post traumático,* en algunos supuestos puede tener algunos efectos beneficiosos, que nacen, como es obvio, no del trauma en sí mismo, sino de la lucha para superarlo[58]. Siendo siempre conscientes de la diversidad de las víctimas y de sus circunstancias sin pretender imponer un comportamiento que corresponda a un modelo idealizado de víctima como objeto de la terapia.

En este contexto terapéutico la privacidad y la confidencialidad son esenciales, lo que contrasta con la administración de justicia en la que, a pesar de los esfuerzos para evitar los efectos más negativos de la exposición de la víctima, esta se puede sentir de nuevo victimizada cuando debe volver a narrar lo que le sucedió. La constatación de los daños a los que el contacto de la víctima con el sistema judicial puede ocasionar ha dado lugar al concepto de *victimización secundaria.* Aunque, con el desarrollo teórico de la victimología, se ha extendido para abarcar el impacto negativo de cualquier contacto de la víctima con instituciones o profesionales (como la policía o el sistema sanitario) que deberían prestarle asistencia. No hay que olvidar que el sistema de justicia es una

---

56 White, M. y Epston, D. (1993), cit. p. 93.

57 Pemberton, A., Aarten, P. G. M. y Mulder, E. (2019), cit. p. 406.

58 Tedeschi, R. G. y Calhoun, L. G. (2004). "Posttraumatic growth: Conceptual foundations and empirical evidence". *Psychological Inquiry,* 15(1), 1–18.

realidad altamente codificada, que la mayoría de las víctimas perciben como ajena, poco comprensible y asustadora. En definitiva, la *victimización secundaria* surge del choque entre las expectativas de la víctima y la realidad institucional, generando frustración, maltrato institucional y un incremento del daño psicológico[59].

De forma algo esquemática, podemos concluir que el proceso penal busca con el testimonio de las víctimas (y el resto de la prueba disponible) fijar los hechos *(questio facti)* para después aplicar la norma legal adecuada *(questio iuris)* a través del silogismo legal correspondiente. Para ello, tiende a simplificar y estructurar los hechos en una narrativa legal con inicio, desarrollo y desenlace, lo que puede distorsionar o ignorar aspectos esenciales de la vivencia de la víctima. Mientras que las víctimas perciben su experiencia como única e individual –esa dimensión más *personal* que analizamos en este subapartado – el proceso penal impone una narrativa con una trama específica que a menudo entra en conflicto con su vivencia[60]. Es decir, parece buscar más la mera descripción de los hechos (únicamente de los relevantes para el proceso) que la narración (inserta en la vida de la persona con elementos no siempre relevantes para el proceso).

Tampoco los *tempos* son siempre equivalentes para la justicia y para las víctimas. Incluso cuando alguna forma de reparación es posible, una característica de las narrativas de las víctimas es que suelen extenderse mucho más allá de cualquier resolución formal en el proceso penal. Por ello "en lugar de esperar un cierre, es más realista asumir que las narrativas victimales tienen una naturaleza abierta, que continúa en gran medida más allá de la sentencia del juicio penal"[61].

---

59 Morillas Fernández, D. L., Patró Hernández, R. M., Aguilar Cárceles, M. M. (2014), cit.

60 Pemberton, A., Aarten, P. G. M., Mulder, E. (2019), cit.

61 Pemberton, A., Aarten, P. G. M., Mulder, E. (2019), cit. p.409

Hay que tener en cuenta también que el sistema de justicia penal representa valores sociales fundamentales. Cuando las víctimas no logran conectar con este sistema —por ejemplo, al sufrir *victimización secundaria*— se intensifica su sensación de aislamiento y pérdida de control, profundizando el daño emocional y social ya sufrido[62]. Por eso son importantes los esfuerzos para minimizar el potencial daño de la exposición de las víctimas (especialmente las vulnerables) al sistema de justicia con medidas concretas[63] – para evitar el contacto directo entre víctima y victimario, minimizar el número de declaraciones, agilizar el proceso, etc. – e ir integrando paradigmas de justicia más conscientes de esta situación[64].

En este sentido, la *justicia terapéutica* se presenta como un paradigma jurídico que busca integrar el bienestar psicológico y emocional de las personas involucradas en procesos judicia-

---

62 Pemberton, A., Aarten, P. G. M., Mulder, E. (2019), cit.

63 *Vid.* Córdoba, C. R. (2022). "La victimización secundaria en la violencia sexual: Análisis de la victimización secundaria en casos de abusos y agresiones sexuales, y sexting". *EHQUIDAD. Revista Internacional de Políticas de Bienestar y Trabajo Social,* 17, 179–210; ; Subijana, Ignacio José; Echeburúa, Enrique Los Menores Víctimas de Abuso Sexual en el Proceso Judicial: el Control de la Victimización Secundaria y las Garantías Jurídicas de los Acusados Anuario de Psicología Jurídica, vol. 28, núm. 1, 2018, Enero-Diciembre, pp. 22-27.

64 En el caso español la Ley 4/2015, de 27 de abril, del Estatuto de la víctima del delito establece medidas para evitar la victimización secundaria, como la protección frente al contacto con el agresor (art. 20), que se reciba declaración a las víctimas el menor número de veces posible, y únicamente cuando resulte estrictamente necesario para los fines de la investigación penal (art. 21b) o una serie de medidas de protección adicionales encaminadas a ese fin: desde el uso de tecnologías de la comunicación para evitar el encuentro entre la víctima y el agresor a la evitación de preguntas Medidas para evitar que se formulen preguntas relativas a la vida privada de la víctima que no tengan relevancia con el hecho delictivo enjuiciado o la celebración de la vista sin público (art. 25).

les, promoviendo una humanización del Derecho. La *justicia terapéutica* no solo atiende al daño legal, sino también al daño emocional, permitiendo que las víctimas reconstruyan su identidad y agencia abordando la victimización desde una óptica más completa, que considera tanto el contexto social como la vivencia íntima del sufrimiento[65].

Mención aparte merecería, en esta línea, la *justicia restaurativa* que implica, en general, una mayor valoración del papel de las narrativas personales de las víctimas. A diferencia del proceso penal tradicional, que impone estructuras rígidas, este enfoque permite que las víctimas expresen más libremente su visión de los hechos y el impacto que han tenido en sus vidas. "En lugar de malinterpretar las narrativas de las víctimas como meramente instrumentales o con fines terapéuticos, se presta especial atención a garantizar que la víctima pueda ofrecer su perspectiva sobre los hechos y cómo estos han afectado su experiencia pasada y presente"[66]. El encuentro con el infractor adquiere un valor narrativo: permite abordar cuestiones pendientes, obtener respuestas y, en muchos casos, recibir una disculpa, lo que puede facilitar la reconstrucción del sentido y la reparación emocional[67].

En cualquier caso, la *justicia restaurativa* plantea también desafíos, no necesariamente insalvables, a la hora de integrar las narrativas victimales. Pemberton, Aarten y Mulder enumeran los siguientes:

Primero. En este tipo de justicia el énfasis se pone en la posibilidad de obtener resultados positivos del proceso, e incluso, como es obvio, en la restauración. Aunque esta intención es positiva, puede caer en una versión demasiado idealizada y optimista de la realidad.

---

65 Bueno Ochoa, L. (2023). "Una revisión bibliográfica y jurisprudencial de la Justicia Terapéutica como nuevo paradigma iuspsicológico". *Anales de la Cátedra Francisco Suárez,* 57, 145–169.

66 Pemberton, A., Aarten, P. G. M., Mulder, E. (2019), cit. p. 414

67 Pemberton, A., Aarten, P. G. M., Mulder, E. (2019), cit.

Segundo. Las víctimas destacan la dimensión moral de lo ocurrido y sitúan el evento en las intenciones del agresor. Por ello, el uso, en el contexto de la justicia restaurativa, de términos como *conflicto* o similares, que buscan no estigmatizar, puede parecer una elección neutral, pero en realidad se acerca a la perspectiva del agresor dentro de la *brecha de moralización (moralization gap).* Persiste el riesgo, por lo tanto, de que la víctima tenga que competir con el agresor por el control de la narrativa.

Tercero. La justicia restaurativa también viene con su correspondiente estereotipo ideal de comportamiento de la víctima que debería ser "perdonadora, no punitiva, más interesada en la compensación que en el castigo —y en una compensación simbólica—, parte de la misma comunidad que el agresor, sin miedo a él, y con voluntad y capacidad de participar plenamente en el caso"[68].

3.2.- Dimensión social: identidad, victimidad y políticas victimales

Aun reconociendo con Fattah que la victimología, si quiere mantener su estatus científico, no puede ser una *ciencia global del sufrimiento*[69], es innegable que la victimización criminal, como daño injusto e inmerecido, genera dolor y que, en consecuencia, esa es una dimensión ineludible para la disciplina. La narrativa de las víctimas no solo se construye desde una perspectiva individual, sino que sus historias, al hacerse públicas, forjan el con-

---

68 Van Dijk, J. (2009). "Free the victim: A critique of the western conception of victimhood". *International Journal of Victimology,* 16(1), 1–33.

69 El autor es muy crítico con un cierto ensanchamiento del objeto de la victimología para incluir cualquier forma de sufrimiento (desde la enfermedad a los desastres naturales) y aboga por un ajuste reductivo del campo, circunscribiéndolo a una victimología estrictamente criminal. Fattah, EA. (2014). "Victimología: pasado, presente y futuro", Revista Electrónica de Ciencia Penal y Criminología. http://criminet.ugr.es/recpc. Recuperado el 08 de septiembre de 2025

cepto mismo de victimidad en interacción con el repertorio de las narrativas sociales disponibles sobre victimización. Debemos aclarar que con este concepto de victimidad nos referimos aquí "no tanto a la identidad de víctima, que en principio nadie desea, sino al reconocimiento social de la condición de víctima, como reconocimiento del daño inmerecido, es decir, de su injusticia"[70].

Por ello no es de extrañar que el activismo en relación con las víctimas haya dirigido una parte considerable de sus esfuerzos a potenciar la narración social y cultural del impacto del delito: lo que conduce a contemplar el mundo a través de las lentes del sufrimiento[71]. Las historias contadas por las propias víctimas "proporcionan una narrativa de su sufrimiento, no solo emergente sino cada vez más poderosa, que también ha servido para apoyar a las personas que potencialmente se pueden encontrar en una situación similar"[72].

Ahora bien, para convencer, el sufrimiento debe ser grande y, además, inmerecido, de modo que la víctima alcance el estatuto de buena víctima y pueda ser objeto primero de la atención y luego de la *compasión social*[73]. El riesgo de esta dinámica es evidente. Como advierte Bruckner, "si basta con que a uno le traten de víctima para tener razón, todo el mundo se esforzará por ocupar esa posición gratificante"[74]. Es cierto que un excesivo énfasis en el sufrimiento puede llevar, indirectamente, a santificarlo y blanquearlo, viéndolo como algo trascendente o incluso deseable. En este juego no interesa tanto ser una víctima sino

70 Varona, G. (2022), cit. p. 20.

71 Fassin, D. (2012). *Humanitarian reason: A moral history of the present.* Berkeley y Los Ángeles: University of California Press.

72 Walklate S (2016) The metamorphosis of victimology: From crime to culture. *International Journal of Crime, Justice and Social Democracy* 5(4): 4–16

73 *Vid.* Gracia Ibáñez, J. (2018). "Justicia y política de la compasión en relación con las víctimas". *Revista de Victimología,* 7, 77–106.

74 Bruckner, P. (1996). *La tentación de la inocencia.* Anagrama. *Trad. Thomas Kauf, p.134.*

saber aparecer como tal. La atribución social de la condición de víctima se convierte así en *una lucha por el relato.*

Autores como Strobl[75] subrayan el carácter de proceso de comunicación entre la víctima y representantes de la sociedad de esta atribución social de la condición de víctima, planteando un modelo explicativo de cómo una víctima logra comunicar eficazmente su situación para recibir ayuda. Lo que depende de varios factores. Primero, los hechos deben ser percibidos como una victimización *real*, lo cual implica que se haya violado una norma importante y que haya consecuencias graves, como lesiones o pérdidas económicas. Además, la capacidad de la víctima para expresar su experiencia según criterios culturales compartidos es clave, ya que diferencias culturales pueden generar malentendidos. También influyen la impresión personal que la víctima genera (las personas que parecen vulnerables suelen ser más creídas que las que parecen fuertes), el grupo social al que pertenece (las víctimas percibidas como parte del *grupo respetable* tienen más posibilidades de ser ayudadas), y la claridad con la que expresa sus necesidades. Si el receptor no entiende qué tipo de ayuda se requiere, es difícil que actúe. Aunque la víctima puede influir en estos aspectos, el éxito de la comunicación depende en gran medida de cómo el receptor interpreta el mensaje, lo que puede estar condicionado por prejuicios, normas culturales y percepciones sociales.

De hecho, como advierte Tamarit[76], "los procesos de atribución de la victimidad están caracterizados por su selectividad. La idealización lleva a la jerarquización, en la medida en la que las diferentes clases de víctimas responden de modo distinto a la expectativa". Es decir, en lo más alto de la estima social se colocarían las víctimas ideales (e idealizadas) objeto de compasión y de apoyo porque son percibidas como vulnerables e inocen-

---

75 Strobl, R. (2004). "Constructing the victim: theoretical reflections and empirical example". *International Review of Victimology*, 11, 295–311.

76 Tamarit, J. Mª. (2013), cit., p.19

tes. A continuación, se sitúan otras víctimas que, por diversas circunstancias, aparecen cada vez como menos merecedoras de esos sentimientos y, en consecuencia, del apoyo que éstos pueden movilizar en la comunidad pudiendo, las menos valoradas, llegar a ser prácticamente invisibles e ignoradas socialmente.

Esta jerarquización entre víctimas está determinada por la percepción de su vulnerabilidad (que no siempre deriva de un juicio objetivo y ajustado a la realidad) y viene muy condicionada por el peso cultural del estereotipo de la *víctima ideal* acuñado por Nils Christie[77]. La victima ideal sería, por definición, débil y vulnerable, estaría realizando una actividad respetable cuando el crimen aconteció, no podría ser culpada por estar donde estaba cuando el crimen ocurrió y su contraparte, su agresor, debería ser grande, perverso y desconocido. El ejemplo que pone Christie es el de una mujer mayor que tras visitar a su hermana enferma, al regresar a su hogar, es asaltada por un drogadicto. Christie subraya que este estereotipo es un constructo social que va variando según el espíritu de los tiempos, se va modificando, atendiendo a las circunstancias y cambios sociales. Otros autores que han continuado ahondando en la naturaleza de la víctima ideal, como Strobl, añaden a estas características el carácter no provocador de la víctima ideal y su colaboración con las autoridades[78]. La concepción de víctima ideal captura con precisión las condiciones sociales bajo a las cuales, no solo se otorga a alguien el estatus de víctima, sino también se determina si lo merece o no.

Además, en la construcción de esa victimidad idealizada que se asienta fuertemente sobre la atribución de inocencia, entran en juego mecanismos como el de la *creencia en el mundo justo*

---

77 Christie, N. (1986). "The Ideal Victim". *From Crime Policy to Victim Policy*. Macmillan.

78 Strobl, R. (2004), cit. p.298.

analizado por la psicología social[79]. Esta creencia podría ser resumida en la máxima de que *a las personas buenas le pasan cosas buenas y solo a la gente mala le ocurren cosas malas*. Al asumir este *mantra* como verdadero, la posibilidad de que una víctima sea inocente se vuelve incongruente. Hay un esfuerzo por mantener esta creencia a toda costa en confrontación con la injusticia que supone el reconocimiento de la existencia del daño[80].

De esta forma, para mantener la *creencia en el mundo justo*, que es una forma de autoprotección, se echa mano de una serie de mecanismos que mantienen la ilusión de invulnerabilidad personal, en algún sentido necesaria para mantener la confianza en el futuro y la realización de inversiones vitales a largo plazo[81]. A veces, se trata de solventar por medios racionales, intentando paliar las consecuencias y colaborando en evitar las causas que generaron el sufrimiento, lo que no estaría lejos de la mejor versión de la compasión como una llamada a la acción[82]. Pero, otras veces, se echa mano de mecanismos irracionales que acaban por culpabilizar a la víctima: bien negando, contra la evidencia o retorciéndola, la veracidad de su relato (*mientes o exageras, no son reales o no son tan graves las consecuencias que dices padecer*) o cuestionando su grado de responsabilidad, atribuyéndole un comportamiento inadecuado o una moralidad dudosa (*no eres inocente, hiciste algo que no debías, no te protegiste lo suficiente*). En definitiva, estos estereotipos acerca de la víctima generan *metanarrativas* culpabilizadoras que suponen una nueva forma de victimización.

---

79 Lerner, M. J. (1980). *Belief in a just world: A fundamental delusion*. Plenum Publishing Corporation.

80 Correia, I., Vala, J. (2003). "Crença no mundo justo e vitimização secundária: O papel moderador da inocência da vítima e da persistência do sofrimento". *Análise Psicológica, 21*(3), 341–352.

81 Correia, I., Vala, J. (2003), cit.

82 Vid. Nussbaum, M. (1996). "Compassion: The Basic Social Emotion". Social Philosophy and Policy, 13, 27–58.

A esto hay que añadir que las *autonarrativas* de las víctimas al hacerse públicas también acaban midiéndose y enmarcándose en otras *metanarrativas,* generadas con intención positiva, desde los mismos grupos de apoyo. Los marcos narrativos eficaces integran, de forma coherente, una definición del fenómeno, un análisis de sus causas, un juicio moral y una propuesta de solución[83] que ayudan a comunicar el problema y fomentan la movilización social. Las víctimas recurren a estos marcos, al igual que a otras *metanarrativas* socialmente disponibles, para interpretar y dotar de sentido a su experiencia[84].

Sin embargo, este proceso de encuadre puede generar tensiones cuando la historia de una víctima no se ajusta a los estereotipos dominantes o, comprensiblemente, no se quiere asumir el papel de *víctima ideal*[85]. Pero también cuando lo que cuentan esas víctimas no acaba de encajar en la narrativa sobre la condición de víctima divulgada por los movimientos de apoyo o el sistema institucional de atención.

Todo esto fomenta la jerarquización porque si hay un reconocimiento y preocupación respecto de las víctimas que se encuentran en lo más alto de esa jerarquía, las víctimas situadas en la parte más baja, como explicábamos antes, son prácticamente invisibles. Por ello, tiene sentido traer en este momento a la discusión los conceptos de visibilidad de las víctimas y de crímenes invisibles en el sentido en el que son usados por Jupp, Davies y Francis[86].

---

83 Pemberton, A., Aarten, P. G. M. y Mulder, E. (2019), cit.

84 Polletta, F. (2009). "How to tell a new story about battering". *Violence Against Women,* 15(12), 1490–1508.

85 Al respecto, *vid.* el interesante estudio Jägervi, L. (2014). "Who wants to be an ideal victim? A narrative analysis of crime victims' self-presentation". *Journal of Scandinavian Studies in Criminology and Crime Prevention,* 15(1), 73–88.

86 Jupp, V.; Davies, P. y Francis, P. (1999). "The Features of Invisible Crimes". *Invisible Crimes. Their Victims and Their Regulation.* Palgrave. Macmillan. 3-28.

Los delitos invisibles no generan conocimiento (existe poco conocimiento personal o público en relación con estos crímenes), no generan estadísticas (no hay un interés público real en cuantificarlos), no generan investigación académica (no se encuentran en la agenda investigadora y, por ello, son poco estudiados). Como consecuencia de lo anterior, estos delitos tampoco generan teorías explicativas. Además, al no encontrarse en la agenda política, no implican medidas de este tipo y tampoco alimentan una sensación de preocupación social. Como es lógico, los crímenes invisibles, en mayor o menor grado de incorporeidad, generan víctimas olvidadas, escondidas, no percibidas como tales por la sociedad; o, en otras palabras, producen victimas con un grado equiparable y fluctuante de invisibilidad[87] cuyas historias no interesan.

Esa invisibilidad supone, en última instancia, una forma de injusticia. La comprensión de estos procesos puede verse favorecida por el concepto de *injusticia epistémica* acuñado por Miranda Fricker[88]. La *injusticia epistémica* se refiere a formas de daño que afectan a las personas en su calidad de sujetos de conocimiento, distinguiéndose dos tipos: la *injusticia testimonial* que se manifiesta cuando los prejuicios del receptor afectan negativamente la credibilidad que se otorga al discurso del emisor; la *injusticia hermenéutica* que ocurre en una fase anterior, cuando una carencia en los recursos interpretativos compartidos impide que ciertos individuos comprendan y articulen adecuadamente sus vivencias sociales, colocándolos en una posición de desventaja epistémica.

Esa visibilidad de la víctima se encuentra condicionada, en buena medida, por el tratamiento de los medios de comunica-

---

87 *Vid.* Cuervo García, A. L., Gracia Ibáñez, J. (2020). "El largo camino hacia la visibilidad: un análisis victimológico de la construcción de la violencia filio-parental como problema en España". *Revista de Victimología,* 11, 21–44.

88 Fricker, M. (2007). *Epistemic injustice: Power and the ethics of knowing.* Oxford University Press.

ción de masas. Por ello, si hablamos de la difusión social de las narrativas victimales resulta inevitable abordar la cuestión de la exposición mediática de las víctimas. *Talk shows* y programas televisivos, al centrarse en relatos personales, ejemplifican la importancia del relato en la construcción social de la victimidad[89].

Por ejemplo, en España, la participación de Ana Orantes en 1997 en un programa de Canal Sur, un *talk show* llamado *De tarde en tarde*, para contar su calvario de malos tratos y la noticia de su posterior asesinato unos meses después, quemada viva por su marido y agresor, fue un auténtico revulsivo que hizo pasar este tipo de noticias de la sección de suceso a la de nacional. El tratamiento mediático del caso de Ana Orantes implicó, en este caso, un impulso a la toma de decisiones políticas y legislativas contra la violencia de género.

No obstante, la exposición mediática también tiene sus riesgos: frecuentemente legitima determinados sufrimientos mientras invisibiliza otros. Para ser consideradas legítimas en los medios, estas deben expresar gratitud, mostrar dolor en la medida justa, exhibir rabia y un ánimo vindicativo, pero evitar tanto la frialdad como el exceso, y sobre todo no aparecer como activistas que rentabilicen su experiencia[90]. Es decir, deben saber

---

89 El ejemplo paradigmático es el de The *Oprah Winfrey Show*, reconocido como el *talk show* más exitoso e influyente de la historia de la televisión mundial. No pocas de las historias allí contadas son testimonios de víctimas de delitos. De este modo, Oprah se erigía en una *terapeuta de masas*, seleccionando ciertas víctimas como legítimos objetos de compasión pública, cimentando su éxito en la creencia en la universalidad del sufrimiento humano y en la habilidad de mostrar ese dolor individual para poder empatizar con él como parte de nuestra humanidad compartida. *Vid.* Marshall, C. y Pienaar, K. (2008). "You are not alone: The discursive construction of the 'suffering victim' identity on The Oprah Winfrey Show". *Southern African Linguistics and Applied Language Studies*, 26(4), 525–546.

90 Herrera Moreno, M. (2012). "Humanización social y luz victimológica". *Eguzkilore* 26. 73 – 85.

adaptar su narrativa a lo que se espera de ellas o arriesgarse a quedar fuera, por no encajar en el molde cultural de víctima.

Más allá de los medios de comunicación tradicionales, en la sociedad actual debemos tener en cuenta que la difusión de relatos sobre víctimas ha encontrado un espacio destacado en el fenómeno del *true crime*, entendido como un conjunto de producciones audiovisuales y sonoras —como documentales, *docu-series*, *podcasts* o películas biográficas— que abordan crímenes reales desde una perspectiva no ficcional. Partimos para el análisis de este tema del interesante y crítico análisis de Myriam Herrera[91] al respecto, que llega a hablar de *true-revictimización* y de *expolio* de las historias victimales por parte de la industria del ocio multimedia[92]. Constata la autora como este tipo de contenidos ha evolucionado hacia un enfoque más centrado en las víctimas lo que implica una mayor visibilidad y protagonismo de las estas y sus allegados, quienes en muchos casos participan activamente en la reconstrucción de los hechos, ya sea mediante testimonios directos o aportando información relevante. Pero también advierte de los efectos negativos que puede generar cuando no hay consentimiento de las víctimas o cuando estas rechazan ser convertidas "en personajes de su propia historia o cebo de amenidad para las redes sociales"[93]. En tales casos, el relato puede transformarse en una forma de explotación emocional o en un producto de consumo que trivializa el sufrimiento.

---

91 Herrera Moreno, M. (2025), cit.

92 Lo que contrasta, en nuestro ámbito académico, con visiones globalmente más positivas como la de Vicente Garrido que valora incluso el potencial didáctico de este tipo de productos culturales. Garrido Genovés, V. (2024). "El género true crime y la criminología: una introducción". *Boletín Criminológico*, (30). https://doi.org/10.24310/bc.30.2024.20681 Recuperado el 8 de septiembre de 2025.

93 Herrera Moreno, M. (2025), cit.

Finalmente, en el análisis de esta dimensión social de la recepción de las historias de las víctimas, es necesario referirnos a las políticas públicas victimales. Las políticas criminales contemporáneas en torno a las víctimas en muchos países, entre ellos España, se encuentran fuertemente condicionadas por las narrativas dominantes de la victimidad. El populismo penal ha utilizado como mecanismo la manipulación política de las víctimas que se han visto, en demasiadas ocasiones, en el centro de la discusión política y han sido utilizadas como justificación de políticas de *mano dura* que cuestionan la posibilidad de equilibrio entre los derechos y la protección de las víctimas y el garantismo penal respecto de los ofensores[94].

Este fenómeno conecta con la llamada de atención que hacía Josep María Tamarit[95] hace casi dos décadas acerca de la necesidad de articular políticas criminales con una sólida base empírica. Su análisis, todavía vigente, planteaba como la política criminal en nuestro país continuaba (y continúa, a pesar de algunos avances) marcada por un enfoque retórico y dogmático, centrado en el concepto de delito, con escasa conexión empírica. Para fortalecerla como disciplina teórica, es necesario incorporar los avances de la criminología y el derecho comparado. En este contexto, la victimología puede aportar un marco racional que modere demandas punitivas excesivas, promoviendo una política criminal basada en evidencia y orientada hacia modelos jurídicos reparadores.

La participación de las personas directamente afectadas por las políticas públicas es un principio clave de buena gobernanza. Incluir sus experiencias vividas *(lived experiences)* en procesos de diseño y evaluación permite enriquecer la identificación de problemas, generar soluciones más pertinentes y combinar el conocimiento local con el experto, mejorando así la calidad y

94 Vid. Gracia Ibáñez, J. (2024), cit.

95 Tamarit, J. M.ª (2007). "Política criminal con bases empíricas en España". Política Criminal, 3, 1–16.

efectividad de las políticas[96]. En este sentido, el enfoque de la *victimología narrativa* tiene mucho que aportar para incluir la voz de las víctimas en las políticas públicas sin distorsiones y manipulaciones como un actor importante – pero nunca el único – a la hora de influenciar las políticas criminales.

4.- ALGUNAS CONSIDERACIONES ÉTICAS Y METODOLÓGICAS SOBRE EL USO DE LAS NARRACIONES VICTIMALES

Las historias que se manejan en el campo de la *victimología narrativa* giran sobre el sufrimiento y la opresión, así como de supervivencia y resistencia, y esto conlleva un peso y una responsabilidad ética mayores de lo que se suele reconocer. Todo esto tiene consecuencias para las elecciones metodológicas que hacemos en nuestras investigaciones y para las relaciones y obligaciones que tenemos con quienes participan en ellas[97].

Por ello la reflexividad, clave para cualquier investigador/a, resulta en estos casos incluso más importante. La reflexividad en la investigación cualitativa supone un componente esencial que permite al investigador/a examinar críticamente su papel dentro del proceso investigativo. Implica una toma de conciencia inmediata, continua y subjetiva sobre cómo las decisiones, interacciones y subjetividades del investigador/a influyen en la construcción del conocimiento[98]. Esta perspectiva desafía la noción de objetividad

---

96 Doyle, C., Gardner, K., Wells, K. (2021). "The importance of incorporating lived experience in efforts to reduce Australian reincarceration rates". *International Journal for Crime, Justice and Social Democracy*, 10(2), 83–98.

97 Bunn, R. (2023), cit.

98 Cuesta Benjumea, C. de la (2011). "La reflexividad: un asunto crítico en la investigación cualitativa". *Enfermería Clínica, 21(3)*, 163–167.

del paradigma positivista y reconoce que el conocimiento es construido en la interacción con los participantes en las investigaciones.

Antes de nada, hay que tener en cuenta el refuerzo las cuestiones éticas que implica necesariamente trabajar con víctimas independientemente de la metodología empleada. Aunque la investigación científica ha contribuido significativamente al desarrollo de políticas de protección a víctimas, es esencial que el bienestar emocional de los participantes prevalezca sobre cualquier objetivo científico del estudio. Los principios de *beneficencia* y *no maleficencia* exigen equilibrar beneficios y riesgos, evitando la revictimización y garantizando una práctica ética. Asimismo, es fundamental que la investigación con víctimas no se limite al cumplimiento formal de principios éticos, sino que promueva activamente su inclusión en el proceso investigativo[99].

De forma más específica, desde el punto de vista metodológico asociado a la *victimología narrativa,* hay algunos aspectos que nos gustaría señalar: por un lado, referidos a la propia narrativa como objeto de análisis y por otro, a la posición del investigador en las investigaciones con enfoque narrativo.

En primer lugar, siguiendo el análisis crítico de Shadd Maruna y Marieke Liem centrado en la criminología narrativa[100], pero válido para la victimología narrativa como subdisciplina paralela, dejaremos aquí simplemente apuntadas, una serie cuestiones relacionadas con el valor epistemológico de las narraciones. Aunque distintas, estas cuestiones están profundamente interrelacionadas y reflejan las principales preocupaciones que muchos investigadores en criminología (y también en victimología) tienen respecto al enfoque narrativo. Uno de los desafíos más persistentes y complejos es la dificultad de acceder y evaluar

---

99 Caridade, S. (2017). "Considerações éticas na investigação com vítimas de violência e de crime". *Revista Psicologia,* 2017, Vol. 31 (1). 37-48.

100 Maruna, S., Liem, M. (2021).

de manera fiable las narrativas internas del yo. Estas narrativas, al estar en constante evolución, se convierten en objetos cambiantes, lo que complica su análisis. Surge también una cuestión fundamental: ¿de quién es realmente la historia que se cuenta? Si entendemos que las narrativas se construyen de forma dialógica, en interacción con otros, entonces el papel del público —ya sea el investigador, la comunidad o los medios— podría influir significativamente en el contenido y la forma del relato, distorsionando su autenticidad. Además, se plantea la posibilidad de que estas narrativas no sean más que racionalizaciones retrospectivas, construidas a posteriori para dar sentido a los hechos, lo que pone en duda su valor como representaciones fieles de la experiencia vivida. Esta crítica sugiere que los relatos personales podrían no ser fuentes confiables para reconstruir la historia, sino más bien construcciones subjetivas que responden a necesidades emocionales, sociales o incluso estratégicas. Por otro lado, ¿las narrativas hacen algo más que describir? ¿Influyen activamente en la forma en que los individuos interpretan su pasado, toman decisiones o se relacionan con su entorno?

No obstante, la propia evolución de la *criminología* y la *victimología narrativa* ha tratado de ir dando respuesta a alguno de esos desafíos. Por ejemplo, ya hemos visto como en buena medida, el análisis de la narrativa que propone implica una superación de la cuestión de la veracidad, asumiendo también su carácter cambiante y su naturaleza construida en interrelación con otros actores sociales. También hemos visto la diferencia entre narrar y describir: es ese contenido moral de la narración, esa reconstrucción de sentido lo que la distingue, aunque esté limitada a un repertorio disponible socialmente. De cualquier forma, son cuestiones pertinentes que muestran cómo el enfoque narrativo presenta, como toda metodología, fortalezas y limitaciones que deben ser tenidas muy en cuenta.

En segundo lugar, pasando al papel de los investigadores en el análisis de las narraciones victimales, también estos, como ya hemos apuntado, son coautores de esas historias que investigan, ya que no se limitan a reproducir las experiencias narradas, sino que participan activamente en su construcción y posterior interpretación. Esta implicación genera una distancia inevitable entre el acontecimiento vivido y su representación narrativa[101].

A pesar de consideraciones sobre cómo la investigación social narrativa puede estar dando voz y visibilizando las circunstancias y necesidades de las víctimas y de la (necesaria) empatía con la que se debe abordar el trabajo de campo, es importante ser consciente de la posición de privilegio del investigador/a frente a los sujetos que estudia. Como advierte Rebeca Bunn[102], esa empatía puede conducir fácilmente al *voyeurismo,* porque la investigación social, aunque pueda ser positiva para la víctima, raramente va a cambiar de forma radical las condiciones de quienes participan en la misma. Por un lado, el investigador o la investigadora mantiene su conocimiento académico, frecuentemente percibido como socialmente más valioso que el del *otro*, a pesar de que sea este último quien realmente esté viviendo los fenómenos que se pretenden estudiar.

Aunque la investigación narrativa puede ser una herramienta valiosa para recuperar la agencia de las víctimas, es fundamental que los investigadores mantengan una actitud crítica respecto a la autenticidad y la propiedad de los relatos[103]. Diana Meyers[104] sugiere que la investigación narrativa exige una práctica ética rigurosa, basada en cuatro virtudes fundamentales: garantizar un consentimiento informado que evite la revictimización; mantener transparencia sobre los objetivos y métodos del estudio; realizar entrevistas reflexivas que eviten la estigmatización; y respetar la integridad y complejidad de los relatos compartidos. A estas virtudes

---

101 Cook, E. A., Walklate, S. (2019), cit.

102 Bunn, R. (2023). "Critical Narratives or Crime Stories? The Ethics and Politics of Narrative Research In Criminology". *The British Journal of Criminology*, XX, 1–17.

103 Cook, E. A., Walklate, S. (2019), cit.257

104 Meyers, D. (2016). *Victims' Stories and the Advancement of Human Rights.* Oxford University Press.

Sandra Walklate[105] añade la necesidad de reconocer explícitamente la agencia humana, permitiendo que las personas participantes sean vistas como sujetos activos en la construcción de sus historias. El proceso interpretativo, si no se aborda con sensibilidad, corre el riesgo de desvirtuar las vivencias originales. En este contexto, el rol del investigador se asemeja al de un *testigo comprometido*, cuya responsabilidad es comprender genuinamente la perspectiva de la víctima y atender con rigor al contenido de su historia[106].

4.- CONCLUSIONES

El desarrollo de la *victimología narrativa* descansa en la consideración del valor epistemológico de la narración de las víctimas. Siguiendo el *giro narrativo* vivido por las ciencias sociales hace unas décadas, la *criminología narrativa* abrió el camino para que posteriormente emergiera una *victimología narrativa*, cuyo objeto de estudio se centra en la experiencia subjetiva de quienes sufren un daño injusto a consecuencia de un crimen.

A través de las narrativas, las víctimas reconstruyen el sentido de sus experiencias, elaboran su identidad y pueden recuperar la agencia personal que la victimización grave tiende a erosionar.

Por un lado, en el plano terapéutico, el relato permite integrar el trauma en una narrativa vital más amplia, facilitando procesos de resiliencia y, en algunos casos, incluso de crecimiento postraumático. En el plano judicial, en cambio, la reiteración

---

105 Walklate, S. (2024). "Are Victim Stories Human Rights Stories? Towards an Ethics and Politics of Listening and Seeing for Victimology". *A Research Agenda for a Human Rights Centred Criminology*. Palgrave Macmillan.175-188.

106 Tuck, E., Yang, K. (2014). "R-Words: Refusing Research". *Humanizing Research: Decolonizing Qualitative Inquiry with Youth and Communities*. Sage.223-248

de la narración en contextos institucionales puede acarrear *victimización secundaria*, lo que evidencia la necesidad de diseñar mecanismos más sensibles como los que promueve la justicia terapéutica o la justicia restaurativa.

Por otro lado, en una dimensión social más amplia, las narrativas victimales trascienden lo individual y contribuyen a forjar la noción contemporánea de victimidad. Sin embargo, esta construcción no está exenta de tensiones: la sociedad tiende a idealizar ciertos perfiles de víctimas mientras invisibiliza a otras cuyas historias no encajan en los estereotipos dominantes. Además, la exposición mediática de los relatos victimales puede servir como plataforma de reconocimiento y presión social, pero también corre el riesgo de instrumentalizar y trivializar el sufrimiento.

Finalmente, la centralidad adquirida por las víctimas en las últimas décadas ha condicionado también de manera significativa las agendas legislativas. Sin embargo, este proceso no siempre ha estado acompañado por una escucha genuina de sus voces. Con frecuencia, las narrativas de las víctimas son manipuladas o reinterpretadas por actores políticos para justificar medidas de endurecimiento penal, generando un populismo punitivo que poco tiene que ver con las necesidades reales de quienes han sufrido un delito. De ahí la urgencia de articular políticas criminales basadas en evidencia empírica, que integren de forma equilibrada el conocimiento experto y las experiencias vividas, evitando tanto la idealización como la instrumentalización de las víctimas.

Desde la victimología – sin minimizar la importancia de los estudios cuantitativos y, específicamente, las encuestas de victimización, capaces de desvelar parcialmente la cifras negras de víctimas – los estudios cualitativos centrados en la narración permiten profundizar en los complejos procesos de victimización, revictimización y desvictimización desde la perspectiva de las propias víctimas (y también de quienes las acompañan en esos procesos). Pero, también, analizar las dinámicas que construyen la representación social de las víctimas en las sociedades modernas.

En el plano metodológico y ético, las narraciones no deben entenderse como relatos estáticos ni como reconstrucciones objetivas de la realidad, sino como construcciones interactivas y cambiantes que poseen un valor en sí mismas, independientemente de su *veracidad*. El investigador, lejos de ser un observador neutral, se convierte en coautor de esas narrativas y debe asumir con responsabilidad las implicaciones de su rol. Esto exige reflexividad constante, consentimiento informado riguroso y un compromiso ético que priorice siempre el bienestar de las víctimas por encima de los objetivos académicos.

El tiempo dirá si las promesas de la *victimología narrativa* se cumplen y van consolidando un cuerpo de conocimiento sólido acerca de las víctimas y la victimización que permita, cumpliendo una de las funciones esenciales de la disciplina, aplicaciones prácticas que mejoren la vida de las personas que sufren estas situaciones.

Referencias

Bruckner, P. (1996). *La tentación de la inocencia.* Anagrama. *Trad. Thomas Kauf.*

Bruner, J. (2004). "Life as narrative". *Social Research.*,71 (3). 691-710.

Bueno Ochoa, L. (2023). "Una revisión bibliográfica y jurisprudencial de la Justicia Terapéutica como nuevo paradigma iuspsicológico". *Anales de la Cátedra Francisco Suárez,* 57, 145–169.

Bunn, R. (2023). "Critical Narratives or Crime Stories? The Ethics and Politics of Narrative Research In Criminology". *The British Journal of Criminology*, XX, 1–17.

Caravaca Llamas, C. (2011). "Política Social y asistencia a las víctimas de delitos en España: del reconocimiento legal a la protección social". Contribuciones a las Ciencias Sociales, marzo 2011, 3 y ss.

Caridade, S. (2017). "Considerações éticas na investigação com vítimas de violência e de crime". *Revista Psicologia,* 2017, Vol. 31 (1). 37-48.

Christie, N. (1986). "The Ideal Victim". *From Crime Policy to Victim* Policy. Macmillan.

Cook, E. A., Walklate, S. (2019). "Excavating victim stories: Making sense of agency, suffering and redemption". *The Emerald Handbook of Narrative Criminology*. Emerald Publishing, 239–258.

Copeland, S. (2019). "Telling stories of terrorism: a framework for applying narrative approaches to the study of militant's self-accounts". *Behavioral Sciences of Terrorism and Political Aggression,* 11(3), 232–253.

Córdoba, C. R. (2022). "La victimización secundaria en la violencia sexual: Análisis de la victimización secundaria en casos de abusos y agresiones sexuales, y sexting". *EHQUIDAD. Revista Internacional de Políticas de Bienestar y Trabajo Social,* 17, 179–210.

Correia, I., Vala, J. (2003). "Crença no mundo justo e vitimização secundária: O papel moderador da inocência da vítima e da persistência do sofrimento". *Análise Psicológica, 21*(3), 341–352.

Cuervo García, A. L., Gracia Ibáñez, J. (2020). "El largo camino hacia la visibilidad: un análisis victimológico de la construcción de la violencia filio-parental como problema en España". *Revista de Victimología,* 11, 21–44.

Cuesta Benjumea, C. de la (2011). "La reflexividad: un asunto crítico en la investigación cualitativa". Enfermería Clínica, 21(3), 163–167.

Doyle, C., Gardner, K. ,Wells, K. (2021). "The importance of incorporating lived experience in efforts to reduce Australian reincarceration rates". *International Journal for Crime, Justice and Social Democracy,* 10(2), 83–98.

Dussich, J. (2015). "The evolution of international victimology and its current status in the world today". *Revista de Victimología,* 1, 37–81.

Elias, R. (1996). "Paradigms and Paradoxes of Victimology". *International Victimology: Selected papers from the 8th international symposium* Australian Institute of Criminology, 9-34.

Fassin, D. (2012). *Humanitarian reason: A moral history of the present.* Berkeley y Los Ángeles: University of California Press.

Fattah, EA. (2014). "Victimología: pasado, presente y futuro", Revista Electrónica de Ciencia Penal y Criminología. http://criminet.ugr.es/recpc. Recuperado el 08 de septiembre de 2025.

Fleetwood, J., Presser, L., Sandberg, S., Ugelvik, T. (eds.). (2019). *The Emerald Handbook of Narrative Criminology.* Emerald Publishing.

Fricker, M. (2007). *Epistemic injustice: Power and the ethics of knowing.* Oxford University Press.

Garcia Casas, M. (2022). *El Derecho internacional de la justicia transicional. La construcción del marco normativo de las transiciones.* Wolters Kluwer.

Garland, D. (2005). *La cultura del control. Crimen y orden social en la sociedad contemporánea.* Gedisa. *Trad. M. Sozzo.*

Garrido Genovés, V. (2024). "El género true crime y la criminología: una introducción". *Boletín Criminológico,* (30). https://doi.org/10.24310/bc.30.2024.20681 Recuperado el 8 de septiembre de 2025.

González-Monteagudo, J., Ochoa Palomo, C. (2014). "El giro narrativo en España. Investigación y formación con enfoque auto/biográfico". *Revista Mexicana de Investigación Educativa,* 19(62), 809–829.

Gracia Ibáñez, J. (2018). "Justicia y política de la compasión en relación con las víctimas". *Revista de Victimología,* 7, 77–106.

Gracia Ibáñez, J. (2024). "Algunas reflexiones desde la victimología acerca del papel de la víctima en el sistema penal. ¿Hacia un derecho victimal?". *Los límites del Derecho. Ocho reflexiones sobre algunas limitaciones del Derecho* (pp. 143–184). Tirant lo Blanch.143-184

Green, S., Kondor, K. y Kidd, A. (2020). "Story-telling as memorialisation: Suffering, resilience and victim identities". *Oñati Socio-Legal Series,* 10(3), 563–583.

Haglund, D. (2013). "Did Hemingway Really Write His Famous Six-Word Story?". Slate. https://slate.com/culture/2013/01/for-sale-baby-shoes-never-worn-hemingway-probably-did-not-write-the-famous-six-word-story.html. *Recuperado el 8 de septiembre de 2025.*

Herrera Moreno, M. (2012). "Humanización social y luz victimológica". *Eguzkilore* 26. 73–85

Herrera Moreno, M. (2014). "¿Quién teme a la victimidad? El debate identitario en victimología". *Revista de Derecho Penal y Criminología,* 3ª Época, 12, 343–404.

Herrera Moreno, M. (2019). "Narrativas subjetivas, políticas y normativas sobre víctimas y victimidad: Aproximación a las problemáticas victimales desde un nuevo paradigma". Un sistema de sanciones penales para el siglo XXI. Tirant lo Blanch.677-708

Herrera Moreno, M. (2025). "True re-victimization: el expolio de historias victimales por la industria del ocio multimedia". *Revista de victimología.* 123-162.

Jägervi, L. (2014). "Who wants to be an ideal victim? A narrative analysis of crime victims' self-presentation". *Journal of Scandinavian Studies in Criminology and Crime Prevention,* 15(1), 73–88.

Jupp, V.; Davies, P. y Francis, P. (1999). "The Features of Invisible Crimes". *Invisible Crimes. Their Victims and Their Regulation.* Palgrave. Macmillan. 3-28.

Lerner, M. J. (1980). *Belief in a just world: A fundamental delusion.* Plenum Publishing Corporation.

Marshall, C. y Pienaar, K. (2008). "You are not alone: The discursive construction of the 'suffering victim' identity on The Oprah Winfrey Show". *Southern African Linguistics and Applied Language Studies*, 26(4), 525–546.

Martin Gaite, C. (1983). *El cuento de nunca acabar*. Anagrama.

Martín Gaite, C. (2006). *La búsqueda del interlocutor y otras búsquedas*. Anagrama.

Maruna, S. (1997). "Going straight: desistance from crime and self-narratives of reform". *Narrative Study of Lives*, 5, 59–97.

Maruna, S. (2001). *Making good: How ex-convicts reform and rebuild their lives*. American Psychological Association.

Maruna, S., Liem, M. (2021). *Where is this story going? A critical analysis of the emerging field of narrative criminology. Annual Review of Criminology, 4*, 125-146,

Mate, R. (2018). El tiempo, el tribunal de la historia. Trotta.

Meyers, D. (2016). *Victims' Stories and the Advancement of Human Rights*. Oxford University Press.

Morillas Fernández, D. L., Patró Hernández, R. M., Aguilar Cárceles, M. M. (2014). *Victimología: Un estudio de la víctima y los procesos de victimización (2ª ed. revisada)*. Dykinson.

Nussbaum, M. (1996). "Compassion: The Basic Social Emotion". *Social Philosophy and Policy*, 13, 27–58.

Pemberton, A., Aarten, P. G. M. y Mulder, E. (2019). "Stories as property: Narrative ownership as a key concept in victims' experiences with criminal justice". *Criminology & Criminal Justice*, 19(4), 404–420.

Pemberton, A., Mulder, E. y Aarten, P. G. M. (2019). "Stories of injustice: Towards a narrative victimology". *European Journal of Criminology*, 16(4), 391–412.

Polletta, F. (2009). "How to tell a new story about battering". *Violence Against Women*, 15(12), 1490–1508.

Presser L, Sandberg S (2015). "Introduction: What is the story? *Narrative Criminology*. York University Press, pp. 1–12.

Presser, L. (2009). "The narratives of offenders". *Theoretical Criminology*, 13(2), 177–200.

Shaw, C. R. (1930). *The Jack-Roller: A Delinquent Boy's Own Story*. University of Chicago Press.

Somers, M. y Gibson, G. (1994). "Reclaiming the epistemological 'other': narrative and the social constitution of identity". Social theory and the politics of identity. Blackwell. 37-99.

Strobl, R. (2004). "Constructing the victim: theoretical reflections and empirical example". *International Review of Victimology*, 11, 295–311.

Subijana, I. J. y Echeburúa, E. (2018). "Los menores víctimas de abuso sexual en el proceso judicial: el control de la victimización secundaria y las garantías jurídicas de los acusados". *Anuario de Psicología Jurídica*, 28(1), 22–27.

Sykes, G. M. y Matza, D. (1957). "Techniques of Neutralization: A Theory of Delinquency". American Sociological Review, 22(6), 664–670.

Tamarit, J. M.ª (2007). "Política criminal con bases empíricas en España". *Política Criminal*, 3, 1–16.

Tamarit, J. M.ª (2013). "Paradojas y patologías en la construcción social, política y jurídica de la victimidad". InDret. Revista para el análisis del Derecho, 1, 1–31.

Tedeschi, R. G. y Calhoun, L. G. (2004). "Posttraumatic growth: Conceptual foundations and empirical evidence". Psychological Inquiry, 15(1), 1–18.

ten Boom, A., & Kuijpers, K. F. (2012). "Victims' needs as basic human needs". *International Review of Victimology*, *18*(2), 155-179.

Tuck, E., Yang, K. (2014). "R-Words: Refusing Research". *Humanizing Research: Decolonizing Qualitative Inquiry With Youth and Communities.* Sage.223-248

Van Dijk, J. (2009). "Free the victim: A critique of the western conception of victimhood". International Journal of Victimology, 16(1), 1–33.

Varona, G. (2022). "On victim's narratives: some parallelisms between terrorism victims and victims of other serious crimes in terms of epistemic justice and resilience". *Araucaria. Revista Iberoamericana de Filosofía, Política, Humanidades y Relaciones Internacionales*, 24(50), 11–35.

Walklate S (2016) The metamorphosis of victimology: From crime to culture. *International Journal of Crime, Justice and Social Democracy* 5(4): 4–16.

Walklate, S. (2024). "Are Victim Stories Human Rights Stories? Towards an Ethics and Politics of Listening and Seeing for Victimology". *A Research Agenda for a Human Rights Centred Criminology*. Palgrave Macmillan.175-188

Walklate, S., Maher, J, Beavis, K. (2019). "Victim stories and victim policy: Is there a case for a narrative victimology?". *Crime, Media, Culture*, 15(2), 199–215.

White, M. y Epston, D. (1993). *Medios narrativos para fines terapéuticos.* Paidós.